JN048843

人殺しの花

人殺しの花

大貫恵美子
Emiko Ohnuki-Tierney

政治空間における
象徴的コミュニケーションの
不透明性

岩波書店

目　次

第Ⅰ部　多義性――プロセスの中で規定される象徴の意味

目　次

序章　象徴的コミュニケーションの不透明性と複雑さ

コミュニケーションは一般に、人間の社会性の基礎をなしていると考えられているが、コミュニケーションの主要な手段は言語であり、言語は人間のユニークさを示す証であると考えるものも多い。言語は人間がコミュニケーションだけではなく思考することをも可能にすると考えられており、したがって人間存在は〈我思うゆえに我あり〉(cogito ergo sum)として規定されるものだと考えられている。

本書の目的は、そうはいっても、我々がつねにコミュニケーションしているわけではないこと――そしてより重要なことは、我々がそのことに気づいていないということ――を、示すことである。そのことは、コミュニケーションと言語の重要性を必ずしも否定するものではない。私が注目するのは、コミュニケーションの不透明性が持つ役割である。この不透明性は、ときにはある社会集団の成員たちが平和的に共存することを容易にする一方、ある人々がその集団的自己の表象から排除されているということに彼らが気づくのを妨げるのに一役を買うこともある。

私が例示するいくつかの象徴は、あきらかに政治的象徴である国旗などではなく、人々が「政治的象徴」と気づかないうちに政治的性格をになうようになった象徴である。

私がコミュニケーションの不透明性に関する理論的関心を持つきっかけとなったのは、歴史上の二つ

図1　日本海軍の特攻機「桜花」(遊就館蔵：著者撮影)

の事象である。近代日本の軍国主義体制下で、庶民の愛する日本の桜が利用され、この花の意味が変容したこと、およびレーニン、スターリン、また特にヒトラーの権威主義体制下で、バラが象徴として悪用されたことである。コミュニケーションの不透明性が、微妙で間接的にではあるが、自国民を含む無数の人々を死に追いやり、いわば「人殺しの花」になったことである。

「短い人生の後、桜の花びらのごとく美しく散れ」というのが、帝国主義的権力を追求していた時期の日本国家が掲げたプロパガンダの、主要な比喩表現であった。それは一九世紀末、大日本帝国憲法発布(一八八九年)のはるか以前に端を発していた。それ以来、そのモットーは、日清戦争、日露戦争、日中戦争のあいだ、頻繁にかつ広範に用いられてきており、第二次世界大戦において絶頂に達する。第二次大戦の終わりに、特別攻撃隊が組織された。海軍が開発した特攻機「桜花」の側面にはピンク色の桜が描かれたが、「桜花」には帰還するための装置は備わっていなかった(**図1**)。美しき桜の国日本を守るため、パイロットたちは美しい桜の花びらのごとく散らなければならなかった。日本文化では昔から散る桜の花びらは死と結びつけられてきたが、それは天皇と国家のための犠牲としての死ではなかった。パイロットたちが飛行機に乗り死出の旅に出る際、その飛行機の側面にある一輪のピンクの花の恐ろしい意味を、誰ひとりとして気づかなかった（大貫二〇〇三；二〇〇六）。今日考えると空恐ろしいことである。

特攻機のパイロットとなった学徒兵の中には日本語や中国語だけでなく、ラテン語、ドイツ語、フランス語、英語も広く読みこなしたコスモポリタンな知識人もおり、彼らはリベラルあるいは反体制的ですらあった。なぜ市民も、前線の兵士たちも、リベラルな信念を持つ学者たちでさえこの現象に気がつかなかったのかという疑問が本書の出発点であった。同様の問いはバラについてもいえるであろう。バラはレーニン、スターリン、ヒトラー、そして毛沢東のプロパガンダ写真のどこにでも見られる。彼らは皆、数えきれない人々を死に追いやった独裁者だった。人民は、バラが人間相互間の愛の象徴であると信じ、労働者団結の絆――社会主義インターナショナルのロゴマークが表している「パンとバラ」――であると信じつづけていたのだろうか。自分の生命を「われらが父」に捧げるよう国民をそそのかすためにプロパガンダの道具として利用されたことに、彼らは気づいていたのだろうか？

その一方、桜もバラも、愛と生命の花としての肯定的な意味合いをすっかりなくしたわけではない。桜の場合、第二次大戦後すぐに日本独特の花見が復活し、人々の公共空間を再形成した。二〇一一年三月一一日の東日本大震災の津波と核惨事のあとには、福島県田村郡三春町の、樹齢推定一〇〇〇年を越すとされる巨木のベニシダレザクラ（紅枝垂桜）の「三春滝桜」が生命の象徴となった。この桜は被災者たちに希望を与えるとともに、樹の近くの仮設住居に住んでいた被災者たちと地元住民との社会的な絆を構築したのである。

軍国主義政権によってこれらの花が利用されたという事実によって、著者はコミュニケーションの不透明性の問題に目覚めたのであるが、他方、本書のもう一つの関心は集団的自己意識の象徴の問題である。特に国家が象徴資本、文化・社会関係資本を支配している場合に、その集団的自己の象徴が、いかに不透明であるかということも指摘したい。例えば、コメの比喩を通して日本人を表象する場合(「自己としての米」)、日本人が統合されるその反面では、内的な他者——周縁化された非農業民の社会集団——が排除されることになる。このプロセスに関して、七世紀の律令国家成立以来、国家が演じてきた役割はけっして小さくない。

第Ⅰ部および第Ⅱ部で挙げる数々の事例は、集団的なアイデンティティのための日常的な象徴であるが、それらが政治的空間において持つ役割に特に注意が払われている。第Ⅲ部は権力の有形化の問題に焦点をあてている。権力とは、政治的なものでも、軍事的、宗教的、象徴的なものでもありうる。ヨーロッパの政治指導者たち——君主や近代の独裁者たち——の肖像画、写真、その他のイメージはいたるところに掲示されたが、とりわけ近代の独裁者たちの場合には、ローマ的伝統に倣って、演説が権力のプロパガンダとして大きな役割をはたした。それとは対照的に、明治天皇はほとんど公に姿を見せず、演説もせず、無のシニフィアン(zero signifier)であった。

また「権力」は、視覚的にイメージされるか、あるいは演説を通して聴覚的に具象化されるのかが重要・不可欠であるという問題も追究する。宗教では権力の具象化を避ける事例が多いが、だからといって宗教的/象徴的権力・対・政治的権力という、単純な二項対立にはならない。特に日本の天皇の事例において我々は、日本人の宗教性、そして「見ること」と「見られること」の文化的伝統、さらに日本の政治権力執行機構の多重性なども、考慮に入れなくてはならない。

「権力」という術語は多種多様にもちいられている。クリフォード・ギアーツによれば、「他の人々を拘束する決断を執行する能力のことであり、強制をその手段として、暴力をその基礎として、支配をその目的として持つ」という権力の定義が、一六世紀以来近代政治理論のゆるぎない基盤であるが、彼はその妥当性を全面的に否定はしないまでも、ヨーロッパ以外の伝統における「政治」や「権力」はどう考えられているのか、再考する必要があることを力説している(Geertz 1980: 134-135)。権力の執行機構の歴史的・文化的な違いに関しては、フーコーさえも注意を喚起している(Foucault [1975]1995: 151)。彼はフランスで君主制期から大きな経済的変化が起こった一八世紀以降の時期にかけての激変を例として取り上げている。

本書では、権力という語を政治学での定義に囚われず、柔軟に用いている。ここでの一番重要なポイントは、この権力執行の過程においては、個人がエージェントとして直接その場で、他者または社会や文化の変化をもたらすのではないことである。個人は誰でも社会的に位置づけられており、その文化の産物である。個人の行為は、社会的、文化的かつグローバルなレベルも含めた歴史的潮流の中で、社会・文化の変容に貢献する。換言すれば、個人は全能でないことを認識する一方、社会のあやつり人形でもなく、個人の力なくしては歴史に変化が起こらないことも認識する必要がある。

文化

文化は常に変容しながら歴史的過程を構成し、その中核とされている宗教も変容をとげる。本書で指摘するのは、日本の桜やヨーロッパのバラのような日常的な象徴でさえ、激変する世界政治の状況の中で、その意味が変容していったということである。

歴史変容の原動力には二つの軸がある。一つは、前述の個人と社会の相互関係、もう一つはローカルな波とトランスナショナルな波のあいだの相互作用である。この二つの軸が相伴って歴史的変化の原動力となる。それは非常にダイナミックなプロセスである。ローカルなものと、トランスナショナルないしグローバルなものとの継続的な相互浸透が文化を構成するものであるとするならば、ある文化が「ハイブリッド」であると主張することは論理的矛盾であることになる。逆に言えば、現在非常に流行している「ハイブリッド」という概念は、「純粋な」文化の概念を前提にしていることになる――二つの「純粋な」文化が出会って、一つのハイブリッドを生み出すというのであるから(Ohnuki-Tierney 2006)。

文化とは、個人が環境を了解するための感覚・思考、感情構造、美意識などの基本構造、柔軟性のあるいわば文法である(Ohnuki-Tierney 1981b)。それは頭の中にある私的な所有物ではなく、社会集団内のメンバー同士が共有し、コミュニケーションに用いる主要な手段である。エドマンド・リーチの簡潔ながら重要な著作は『文化とコミュニケーション』と題されており、エドワード・ホールの洞察にあふれた著作『かくれた次元』の第一章は「コミュニケーションとしての文化」と題されているが、これらは、以下で論ずるように、コミュニケーションの基盤は社会の成員により共有される文化なのだということを表しているものである。

しかし「コミュニケーションとしての文化」は、コミュニケーションの成功を保証するものではない。むしろいくらかの可能性を保証するというべきか、あるいはせいぜい世界中の人々が一つの言葉で話すことを夢見たバベルの塔への希望を与えるのみだというべきかもしれない。本書の大きな目的は、コミュニケーションの不透明性という、従来十分に探求されてはこなかったコミュニケーションの要素を前景に押し出すことである。

文化のパラダイムの複数性

コミュニケーションの不透明性の源泉の重要な要素は、文化における基本的パラダイムの複数性である。社会科学においては、多様性、複数性、異質性その他の諸概念は、ジェンダー、年齢、エスニシティその他の要素に基づく、一つの社会の内部における社会集団の複数性という観点から、論じられてきた。ほとんど強調されてこなかったのは、文化には二つ以上の基本的パラダイムが共存しており、それらはときに同等の力を持つこともあれば、ときには一つのパラダイムが他のパラダイムに対して支配的となることもあるという事実である。例えば美術の世界では、写実派の伝統を追求していたエルネスト・メソニエ（一八一五―九一）が、モダニズムの端緒を開くのに力のあったエドゥアール・マネ（一八三二―八三）と競合していた事例が思い出されるだろう。すなわち、この二人の芸術家によって、芸術の「表象」に関する二つのパラダイムが争われていたのである。またジョルジュ・スーラ（一八五九―九一）

は点描画法によって純粋な「色彩」を断片化することに成功したが、その一方でキュビズムの画家たちは純粋な「形態」を破壊した。こうしたことはすべて一九世紀後半に起こっているが、一九世紀後半といえば写実派の伝統がまだ力を保ち続けていた時期である。

文学の世界についていえば、ステファヌ・マラルメ（一八四二―九八）の「賽《さい》の一振りは決して偶然を廃することはないだろう（*Un coup de dés jamais n'abolira le hasard*）」と「詩の危機（*Crise de vers*）」が、断片の概念――つまり様々なフォントや、複数の声、また自由詩形の多様なリズム――を文学界に登場させた時期であった（Mallarmé 1945）。

新たなパラダイムの勃興により特徴づけられるこの時期を、シャルル・ボードレール（一八二一―六七）は有名なエッセイ「現代生活の画家（*Le Peintre de la vie moderne*）」において捉えている。このエッセイの中で歴史上初めて、「モデルヌ（*moderne*）」（モダニティ）という語が明確に定義されたのである。「「モダニティ」という言葉で私が意味するのは、束の間の、逃げ去りやすい、偶発的なもの、すなわち芸術の半身である。そのもう一方の半身は永遠にして不変なるものだ」（Baudelaire [1855]2001: 12）。ボードレールのモダニティは、時代の支配的な二つのパラダイムの一つだったのだ。そのもう一つのパラダイムは、恒常的で、持続的なものである(1)。

二つ以上のパラダイムが同時に存在することは一九世紀後半に特有のことではない。そのことは、ミハイル・バフチン（一八九五―一九七五）とクロード・レヴィ＝ストロース（一九〇八―二〇〇九）の同時代性によって例示される。バフチンのダイアロジズム（対話性）やポリフォニー（多声性）の概念はポスト構造主義者たちに影響を与えたが、かれは『対話的想像力』（一九八一）や『フランソワ・ラブレーの作品と中世・ルネサンスの民衆文化』(一九八四)といった著作を一九三〇年代に執筆していた。しかし旧ソ連が一九六〇年代後半から七〇年代まで出版を差し止めていた。レヴィ＝ストロースは一九三〇年代半ばから著作を出版し始めており、影響力の大きい著書は一九四九年から一九六二年までの間に上梓されていて、『親族の基本構造(*Les structures élémentaires de la paranté*)』は一九四九年に、『悲しき熱帯(*Tristes Tropiques*)』は一九五五年、『構造人類学(*Anthropologie structurale*)』は一九五八年、『今日のトーテミズム(*Le totémisme aujourd'hui*)』と『野生の思考(*La pensée sauvage*)』は一九六二年に、それぞれ刊行されている。言い換えれば、ポスト構造主義の創始者のひとりであるマラルメは、あきらかに構造主義者レヴィ＝ストロースより前の時代を生きており、またレヴィ＝ストロースの一生は大雑把に言ってバフチンの一生と同時代的なのである。

「パラダイム・シフト」という表現は、誤解を招くものである。というのも、パラダイムの変化は、一艘の船が港を離れ、もう一艘が到着する、というようなものと見なされるべきではないからだ。実際は、通常二つ以上のパラダイムが一つの文化の内部に同時に存在するのである。スーモダニティ(sur-modernité 超近代性)の一部として「非個人的場所(non-lieux)」(space)が出現してきても、どのようにして「個人的場所(place)」が完全に消去されてしまわないかということについて、マルク・オジェはその現象を「パリンプセスト(表面を削られ新たな内容が上書きされた羊皮紙写本)」として特徴づけている(Augé [1992]1995: 79)。新しいパラダイムが出現してくると、それは以前の諸パラダイムと相互作用し、最終的に支配的なものとなることもある。この理由は、部分的には、文化が歴史的に偶発的であり、つねに変形している――生成し、核心において解体しつつあるときでさえおのれを再生産し、絶えず潮が満ち引きするように変形している――ためである(Ohnuki-Tierney 1995; 2001)。

「意味の共有性」の仮定

「意味の共有性」は人類学において常に取り上げられてきた論点である。ギアーツの指摘によれば、「文化が公共的であるのは、それは意味が公共的であるからだ」(Geertz 1973: 12)。別のところで彼は、「公共的」を「間主観的」の意で用いている(Geertz 1980: 135)。私見では、文化が多義的(polysemic)象徴と複数のパラダイムから成るとすれば、そして文化が歴史的に常に変遷するとすれば、コミュニケーションの不透明性が発生するのに十分な余地があることを指摘したい。本書で提示しているのは、「公共的」なもの、「共有されている」もの、ないし「集団的(collective)」なものというのは、コミュニケーションの一定の文脈における特定の意義づけ(シグニフィケーション)を示すものではなく、むしろ一つの象徴が持つすべての意味のフィールドを示すものだということである。日本の桜の例で示されるように、一定の文脈における特定の意義づけが、人々によって共有されていないこともしばしばある。人々は意味のフィールドを共有し、そこから様々な意義を引き出すのだ。重要なことは、コミュニケーションをしているとされる人々にとって、コミュニケーションの不透明性はめったに認識されることがないということである。あるいはさらに一般的に言って、多義的な象徴からいかなる意味を引き出しているのか、人々は正確には認識していないのだ。「コミュニケーション」がうまくいくのは、彼らが象徴の意味のフィールドを共有しているからであり、同一の意義を共有しているからではない。このような共有によって、コミュニケーションの能力が得られるが、それはコミュニケーションの潜在的可能性が開かれているということに過ぎないのである。

アクターとエージェントの違い

マルセル・モース以来(Mauss 1938)、個人とその文化／社会とのあいだの弁証法的相互関係が社会科学の理論の中心的問題となってきた(Giddens 1979)。文化を歴史過程を通して考察すると、それは自己を単純に再生産するプロセスではないことが歴然とする(Ohnuki-Tierney 2001)。文化は自分の足で歩く抽象的な存在であるかのように、時間の中を経過していくわけではない。むしろ文化は、人々の活動によって担われ、時間の経過の中で変容するのである。とはいえ、すべての人が同じように社会や文化を変える力を持っているわけではなく、社会や文化のアクターのうち、変化させる力を持つ歴史的エージェントとなるものは限られている。歴史的エージェントとは、私の定義では、社会や文化一般の変化に繋がるような活動を起こす歴史的アクターである。

ブルデュー(Bourdieu 1990: 9)も、ド・セルトー(de Certeau [1975]1988: 59)も、個人は社会の中に位置づけられているという点を強調し、文化・社会の規範に制約されない自由な個人という考えや、その反対に歴史は文化・社会の深層構造の再生産をするという構造主義の個人を無視する意見に反対する。後述するが、個人のエージェントとして行動する可能性は、ブルデューの理論の中でも複雑である。

同様にギアーツも、「ドラマティス・ペルソナエ(dramatis personae 劇の登場人物)」という考えを提示し、個人はそれぞれが社会の一員として演じる配役のことであると指摘する(Geertz 1995: 51)。S・J・タンバイアは、儀礼という文脈において行為性(エージェンシー)を考慮することの重要性を強調するが、それでも彼は、既存の意味の概念の制約を受け、個人が自由自在に新しい意味を作り出すわけにはいかないとする（Tambiah 1981: 160）。個人が持つエージェントとしての役割は、その個人が属する文化によって束縛されていることを指摘するのである。

個人のエージェントとしての力を考えるうえで認識すべきは、社会のメンバーすべてが平等にエージェントとして働ける立場にあるのではなく、政治的、軍事的、財政的エリートの社会を動かす力は、普通の人よりはるかに大きいという点だ。シドニー・ミンツは、ギアーツの「紡ぎだす意味の網目」という文化の定義を批判し、大多数の社会人が紡ぎだす網目は無力だと指摘する（Mintz 1985: 158）。ピエール・ブルデューは、「象徴的暴力」という考えを提起し、上層階級のドクサ（価値観念、思考構造）は、上層階級の人々も下層階級の人々も無意識のうちに捉え、自らを再生産していく機構であるとする（Bourdieu [1972]1977: 192;[1979]1984 も参照）。

この本でのエージェントの概念は個人を対象とはしていない。歴史を動かすエージェントは非常に複雑なもので、多数の人々だけでなく、グローバルな歴史の流れをも含めたものとする立場に立っている。ナチス・ドイツにおいてさえ、大衆を動員したエージェントはヒトラーやゲッベルスだけではなかった。

もう一つ注意すべきは、歴史的エージェントがどのように社会を動かしたかを評価するのは非常に難しいということだ。言うまでもなく、歴史的な変化を、個人が行った活動の直接的な結果とみなすことは間違いである。カール・マルクスが「人間は自分自身の歴史をつくる。だが、思う儘《まま》にではない」と警告しているとおりである（Marx and Engels [1852]1989: 320）。フェルナン・ブローデルが、「表層における動揺」は「人間性を極めて豊かか」に描くが、それによって歴史の変化を説明することは「もっとも危険である」とし、長期持続(longue durée)における変化を評価しなくてはならないと強調したのも同様である(Braudel [1958]1980: 3-4)。これは構造主義に反対する学者たちの受け入れるところとならず、私自身もそれほど長い時間をかけて社会・文化の構造での変化を追究することを本書の目標にしているわけではない。

私は「社会の中に位置づけられた個人」という概念を二通りの仕方で理解しようと考えている。第一に、私は文化/社会、およびその意味構造を、一つの文化の中だけで捉えず、それ自体が持つ文脈を越える歴史的文脈(それを「グローバル」と呼ぼうが「トランスナショナル」と呼ぼうが)の中で振動しているものと考える。それゆえ、モダニティの波が日本に押し寄せた時、ある者にとっては桜の木が「封建的な日本」を象徴するものという否定的な意味を持つようになった一方で、「伝統的な日本の美」を表現しているとして肯定的な意味で評価した者もいたのである。換言すれば、こうした歴史的エージェントたちは、お互い同士だけではなく一定の歴史的文脈において様々な意味づけの「交渉」を行ったのである。

第二に私が強調するのは、個人が合理的に自己の一生の目的を決定するという理想化された人間のモデルとは反対に、個人は自分の目標について完全な認識をもっているわけでもないし、社会＝文化的文脈を完全に理解しているわけでもないということである。歴史的アクターたちは、権力を持っている人間であろうとなかろうと、個人として、目標を達成するための自分の考えと活動に関して完全な計画を持つことは、ほとんどないのである。

歴史的変化は、著しく複雑な要因が弁証法的に働いた結果である。私は個人の思考や感情、あるいはまた日々の生活を研究上重視し、個人が、自分の文化の完璧な再生産を妨げるのに大きな役割を演じていることを十分認識する反面、個人が歴史変化の過程におよぼす役割は制限されており、非常に複雑な多数の要素の一つであることを強調したい(Moore 1986; 1987を参考のこと)。

「コミュニケーションは可能であるか?」——従来の学説

本書の基本的な問題であるコミュニケーションの不透明性は、コミュニケーションする能力、とりわけ言語を通してのそれが、人間であることの証拠であり、人間の社会性(sociality)はそこに依拠しているとする、長い伝統を持った学説に反するものである。この伝統は、『創世記』第一一章のバベルの塔の物語を初め、一七世紀のG・W・ライプニッツの普遍的記号の考案(Leibniz 1989: 5-6)以降、種々の試みがなされてきたことからも明らかである。ジョージ・スタイナーは、これら言語と象徴によるコミュニケーションを築こうとしてきた努力の数々の包括的な歴史を、私たちに提供してくれている(Steiner 1992: 特に209-215)。彼はこの本の締めくくりでユダヤ教における神秘思想であるカバラに言及している。カバラにおいては、バベルの塔と言語の本性の問題が検証されているが、言語の同一祖先説と普遍文法の理論とが並んで提示されているのは、言葉が自分の意味を全て振り落としてしまい、人間に反逆するという異端説なのだという(Steiner 1992: 499)。

一時非常に影響力のあったユルゲン・ハーバーマスは、啓蒙思想を支持する第一人者で、言語がコミュニケーションにおける相互理解を可能にさせる媒体であると考える。彼の「コミュニケーション的理性」は、理性を個人から解放し、異なった目的を持つ諸個人のあいだでの「調整」が可能となることをめざす「社会的活動」において、その合理性を確立するものである(Habermas 1984: 例えば 101)。私見では、理性に王座を与える啓蒙主義は、限られた西欧社会(フランス、ドイツなど)では重要な位置をしめているが、西ヨーロッパ以外の社会ではほとんど発達していないため、彼の学説には大きな限界がある。例えば、啓蒙思想はロシアでは強い抵抗に遭ってきた(Billington [1966] 1970: 269-306)。ミハイル・ザゴスキン(一七八九—一八五二)によれば、ピョートル大帝は西欧に向けて窓を開いたが、ニコライ帝はその窓を閉じ、アレクサンドル帝の時代には啓蒙主義の合理性に対する疑いが生じたという。彼はまた「ペテルブルクは頭として、モスクワは心として振舞った」とメタファーを巧みに使って、ロシア人の啓蒙主義への否定的感情を表現している(Billington [1966] 1970: 303)。当時のロシア人にとって「心」がより重要な意味を持っていたのはいうまでもない。脳死を人間の死とする考え方は、「我思うゆえに我あり」、つまり脳のうちに座を占める理性こそ人間を定義するものであるという啓蒙主義の存在論(ontology)に由来しているが、そうした脳死の考え方を受け入れる準備が出来ていたのは少数の国々であったことを留意すべきである。日本では「文明開化」の波が一九世紀末の開国後に押し寄せ、「啓蒙主義」は一時は熱狂的とも言えるほど、エリートをも一般人をも刺激したが、彼らは西欧産のこの思潮を全面的に受けいれたわけではなかった。今日脳死を人の死とする考え方に日本人がなお強い抵抗を示すのもその一端と考えてもよいだろう(詳しくは Ohnuki-Tierney 1994b: 1997 を参照)。

バフチンの影響力は、今日でも続いているが、彼の理論は基本的に言語のコミュニケーション能力を前提にしており、その前提ゆえに対話を許さない「権威的な言葉」を否定し、庶民文化のダイアロジズムを種々の理論的角度から分析する方法論を提供した。彼の理論は様々な分野の研究者たちに多大な影響を与えてきたが、彼の言語のコミュニケーションの可能性への信頼は次の引用によくあらわれている。

言語……にはあまねく他者の志向が住みついている。言語を支配すること、それを自己の志向とアクセントに服従させること、それは困難かつ複雑な過程である。(Bakhtin [1965]1981: 294)

一方で、彼の提示する「隠れた対話」の概念は、意味が、テクストよりはコンテクストで表現されることを示すものであるが、しかしながら、彼の基本姿勢は、コミュニケーションは言語によって可能であり、その不在・不透明さは考慮には入っていない(Bakhtin 1984: 3)。

言葉を用いるコミュニケーション(discursive communication)が持つ複雑さについては、アリストテレス以来数々の学者によって指摘されてきたところである。ところがコミュニケーションの「不在」に関して我々は「無自覚」であるという事実に対しては、ほとんど注意がはらわれてこなかった。それというのも、我々は、言葉ないしその他の種類の象徴をとおして自分たちは当然「コミュニケーション」していると想定しているからだ。「コミュニケーション」という言葉自体、コミュニケーションの不在の可能性を排除してしまう。

コミュニケーション可能な文脈においてさえ、我々の相互理解はないという考えを明確に打ちだしたのは、シャルル・ボードレールであった。一八六九年に死後出版された『赤裸の心(*Mon cœur mis à nu*)』で彼が指摘したのは、コミュニケーションの不在がどこででも起こりうるということだけでなく、そもそもこのような欠如に人々は気づいてもいない、ということである。

世界は誤解で動いてゆく。普遍的に存在する誤解(le malentendu)のおかげで、人々は互いに合意できるのだ。というのも、もし不幸にも相互理解が成り立てば、人々は決して合意に達するはずはない。(Baudelaire [1869]1949: 98―大貫訳)

ボードレールは誤解のメカニズムを説明していない。言葉や象徴に対する多様な解釈――互いに理解していると考えている人々のあいだでの、解釈の相違・多様性――という辞書的な定義を超えて、このmalentenduという語は、誤解と、コミュニケーション一般の不在を示すためによく用いられてきた。最も重要なポイントはボードレールが、人々はこの不在に気づいてさえもないという洞察を示したことである。これはどれほど評価してもしきれないほどのことである。

イギリス人類学においては、この現象を認識し、明確にした功績はエドマンド・リーチに帰されねばならないだろう。儀礼に関して述べられた以下の内容は、コミュニケーション一般に当てはまると、私は考える。

一つの詩を二人が読むばあい、二人は詩の価値については合意するとしても、その詩からまったく異なる意味を引き出す。儀礼の行われている時点では、二人の個人、または諸々の個人からなる集団は、その儀礼の妥当性を受け入れる。しかしその儀礼の意味は何かということについてはまったく合意がないままなのである。(Leach [1954]1965: 86)

リーチの議論は、文化や社会はきわめて流動的で、つねに変化しており、けっして平衡状態にはならないとする彼の見方と一致している。当時、ほかの多くの人類学者は構造の平衡状態を前提としていたのに対し、彼の議論は「根本的に異なった種類の、新たな社会的構造が出現する」(Leach [1954] 1965: 87) スペースを認めたものであった。

コミュニケーションの不透明性に関して極めてシステマティックな分析を進めたのはピエール・ブルデューであったが、ブルデューの関心は社会的・文化的な構造、なかんずく階級構造と、その再生産に集中していた。一九六〇年代末から、ブルデューは「メコネサンス (méconnaissance 誤認)」という概念を発展させ、それを個人の活動の結果ではなく「制度化された集合的誤認の円環」とした (Bourdieu [1975] 1991: 153)。論理的帰結としてブルデューも、ボードレールやリーチ同様、コミュニケーションの不在に人々は気づいていないということを前面にだす。ブルデューにとって決定的なことは、メコネサンスは上層階級のドクサを、支配される下の階級の人間が無意識のまま是認し、それによって権力の不平等状態を再生産する構造的な場である、ということなのだ (Bourdieu 1990: 9, 13)。彼の強調するポイントは、支配する上層階級の人間と支配される下の階級の人間とが同じ価値観、宇宙観を持っていることである (Bourdieu 1991: 23, 113, 118, 170, 209)。

ブルデューの図式の中では、エージェントとして意識的に行為する特定の個人はおらず、支配的な階級のドクサが下層階級に「自然に」包容されることになる。このプロセスにおいて下層階級の個人は、ドクサの支配を「自然に」正当なものとして支持するのである。彼はこうしたプロセスを「象徴的暴力」と呼んでいる。すなわちそれは、基盤となっている権力関係を隠すことによって、支配的な階級の作り出す意味を、下層の階級が正当なものとして受け入れる過程を作るものだというのである（Bourdieu and Passeron 1977: 4）。

ブルデューは言語行為の社会的コンテクストや発話内行為の力（illocutionary force）というものを分析の対象として認めない。「象徴的パワーは「話内行為の力」という形態をとって「象徴のシステム」に宿るわけではなく、権力を行使する者とそれに従う者とのあいだにある所与の関係を通して規定されるのである。つまり、それはまさに信念・価値構造が生産され再生産されるような場で規定される」（Bourdieu [1977]1991: 170; Bourdieu and Wacquant 1992: 168）。それ故、ブルデューのメコネサンスはルイ・アルチュセールのメコネサンス（Althusser 1971: 182–183）と根本的に異なる。アルチュセールのそれは、個人が呼びかけ（interpellation）に応じて「自己の従属を（自由に）受け入れる」（強調は原文）時点で起こる（Althusser 1971: 174–175）。例えば警官の呼びかけに即座に応じるのは、ある所与の社会的コンテクストの中での個人の行為なのである。

ある点では、ブルデューのイデオロギー的な視座は、カール・マルクスと似ている。マルクスは「商品のフェティシズム」という概念で、商品価値が人々によって自然であると見なされる仕方に焦点をあて、人々は「労働の生産物が商品形態をとるかぎり、それら生産物を取り囲んでいるあらゆる魔法や魔術」に「気づいていない」（Marx [1867]1992: 80–81）と指摘する。しかしブルデューとマルクスとの根本的違いは、ブルデューは「経済的」なるものを「文化的」なもの、「象徴的」なものと見る点にある（Bourdieu 1991: 244–245）。

コミュニケーションの不透明性——分析の枠組み

本書での分析の対象は、言語表現的な記号(discursive signs)ではなくシンボルである。コミュニケーションの不透明性に関する私の関心は、ブルデューのほとんど唯一の関心であった、階級構造における権力の不平等性に限られるものではない。戦争や独裁下にある社会など、より広い政治的空間も対象にする。(2)

儀礼とシンボルは、クレオパトラの時代から現代の政治に至るまで、ほとんどの社会において政治的権力と密接に関連し、また政体の最もドラマチックな側面であると見なされてきた。しかしこの前提には問題がある。

まず、人口の少ない社会においてさえも、だれしもが同じように儀礼にアクセスできるというわけではない(第六章)。アイヌの一番大切な儀礼である熊祭りの場合、その熊が殺される場面を女性が目撃することは、タブーである。人口の大きい社会でも、同じことが言えるのは、例えばルイ一四世がヴェルサイユ宮殿で行った盛大な君主儀礼は、宮廷社会の中のすべての人々が目撃したわけではなく、宮廷人の間でも君主に近い者たちのみが目撃したのである。当時のフランス人口からすれば、いちじるしく少数の者たちだけが目撃できたわけである。すなわち、ほとんどの庶民は、政治権力圏から除外されていた。後年、マスメディアの発達で、政治的儀礼のインパクトは劇的に増大した。それはまずラジオによって、また映画によって、そして今ではテレビやその他のサイバー技術の産物によってである。

マスメディアを通じて政治的儀礼に間接的にアクセスすることが可能になってさえ，象徴と儀礼を通して出されるメッセージの意味が共有されることはまれである。国民がメッセージの本当の意味を確実に理解しないことから，戦争やその他の政治的状況において大きな危険が生ずるし，また国民の側に大きな犠牲が生まれることにもなる。イデオロギーがいかにして流動化され，全体主義やファシズム，植民地主義その他の政治体制下で，どう国民に受け入れられているのかを完全に理解するためには，シンボルによって生ずる「コミュニケーション喪失およびコミュニケーションの不在」を精査する必要がある。この現象を私はコミュニケーションの不透明性と呼び，この本の焦点とする。

コミュニケーションの不透明性は，社会集団の集団的アイデンティティ(collective identity)を表現する象徴にも関わる。集団の象徴によって集団を総括し，人々が気づかぬうちに，少数民族などその他の構成員が排除されていることはよくある。「自己としての米」という象徴的な表象は，日本社会の中の非農耕民をすべて排除する。しかも，排除された人々は，自分たちが象徴的な表象からも排除されていることに気づかないことが多い。一例として，稲の成長段階にもとづいた四季の特徴づけが，すべての「日本人」の四季になり，稲作とは関係のない生業に就いている人々までもそれにしたがって生活することに矛盾や抵抗を感じないという現象を挙げることができるだろう。

社会集団，つまりマイノリティが排除されていることがすぐ明白になるなら，国家によるナショナリズムを国民に受け入れさせる仕事はより困難なものとなるし(cf. Althusser 1971: 137 も参照)，庶民を国家のために戦うような「国民」(Mosse 1975)とすることもより困難となるだろう。本書の主題にとってもっとも重要な課題は，こうしたナショナリズムや「国民化」のプロセスにおいて，象徴が，いったいいかなる役割を演じるかということである。

エリック・ウルフは象徴人類学者への課題として、「イデオロギーはいかにして権力展開のためのプログラムとなるのか」(Wolf 1999: 4)を問うべきだと主張し、クワキウトル族(Kwakiutl)やアステカ族、そして国民社会主義ドイツ(ナチス・ドイツ)の比較を通じて、イデオロギーの役割を調査した。ただし、この課題は非常にむずかしいもので、象徴がコミュニケーションにおいてどのような役割を果たすかは、容易には立証できない。私は、象徴が直接インパクトを持つとは仮定せず、象徴によるコミュニケーションのプロセスそれ自体のうちに存在する複雑さと隠れた陥穽とを指摘することに努力したい。

私が調査の対象として選択した象徴は、常時政治空間とは無関係と思われているもの、または、関わるようになったものであり、例えば国旗や記念碑、ページェントリーのような初めから明らかに政治的な象徴ではない。コメや花のような日常的なものが、政治的象徴に変えられて、戦争を含む種々の紛争において展開されていく場合があるが、それが私の扱う対象である。こうした日常的な象徴を調査する重要性は、それらが政治的な影響力を持っているとはとうてい思われないほど、あまりに普通に見えるものだという点にある。モナ・オズーフが示したのは、フランス革命における象徴、とりわけ自由の木(arbre de la liberté)が、フランスの多くの地域にみられる民族的伝統における五月柱《メイポール》(春の到来を喜ぶ祭りの際に立てられる、花やリボンで飾られた柱)に由来したものであったということである(Ozouf [1976] 1994: 232–233)。オズーフは、共和派が民衆の祭りから借りてきたものが、いかに革命の象徴体系を「民衆の感性にとって……よそよそしくないもの」にしたかを指摘している。象徴がありふれたものであればあるほど、人々はその象徴がどのように自分たちに働きかけてくるのかについて無自覚である。無自覚であるが故に浸透の度合いも高まるのである。本書は、そのような日常的な対象が持つ象徴的な力を理解することを試みるものである。

コミュニケーションの不透明性を調査するために、私が問題の所在として選び出したのは次の三点である。①多義性(polysemy)、②美的要素(aesthetic)、③無のシニフィアン(zero signifier 外在化していない象徴)。

意味の多義性(polysemy)

ヴィクター・ターナーの方法論は、文化をパフォーマンスというアプローチから研究するのであり、象徴の意味の多義性(multivocality)を強調した。一つの文化の中で重要視される象徴の意味は、扇状に、あるいはスペクトルのように広がり(Turner 1967: 50)、「連想が複雑で、不明瞭で、オープンエンドという性質」を持っている、と指摘した(Turner 1975: 155)。ただし彼のいうところの多義性は、限られた数の意味から成っており、複雑で不明瞭ではあるが、既成の象徴構造中にあると考えられていた(Turner 1967: 30)。彼の象徴人類学への貢献は、いくら評価してもし過ぎることはないほどであるが、私がその貢献を足場にしつつ提起したいのは、私のいう多義性(polysemy)は、象徴のシステムや社会を機能的に統合することを容易にするどころか、逆に不透明さの基礎になっているということである。またターナー自身は非常にリベラルであったが、彼の研究は、当時の文化人類学のパターンとして、研究対象のフィールドを世界歴史や政治から隔離されたものであるかのように扱い、それらが植民地主義の激流の中に存在するということを考慮に入れずに解釈するという点に問題があった。私はその反対に、どのような文化・社会も——いくら小さくても、あるいは一見隔離されているように見えても——それらはかならず世界の歴史的変化の波に左右されるとの前提に立っている。すなわちローカルとグローバルの弁証法的スペースの中でそれらを研究しようとする。そのため、儀礼・シンボルも必ずしもその文化をそのまま再生産する機能を果たすものとは考えないのである。

意味——相互関係・プロセスの中での定義

コミュニケーションの不透明性の一つの要因は、意味は根本的に個々独立したものではなく、他の意味との関係において定義されるものだという点にある。あるいは一つのプロセスの中の一環であるという点にある。従来の考え方では、意味は格子の一画ごとに他の意味とは関係なく収まっているものだと想定されてきた。私はその前提は間違っていると考える。意味は社会的な諸関係と人生のプロセス、それらの相互関係の中で定義されているものと考えている。例えば女性という概念は男性の概念なしには考えられず、生は死へと至るプロセスの一段階であると考えなければならない。こうした意味の位置づけが意味の変化やずれを自然なものと感じさせてしまうのだ。生の象徴——満開の桜——が死の象徴——散った桜——になっても、その変化していくプロセスを人々は刻々と感じることはなく、「自然」なものと考える。

こうした意味とその変化の例として、本書では日本の桜の花（第一章）とヨーロッパのバラ（第二章）に焦点をあてる。日本文化において桜の花が持つ象徴性はきわめて複雑で、歴史を通じて多様に変化するが、その一方で、古代からの意味も持続している。その結果、桜の諸々の意味は、一見すると矛盾しているように見えることもしばしばである。例えば「花は桜木、人は武士」で表現されているように、男、しかもかつては男の中でも男であると考えられた武士を意味することもあれば、若い女性の象徴でもあり、農耕における再生産や社会の継続にとって肝要な女性の生殖能力を表象するものである。その一方で、芸者つまり規範的な社会の外側に位置づけられ、社会継続のための生殖に関わらない女性もまた桜と切り離せない関係にある。桜は生命、死、そして再生という過程——生命循環の各段階——を表現するものである。しかしまた、桜は狂気とも結びつけられる。狂気は社会人としての自己の喪失であるが、満開の桜の下でおこるものだと考えられた。花見に常時使われるお面は、花見の場で他者になることでもあった。そしてまた桜は、なによりも愛という激しい人間関係、人間の社会性の根底をなす愛の象徴でもあった。

ヨーロッパにおけるバラの象徴性も、同様の複雑さを抱えている。バラの一番重要な意味は愛である。バラが愛を意味することは、ヨーロッパ、中東その他の地域において、エリート文化・民衆文化を問わずどこでも見られる。バラの色彩の象徴性は高度に発達しており、色によって象徴の意味がきまる。キリスト教ではバラは象徴体系の中心にあり、例えば赤いバラはキリストの犠牲を象徴しており、白いバラは処女マリアの純潔を表象しているというような具合である。また、バラは王権と政治権力の表象でもあり、ネロのような古代の政治指導者やスターリン、ヒトラーのような近代の独裁者にも「乱用」された。その一方でバラは、中世のメーデーの祭典で見られるように反体制の象徴でもある。バラは社会主義インターナショナルによって採用され——ほとんどすべての場合赤いバラであったが——今日でも世界中のあらゆる社会主義政党のロゴマークである。ナチス・ドイツの時代において、ヒトラーに抵抗した学生の運動にも「白バラ」が使われている。バラは桜の花同様、生と死を意味する。いずれの場合も、象徴が持つ各々の意味は、人間関係やプロセスの中で規定されているのである。

儀礼もまた、透明なコミュニケーション空間を創出するものとはいえず、コミュニケーションの不透明性が生まれる舞台を創り出すものである。もっとも簡潔な例は狂言「靫猿《うつぼざる》」である。狂言は体制を当てこすったり、一般的なものの見方にたいして風刺的なコメントを寄せたりするものである。「靫猿」では、サルが持つ複数の意味——聖なる媒介者、スケープゴート、道化——がすべて共存している。大名、太郎冠者、そして賤民の出である猿引の三人の登場人物は、それぞれ劇が進展するにしたがって異なった意味を象徴するようになる。しかしながら、三人は自分たちのあいだで意味の共有がなされていないという点を認識することはない。コミュニケーションにおける同様の不透明性は、現代日本の猿廻し芸でも見られる。猿廻しはかつては賤民の職であり、現在でもこの差別の問題は大きな政治的緊張をはらんでいるにもかかわらず、それが猿廻しの演技空間で表面に出ることは稀である。それにはコミュニケーションの不透明性が一役買っている(大貫一九九五a：一六九―一九七)。

意味の多義性——要約

個々の文化の中で重要とされる象徴は、多くの意味からなる広大な「意味のフィールド(semantic field)」を有している。こうした象徴は、すべて両義的(double entendre)で、規範的世界だけでなく、その反対の構造を是認する反対概念(counterpoint)をも象徴するのである。例えば桜の花は、春の米とみなされ、農業や生殖のエネルギーを表象するが、その反面、先にも見たように、生殖に関わりない稚児《ちご》や芸者のような、規範的構造の外部の存在も表現していたのである。また儀礼としての花見は公共空間を創出したが、それは、公共の広場や大教会前の広場などのような制度化された公共空間を持ちあわせていない日本社会では、おそらく唯一の公共空間であったろう。ところが一方で、宮中、公家、将軍等の花見は、公共空間を創出するものではなく、政治的地位・権力を顕示するための空間となった。ただし花見は、ターナーのいう過渡的な空間、いわゆる「リミナル」な空間で、どの時期でも、茶番やその他の非日常的な行為が許される舞台でもあった。

繰り返すが、意味は格子の一画にとじこめられているものではない。一つの意味が表象しているのは、あるプロセスが持つもろもろの側面のうちの一つ(例えば生命は死の前提として表象されるように)であり、人間関係が持つもろもろの側面のうちの一つ(例えば女性は男性との関係において定義される)にすぎないのである。意味が社会の規範的構造や象徴のシステムを表象する場合、それは不可避的にその反対を暗示する。それゆえ、一見「矛盾」しているように見えたり「反対」と見えたりするものは、実際は一つの軸の両端なのである。このように理解することで、一つの重要な示唆が得られる。すなわち、象徴によるる表象において、秤のウェイトがずらされて、例えば生の代わりに死のほうに重みがかけられても、多くの人はそれを「自然なもの」として受け入れてしまい、その「ずれ」がいかに重大かに気づかないのである。

あらゆる象徴の意味は、多重的で相互的な参照関係(multireferentiality and interreferentiality)の層のうちに埋め込まれており、そうした層はそれぞれ相互に関係する諸概念によって構成されている。テーゼはアンチテーゼの中に埋め込まれているのだ。しかしながら注意すべきは、多義的な象徴とその力が持つダイナミックな動性は、象徴の構造のうちに多くの意味が存在するという静的な事実のうちにあるのではなく、実践において象徴が担う役割のうちにある、ということである。象徴が持つ力の由来は、絡みあって多層化した意味の数々からなる巨大なセットから、社会的アクターたちがそれぞれに異なった意味を引きだしてくるという事実にある。その際人々は、自分たちが意味のフィールドからいずれの意味を引きだしているのか、意識することもないのが普通である。その結果、人々は、自分たちが「コミュニケーション」していないということには気づかないのだ。

意味の歴史的変遷

多義的な象徴が持つ意味のフィールドは、固定したものではなく、所与の社会的／歴史的文脈のうちに位置づけられ変化するものである。日本の桜の花とヨーロッパのバラがともに提示するように、意味のフィールドにおける変化は、世界的規模の政治変動——例えば世界大戦のような——の結果ということがありうる。あらゆる意味が同時に現前している時もあるが、そうした意味が一種のパリンプセスト（訂正や加筆の痕跡を残したテクスト）を構成していることの方がよくある。いくつかの意味は訂正されてもはや支配的ではないが、それでもやはりそこに存在している。例えば桜は、今日でも、ただ青空を背景とした「生」の賛美としてだけではなく、そこに闇の力が潜む恐ろしさを感じさせることがある。同じくバラは、中世以来、エリートの政治的・財政的力の表現であると同時に、平等主義的で反体制的な姿勢の表象であり続けた。その両義性を、レーニンやスターリン、ヒトラーなどの独裁者が、己れの目的のために巧みに利用したのである。

軍国主義政府のもとでの日本人も、ナチス支配下のドイツ人も、意味が根本的にずらされたことについて、自覚的に認識はしなかった。それは、これらの象徴の意味のフィールドがあまりに豊かで複雑、かつ広大であったためである。バラを党の同志の象徴として見ていたソヴィエトの労働者は、スターリンが、レーニンの死後に彼の強烈な人望を利用し、スターリンが自らを彼等の「父」とするためにバラを利用し、その結果バラが自分達の隷属を象徴するものに転化したことに気付かなかった。同様に、日本の兵士たちは、軍事政権が桜の花を自分達の犠牲の象徴に転化させたと感じることはなかった。一九世紀以来、とりわけ日本の軍国主義のもとで「王と祖国のために死ぬ(pro rege et patria mori)」というイデオロギーが浸透させられる中で、桜の花が持つ比喩的な機能が拡張されたのだ。散る花びらが戦死した兵士たちを意味し、咲きほこる花が彼らの魂の化身となったように。しかし国家が意識的に桜花の意味を変更し、兵士を殺そうとしたわけではないし、こうした劇的な変化を国民も意識しなかった。誰か特定の主体が桜の花の持つ意味を変更しようと意識的に決断したとは、私は考えない。この時期、多くの人々が西洋の植民地主義から自分の国を守る必要性を切迫したものとして感じ、国家への自己犠牲の観念が膨れ上がったために、桜の花は、おのれを越えた大きな使命――「国家」のための犠牲――の道徳的美しさを象徴するようになったことに誰も抵抗を感じなかったのだと私は考えている。当時の日本国民の中には、すぐれた学者、音楽家、政治指導者がおり、彼らの多くはリベラルであったにもかかわらず、桜の花のいわば「軍国主義化」には気が付かなかった。これは、コミュニケーションの不透明性によって、愛の花が大量破壊兵器へ、すなわち「人殺しの花」へと変身したことを意味する。ここで

歴史的な文脈――世界的なファシズムの台頭と日本の軍国主義化――が重要な役割を果したしたのだ。(3)

美的要素

日本の桜の花にせよ、ヨーロッパのバラにせよ、自己のアイデンティティの象徴はほとんどすべて美的要素を与えられている。美的要素はコミュニケーションの不透明性を助長する潜在的な力として、多義性以上に強力なものである。美的要素は、醜悪な物事――例えば殺人や戦争、暴力――を、国家への貢献に転化させる。他の国の人間を殺すのは殺人ではなく、国家、正義のための崇高な行為となる。

社会科学の研究者たちは、象徴が持つ美的次元よりも、概念的な次元により多く注意を払ってきた。美的要素に関する従来の研究の大部分は、芸術の美に関するものであった。西洋の美的伝統は自然の模倣(ミメシス)にはじまる。芸術は自然を模倣し、真理を追究しようとする人間の努力を表現していると見られていた(Auerbach [1946]1974)。プラトンは、こうした努力は失敗に終わったと見なしたが(Plato [1935]2000: 特に 429-433)、西洋の伝統では、芸術は美によって定義され、美こそは個々の文化を超える人類共通の普遍性を持っていると考えられたのである。

美が学者間で解釈され、システムとして構築されたのが美学(aesthetics)であるが、私が着目するのは、庶民が日常生活の中で感じる美意識である。(4) 過去と現在を問わず、多くの人々にとって「芸術」という特別のカテゴリーは存在しておらず、美的要素は彼らの日常生活の一部をなすものである。多くの文化では、我々が「自然の美」と称するものは存在しない。「美しい」という概念は、宗教的ないし経済的な意味や性質と範囲を同じくしていることがしばしばある。例えば、南樺太、北海道および千島列島に居住する狩猟採集民であったアイヌにとって、「ピリカ（美しい）」という概念は、神聖な性質というのと同義である。アイヌには「自然の美」という概念は存在しない。彼等は植物に非常に詳しく、一つの植物でも、葉、茎、根、と別々の名をつけるが、「花」は一切名をつけられない（Ohnuki-Tierney 1974: 31）。ジャック・グッディの百科事典的な『花の文化』は「アフリカには花がない？」という章にはじまり、その中でアフリカの諸民族のあいだでは中東やヨーロッパとは異なり、花が文化的に認識されていないということが示されている（Goody 1993: 1-27）。

崇高さ（sublimity）にまつわる議論はロンギヌスからはじめられることが多い。おそらく一世紀の学者と推測される彼は、崇高さを「ある種の高さと明らかな卓越性」と定義し、崇高さに対する人々の反応は「説得されるというより恍惚（エクスタシー）へと」駆り立てられるとする（Longinus 1985: 8-9）。つまりロンギヌスが強調しているのは、崇高さとは概念として理解するものではなく、感情的／感性的な応答である、ということである。エドマンド・バークは崇高と美に関する影響力ある著作（Burke［1757］1998）を書いたが、そのほかにも崇高《サブライム》（な）を形容詞および名詞として研究した仕事には、長い歴史がある（Nova 2011: 124-126）。

私は批判を持ちつつも、エマニュエル・カントの「美」と「崇高」の区別、また両者間に転移と反転移が起こるという提示を分析の出発点とする。カントは「自然における美は対象が備えるフォーム（形）と結びついており、そのフォームは〔一定の〕境界を有することで成り立っている。「崇高」は形のないもの、境界のないものにあり、対象の全体は思考にのみ存在している」（Kant［1970］2000: 101-102;［1793］

2001: 306–308）という。「それゆえ崇高さは、自然の物のうちに宿ることはなく、我々の思考の中にのみ存在する」（[1790]2000: 129）。ほかの箇所では、自然の物を崇高であると言うのは正しくない、美しいと言うのが正しいと述べている（[1790]2000: 103）。「美しさは概念の裏づけなしに、普遍的に人を喜ばせる」（[1790[2000]: 67）とし、それゆえ「美しい芸術作品は、自然に類似しているかぎり、芸術作品である」とする（[1790]2000: 187）。

私はカントの「美」と「崇高」の区別を採用し、用語として私は「美」は、道徳、宗教、政治その他の次元を持たない対象の美的要素であり、それは感覚的にうけとめられるもの、「崇高」は、道徳的、宗教的、政治的その他の側面を持っているものと考える。私は日常的な美的要素、象徴実践において現われる複雑さを探究するために、政治空間における象徴を選択した。私の第一の問いは、右で定義したような「美」が普遍的なものであるのか、というものである。換言すれば、美ではなく、崇高のみが存在するような文化が存在するのではないか？　つまり、概念に与えられる崇高さこそ、ある種の文化においては唯一の美的判断なのではないのだろうか、ということである。このことはアイヌ文化に当てはまるように思われるが、アイヌにとっては、宇宙に存在するあらゆる対象の中で、神（カムイ）に関係するものがピリカ――美しいのである。したがって熊がピリカであるのは、感覚的知覚において威厳があるためというよりは、神的存在であるが故にピリカ（美しい）である。換言すれば、アイヌにとって崇高さ――ピリカ――こそ唯一の美的概念なのである。第二に、「美」と「崇高」の両方が――すくなくとも分析の対象として――存在しているとすれば、両者間の転移は美から崇高へ、という方向でおこるのか、あるいはその反対なのか、それともそれは転移と反転移から生じるサイバネティックなプロセスの一例なのだろうか、というものである。一方向だけの、それも意図された転移の例も存在している。例えばナチスは、一九三七年にヴァイマル近郊のブーヘンヴァルトに収容所を建てた。その中心部には「ゲーテの樫の木」として知られる有名な木があった。この木のもとにヨハン・ヴォルフガング・フォン・ゲーテが腰をかけ、ヨハン・ペーター・エッカーマンやフリードリヒ・シラーらと語りあったのである(Koshar 1998: 208; Roth 1999)。樫の木は古くからドイツ文化の崇高さの象徴だった。ナチスの望みは、この木が持つ崇高さが収容所に転移されて、その醜い意図が覆い隠されることだったのである。

古代日本における米は、神が宿るが故に美しいと考えられた。つまり、それは何よりまず崇高なものだったのである。それ故稲も穀粒も「美」しかった。古代日本では山の神が桜の花びらに乗って稲田におりてくると信じられていた。米も桜も、崇高さが感覚的な美しさを生じさせると、我々は解釈すべきではないだろうか?

花の「美」と戦争の崇高さとの関係で有名なのはアステカ族の「花の戦争」である。彼らは敵対するトラスカラ(Tlaxcala)、チョルラ(Cholula)、ウェショツィンコ(Huexotzinco)との戦争を「花の戦争(xochi-yaoyotl)」と呼び(Durán 1964: 348)、戦死を「花の死」とよんだ(Hassig 1988: 10)。マリオ・エルトハイムによると、花の象徴性とその美しさは広範に利用されており、「花の戦争」のほかにも、戦士は「踊る花」、彼らの血は「花の水」、また犠牲のために捕えられた敵は「心臓の花」と言われている。彼らの最期は「花の死」であり、花の死ののちに戦士たちはハチドリや蝶となって、選りぬきの花から蜜を吸うのである。そして歌の中で讃えられることで、これらの戦士たちは花の美しさで象徴される死における名声と威光を獲得するのである(5)(Erdheim 1972: 47–50)。

花の「美」が、戦争の崇高さへと変形させられたのだろうか？　あるいは自分の国や味方への犠牲が崇高と考えられ、その崇高さが花の象徴性を出現させたのだろうか？　たとえ転移の方向がいつも決まっているわけではないとしても、カントの「美」と「崇高」との区別を使い、国家が兵士を戦場に送る手段として、美を崇高へと転移させるプロセスを検討することはできるだろう。

「美」と「崇高」の実践を分析するさいに、もう一つの重要なポイントは、美的要素も多層構造（polyvalent）であると見ることであろう。つまり、美的価値はたんに美しいだけではなく、他の複雑な価値もそこに幾重にも重なりあっているのではないだろうか。例えば、西洋の芸術では美と醜の関係に関する議論が長く続いてきた。ウンベルト・エーコ編の『美の歴史』の「怪物の美しさ」と題された章の最初のページには、イタリア南部のコムーネのサンタ・マリア・カプア・ヴェテレにある、ゴルゴンの頭部をかたどった紀元前四世紀のアンテフィックス（屋根瓦の終端に付けられた装飾）の写真が掲載されている（Eco ed. 2005: 131–153）。

戦争や殺人も中世以来芸術のテーマであった。これに関し、カントは、病、戦争による荒廃などはおそらく、（たとえ悲惨なものとみなされていようとも）絵画では、きわめて美しいものとして描写され、醜は「美」として表象されねばならない、と言う（Kant [1790]2000: 194–195）。時代が下がり近代になると、芸術家たちは醜を美として描くより、美と醜は同一の事象の両面という考え方が優勢になった。ボードレールはラブレーを「フランスにおける偉大なグロテスクの巨匠」（Baudelaire [1855]2001: 159）と称賛し、芸術のうちにある「美の定義不可能な要素」が「適切な醜さ」を表現するよう意図されてきたさまを示した（Baudelaire [1855]2001: 147）。ボードレールの中心的なテーゼは、有名な詩集のタイトルにもなっている「悪の華(Les Fleurs du mal)」である。「美への賛歌(Hymne à la Beauté)」で表現されているように、ボードレールにとって、美は「天国の深淵ないし地獄の無限性」を、「罪と礼節」を体現したものであった。彼は美と醜が存在論的には同じ硬貨の裏表であると見ていたのだ。

本書の目的にとって一番重要な問いは、いかにして自然の物、例えば、花の「美しさ」が、無垢な文化的ナショナリズムに崇高性を与え、それが国家によって人民を死に追いやる危険な政治的ナショナリズムの象徴に転化されるのか、その仕組みと過程とを研究することなのである(Ohnuki-Tierney 2002: 248-251)。

象徴——具体化と非具体化

象徴の定義は、ほとんどの場合具体化された「物」である。ギアーツは、象徴は概念、態度、判断、願望、信念等を具体的に知覚可能な形態にしたものであるとする(Geertz 1973: 91)。ターナーもまた、象徴は、物体や活動、関係、出来事、身振り、そして儀礼構成の単位などで、実際に具体的な顕現のあるものと定義する(Turner 1967: 19)。これはイギリス人類学の経験主義の伝統を継いだ主張である。学問の様々な分野で、愛、魂、精神といった「見えないもの」を、有形化された象徴として表現しようとする長い伝統がある。美術史家アレッサンドロ・ノーヴァは、見えないものの芸術的表象で一冊の本をまとめている(Nova 2011: 195)。例えば彼は、サンドロ・ボッティチェリの「ヴィーナスの誕生」の絵の中で、衣服の襞で風の存在を表現している例を挙げている。風という目に見えないものを、衣服の襞という有形物で表象しているというのである。

視覚的な有形化には、ほかにも様々なものがある。フィリップ・デスコラは、例えばオーストラリア中部の砂漠に住む先住民が、トーテムが残した足跡を点描画風に描く例をあげたり、またアラスカのユピク族（アラスカ中部以西に住むイヌイット）の間では、生き物すべてに共通の主体性（subjectivity）を象徴する人間の顔と、個々の動物のアイデンティティを象徴する動物の顔の二つを結合して、動物の内的存在を象徴する例を挙げている（Descola 2010: 61）。

「具体化」という言葉が視覚の使用を強調しがちである点には注意しなければならない。他の感覚による具体化・有形化の方がかえって心理的に重要である場合もある。例えば言葉は思考の具体化・有形化の一つで、政治演説のインパクトは聴覚的次元の重要さを示している。また嗅覚（例えば、腐敗のにおい）や触覚（パリパリ、シコシコなどの〝歯ざわり〟等）が同じく強力な力を示すこともある。とりわけ共感覚（synesthesia）は複雑な役割を演じる。ジェームズ・ビリングトンはロシア東方教会における祈禱書（liturgy）を例として次のように説明している。


視覚、聴覚、嗅覚が相互に依存しあっているということが、東方教会の礼拝式では長らく重要であった。教会で歌われる祈禱書と季節の聖歌を直接絵画化したものである宗教芸術を利用しようという傾向は、一二世紀以来強まっていった。一四世紀にはすでにロシア北部では、教会壁画が音楽の図解となっていたのである。（Billington [1966] 1970: 33）

象徴や象徴化のプロセスには数多くの重要な論点が存在するが、私の議論では、具体化と有形化、またその反対に関わる論点にとどめておきたい。

無のシニフィアン

多義性はコミュニケーションの不透明性を創出するのに重要な役割を演ずるが、無のシニフィアンおよび無に等しいシニフィアン（quasi-zero signifier）も等しく重要な役割を演じている(6)。

第一章から第六章までで扱う象徴はすべて有形化された象徴である。それと反対に、第七章で紹介する明治天皇は、無のシニフィアンであった。つまり、ヨーロッパの王や政治家と違い、明治天皇は存命中は肖像画、写真、銅像などとしての有形化を避けた。

私の使い方では「無のシニフィアン」や「無に等しいシニフィアン」は、指示対象すなわちシニフィエが明らかに人・物といった実体であるのに、有形的形態によって、つまり視覚的（肖像画、写真、銅像など）ないし聴覚的（言葉）な実体として表象されないものである。一般にシニフィエの存在は述語的要素（predicates）で暗示されるか、日本の場合は、種々の「見立て」でその存在を示すことが多い。例えば日本の天皇は、古代の天皇制の象徴であるもの（例えば鳳凰）や、日本国の象徴であるもの（例えば富士山、日の出）によって表象された。あるいは「見立て」として、他の人間が天皇の身代わりとして表象されることもあった（見立てというより、暗喩や換喩というほうが適切かもしれない）。

それと対照的に、ヒトラーのイメージは、切手からポスターや演説にいたるまで、いやというほど表象された。国民に見られることも声が聞かれることもなかった日本の明治天皇を、他の文化における政治指導者と比較する上で、無のシニフィアンを理解することは重要である。

一番の問題はパワーと有形化の関係である。どうしてパワーはその力を発揮するのに有形化を必要とするのか。無のシニフィアンである天皇は政治的権力を持っていたのか、象徴的存在であったのか。それを追究する過程で象徴的空間と政治的空間との結びつきを精査する必要が出てくる。キリスト教、ユダヤ教、イスラム教のような制度化された宗教においては、最も神聖なものがイメージや言葉として有形化されることはめったにない。それに対して、その下位の者はイメージとして示される。例えばキリスト教においてイメージをもたない神と、イメージ化されるキリストや聖人たちとは好対照をなしていた。政治の舞台の上では、レーニンやスターリン、ヒトラーといったヨーロッパの独裁者たちにとっては、視覚や言葉によって姿を表すことが、権力の維持や拡大に決定的に重要であったことが想起される。

日本の天皇の「宗教的権力」はそのような西洋の宗教の尺度で考えることはできない。近代の天皇制は一八八九年に大日本帝国憲法と皇室典範によって制定されたが、それ以前は日本の八百万《やおよろず》の神の中の一神でしかなかった。天皇が人々の目に見えず、その声も聞かれないということのより大きな理由は、日本古来の「魂」の信仰に基づくものであったと私は考えている。魂は普段有形化されない。しかしそれは、万葉集にも出てくる「言霊《ことだま》」の考え方からも分かるように、有形化された時には――すなわち、言葉として声に出された言挙げの時点で――異常な力を発揮する。中国の文明を片っ端から導入しながら、中国の肖像画の伝統を拒絶し、後世においても写真の導入に抵抗を示したのもこの理由によるのではないだろうか。

日本も軍国主義化が進展し、マスメディアが加速度的に発展することで、大正天皇、昭和天皇は国民にとってははるかによく目に見える存在となった。しかしながら天皇の肖像画は依然として制作されず、ヨーロッパの君主や独裁者と対比して、明らかに特異であった。

第二次世界大戦は昭和天皇の名のもとに戦われ、国家は、天皇と国家のために死ぬべしと兵士たちに容赦なく告げていた。しかし、その第二次大戦のあいだでさえ、国民にとって天皇は視覚的にも、聴覚的にも身近な存在ではなかった。兵隊の中には、自分がだれに従うべきなのか、だれのために戦うべきなのかが曖昧だと書き残している者もいた。日本の天皇の事例が示唆するのは、政治権力がフルに発揮されるためには、権力が有形化されることが不可欠であるということではないであろうか。

第Ⅰ部

多義性——プロセスの中で規定される象徴の意味

第一章　日本の桜の花

毎年、春になると桜の花が沖縄から北海道まで日本列島全体を覆い、年に一度の見事な景観を見せてくれる。西洋ではサクランボが重要であるが、日本人にとっては桜の重要性の源となっているのは、その実や幹ではなくて、花なのである(1)。

桜の花は日本人のアイデンティティにとって重要な象徴であるばかりでなく、幅広い意味を持つ点で、象徴の意味の多義性の好個の例でもある。本章では、一つの多義的な象徴が実践においてどのように機能するかを示したい。

民衆の間での様々な意味

農業の生産性と人間の生殖(再生産性)

古代日本の最も重要な信仰は、魂の概念と、それに付随する「むすび(結び・産霊《むすび》)」という行為であった。魂が体に入ることで「生」が始まり、魂が体から抜けることは死を意味する。糸、小枝、草で「むすび」を作ることは、『万葉集』の歌をはじめ当時の文学で描かれているように、魂を封じ込める儀式的行為であった（折口［一九四三］一九七六）。「むすび」[2]という術語には様々な意味が与えられるが、こうした諸現象に共通のテーマは、子どもの誕生、魂、太陽である。「むすび」を司る神は農業生産の神であり、タカミムスビノカミ（高御産巣日神。高皇産霊神とも書き、高木大神《たかぎのおおかみ》の別名を持つ）と呼ばれる。この神と太陽の女神が[3]、古代の八《や》百万《およろず》の神のうち、主要な二柱の神であった[4]（松前一九七四：九三、九七）。それゆえ「むすぶ」行為は、農業の生産性と人間の生殖（再生産性）の両方を意味していた。

図2　安藤広重「五十三次名所図会　四十五　石薬師」（国立国会図書館蔵）

米は日本人にとって最も神聖なる植物であるが、農民の宇宙観では、桜の花は秋の米に対応するものだと考えられていた。山の神は桜の花びらに宿り、田まで降りてきて、農業生産を見守るために田の神になる。この、あらゆる神の中でもっとも力のある神が、自分の魂を米粒として、人間にあたえる。農民はそれを天照大神の陽光で成熟するまで育て、秋になると種籾《たねもみ》の何倍にも増えた米の「初穂」を返礼として神に贈るのである。サクラという言葉の語源は、神的な霊（サ）の座（クラ）に由来すると解釈する学者もいる[5]。この説によると、農民たちは桜の開花を、米の苗を植える準備をする合図ととらえていた。このことを絵画で表象したものは一八世紀にようやく出現し（神崎一九九四：一六）、江戸後期の暦の中にそれについての言及がある（宮田一九八七：一二一—一二二）（**図2**）。神は秋になると、収穫の儀式を通じて、農民がささげる食べ物の「もてなし」を受けたあと、山へと帰るとされていた(宮田一九九三：櫻井編著一九七六：鈴木一九九一：六―九)。桜の花を女性の象徴とするのは、女性の生殖(再生産)能力と米の代表する農耕生産力とを象徴的に等しいものと見なすことにもとづく。

桜の花には神霊が宿っているという信仰から、その恩恵を受けるためにその枝を髪に挿す習慣が生じた(山田一九七七：二一六)。この習慣はすでに『万葉集』の歌に見られ、ある歌人は、男性も女性も髪を花で飾ったので、天皇の国が桜の香りでおおわれたと歌っている(澤瀉[一九六二]一九八三：三九―四〇)。この伝統はのちの時代まで続き、春の桜と秋の米の象徴的同一視から、稲穂を芸者が頭につける習慣もその変形として発生した。

学者の中にはさらに、桜の「サ」は「栄える」や「盛ん」、「幸(さち)」、「酒」といった語にふくまれる「サ」と同じ根をもっていると考える学者もあり、これらはすべて肯定的な力を意味しているということである(斎藤一九七九：四五―四六：山田一九七七：二一)。日本の神々の主だった機能は現世の繁栄をもたらすことであるから、こうしたつながりは当然である。

かつては、山は死者がおもむく場所の一つであった(Roubaud 1970)。当時山桜しかなかったにもかかわらず、桜の花が象徴的に山と結びつけられることはなかった。桜の花は仏教の図像の中に出てくることもなかった。神道は、誕生の祝いや結婚といった生に関わる儀礼にたずさわるのに反し、葬式のように死に関する儀式はほとんど仏教に依拠していた。僧侶がまとう袈裟《けさ》は通常黒色であるが、高位の僧が儀式の際に身につける衣装は明るい色をしており、蓮などの花の図柄があしらわれていた。蓮の上には仏が座したり立っていたりするが、桜の花は登場しない。旧体制(ancien régime)が崩壊しつつあった平安後期に、民衆と貴族の両方で人気を獲得した浄土宗においては、四季の花と鳥があり、いつも音楽が流れているような極楽浄土を描き、仏教は崇敬される祖先を気遣う宗教となり、花は概して死や他界と結びつけられるようになった。それは仏壇や墓に重要な供え物として花を供える習慣につながっている。しかしながら、桜の花はこうした目的のために用いられることはなかった。

生命の謳歌／愛と喪失

歴史をとおして、桜の花が持っていたとりわけ重要な意味は、愛を讃えることであった。男性が女性を桜の花という比喩で描写すれば、女性もまた愛人を表現するのに桜の花を用いた。古代の記録では、女性は花のついた桜の枝を髪に着けたり、庭にある竹竿にその枝を付けたりなどして、求婚を受けるつもりであることを示した。江戸時代になると、女性は小袖を桜の木に結び、求婚のしるしとしたものだった(宮田一九八七：一二三―一二四)。

エドウィン・クランストンは、自身が編集したアンソロジーに桜の花が出てくる一四の歌を『万葉集』から採録し(6)、「その明るいイメージの中に、後年重視された哀れという情緒の入り込む余地はない」と指摘する(Cranston 1993: 539)。古代のエリートたちは、中国人の美意識である梅の花の美しさを賛美していたが、桜と愛の歌集とも呼ばれる『古今和歌集』になると、桜の花が決定的に愛と美意識の中心を占めていたのであり、もっとも頻繁にあらわれる歌のモチーフは桜の花である。桜は女性の美と平安京を象徴するものであった。「見渡せば／柳桜を／こきまぜて／みやこぞ春の／錦なりける」という素《そ》性《せい》法師の歌は、桜が満開の都の豪華さを表現するためにしばしば引用される(小島・新井校注一九八九：三四：窪田一九六〇［一九六八］：一八〇）。『源氏物語』では、咲き誇る桜が前面に出て、生命力を表現している。『源氏物語』は「もののあはれ」が当時の貴族の精神性《エートス》の中心に据えられていたことを証拠立てるものと考えられがちである。「もののあはれ」は自然も人間も、そして、栄華を極めた平安京も、はかなく、束の間の美しさであることの表現であるとされる（Field 1987: 211; Morris 1964［1979］: 207–208）。しかしながら、いわゆる定説には反して、桜の花が「あはれ」と結びつけられていることはめったにない。むしろ『源氏物語』では、様々な花やその他の植物が出てくるが、なかでも桜の花がもっともよく出てくる。(7)『源氏物語』では、桜の花は圧倒的に「陽性」であり、咲き誇る桜は若さや愛、求婚を表象している。

しかしながら、種々の正反対の意味――生命力や権力や富や愛の喪失――もまた、桜の花の多義性（polysemy）の不可欠な部分である。八世紀の『古事記』『日本書紀』では、桜の花はすでに短命と結びつけられている。人生の期間が短いのは、天照大神の孫瓊瓊杵尊《ににぎのみこと》が木花開耶姫《このはなのさくやひめ》と結婚した結果として説明される。この木花開耶姫を桜の花と同一視する学者もある。結婚の時、木花開耶姫の父は瓊瓊杵尊に、彼の命は花のように短くなるだろうと警告する。(8)しかし瓊瓊杵尊は米そして神々を象徴するものでもあることを考えると、この結婚は米の再生を保証するものと解釈することもできる。その上ここでの瓊瓊杵尊は日本人（人間）一般を象徴するとも考えられるので、この結婚は「日本人」の誕生と継続を可能にしたものであったと捉えることもできる。

とはいえ、『源氏物語』には、愛と生命のはかない性質が桜の花に象徴されている例がいくつか存在する。(9)例えば、光源氏とその妻紫の上が亡くなったあとの世界はつぎのように描かれる。「春の花の盛りは、げに長からぬにしも、おぼえまさる物となん」（山岸校注一九六二：二一五）。平安時代（七九四―一一八五）のきらびやかな王朝文化の終焉を惜しんでの思いである（Kitagawa 1990）。貴族たちは平安京で、華やかに暮らしてはいたが、権力闘争の黒い雲は消えることなく、光源氏は、「比類ない栄光と、比類ない悲しみ」（Field 1987: 215）を象徴している。満開の時は華麗だが、ひとたび雨風にさらされれば散る桜の花と同じく、生命力とその喪失の両方を表象しているのだ。

『古今和歌集』には、桜の花を主題とする七〇の歌が含まれており、そのうち五〇は花の盛りから落花までのあいだに焦点をあわせている。他方、芽吹きの時から満開までについての歌はわずかに二〇のみである（野口一九八二：七八）。何首かの歌では、桜の花びらが散ることが、生命のはかなさだけではなく、直接に死に結びつけられてもいる。『伊勢物語』は編者不明で、九五〇年より前に編集された可能性が高いとされているが、同書の焦点は散る桜花である。平安文化では、散る花は、生と愛のはかなさに対しておぼえる悲哀とのつながりを深めていったが、死そのものとは直接関連づけられなかった。『源氏物語』とならんで、この歌物語が示しているのは、散りゆく桜の花びらが愛や生命、権力、富の喪失を象徴するということである。

歌舞伎では桜は「陽の器」の象徴であって、舞台装置のモチーフとしてもっとも重要であるが、その反面花のついた折れ枝は、近づきつつある死を意味する記号とされる。民衆の信仰では、桜の木とりわけ枝垂《しだれ》桜は、死者と生者、他界と生者の世界との間をつなぐ通路であると考えられていた（柳田［一九三〇］一九八二：二二五―二二六；［一九四七］一九八二a：二二五―二二六）。

非規範的世界の祝福と桜

これまでに紹介してきた桜の花が持つ意味は、すべて日本文化の規範的な世界に属するものである。あらゆる社会は、規範に対抗し、それを転覆させるような力と思考を制度化しており、そうした力や思考を祝福することも多くの社会でみられる。儀式として形式化されたものには、カーニヴァル、シャリバリ、さらにメーデーのような数々の民衆の祭りがある(第二章を参照)。日本では桜の花が、規範的な社会構造とその社会が持つ価値の中核そのものをなすわけだが、同時にもう一つの宇宙(alternative universe)を祝福するために用いられる主要な比喩でもあった。仮面を着用することによって、社会的に構築された自己を否定したり、あるいは不安定にさせるというのは、世界中の多くの祭りで見られる習慣である。仮面を使って仮装することは、昔からエリート文化・大衆文化両方で、花見の本質的特徴になっている。仮装の有名な形態としては異性装(cross-dressing)があり、いちばん多いのは男性が女の髪の鬘と着物を着用し、顔を白塗りにして口紅をつけるというものである。花見ではどこでも見られる茶番もまた、アイデンティティの変容を強調するものである(小野一九九二：一六八—一六九)。自己の社会的アイデンティティを変容させるために用いられるこうした手段は、今日にいたるまで祭りの中心的なテーマであり続けているのである。

能では、役者はつねに仮面をかぶり、自分が演ずる登場人物のアイデンティティを身につける。[14] したがって能では、仮面の常時着用のきまりによって、社会的に規定された自己は本質的にいえば永続的なものではないという事実を制度化しているのである。象徴の体系がきわめて複雑であるということが、能の特徴をなしており、桜の花は多くの演目の中でその象徴体系の中に含まれている。[15] 様式化された桜の花は、舞台上で使われる能衣装、扇、漆器などに使われる主要なモチーフの一つである。

「桜が人の血を狂わせる」というよく知られる言い方は、桜の花が、狂気による自己の喪失と結びつけられているもう一つの例である[16](渡辺保一九八九：一八一)。こうした結びつきを表現するテーマは、能、歌舞伎、文学の有名な演目のモチーフをなしているのである。例えば、世阿弥元清による能、『桜川』では、桜子という娘が母親を極貧から救いだそうと、東国からきた人買いに身を売り、九州日向国の桜の馬場へと去る(世阿弥一九三五ａ)。母親は嘆き悲しみ、わが子のあとを追ってさすらいの旅に出る。三年の後、常陸国の磯辺寺で尼となっていた娘は、正気を失った母が、桜川に流れる桜の花びらを――つまり桜子自身を――掬い取りながら舞うのを目撃する(松岡一九九一：二一八―二三五：中西一九九五：二五九―二七〇)。

歌舞伎にも、狂気と桜の花が結びついた演目は多くある。竹田出雲による『深山桜及兼樹振《みやまのはなとどかぬえだぶり》』(郡司ほか編一九七〇：二一一―二二四)という演目で、安倍保名《あべのやすな》という美少年は、恋人の死で正気を失う。彼は舞台上の花咲く桜の木の下で感動的な踊りをみせながら、蝶――すなわち彼の身体を離れようとしている魂――を取ろうとする。桜の花は狂気――一種の自己喪失――を表現し、かつそれを美化しているのである[17]。

中世では、「狂う」という言葉は「気が狂う」と「踊る」の両方を意味しており、踊りは神々とのコミュニケーション行為であった(Ohnuki-Tierney 1987: 78–81, 104, 150, 227)。したがって、「正気をなくした」者たちと「踊る」者たちは、特別な宗教的力を得ると信じられた。

桜の花が狂気や、自らのアイデンティティの変容、すなわち社会集団の一員としての自己を転覆する力を表現しているとすれば、この花は非規範的な世界と想像力を美化するものでもある。稚児《ちご》（春山一九五三：二一一：梅津一九七八：五）、芸者と花街も桜の花の比喩がふんだんにつかわれ、吉原では旧暦の二月二五日に桜の木が植えられる（小野編著一九八三：三四―三五：佐藤編一九七三：八四）。また三月の雛祭りは花開きと定められており、客が招かれる。桜は客引きに重要な手段であった。(18)

花街とは縁のない人々にとっては、浮世絵と歌舞伎がその幻想世界への入り口だった。暗い空に対照的に浮かび上がる白い桜の花の神秘的な美は、版画の巨匠たちの好む題材となった。例えば、歌麿の「吉原の花図」では、仲之町の夜の絢爛華麗な様子が描かれる。四五人の美しく着飾った遊女と舞妓《まいこ》が、満月に照らし出された満開の桜の下で三味線を弾き、踊っている（楢崎監修一九八一：四九―五〇、五二）。広重の「東都名所　新吉原仲之町夜桜」では、満月と妓楼の窓々から洩れてくる燈火に照らしだされた夜桜の不気味な白さが巧みに表現されている（日本浮世絵協会編一九六八）（図３）。

夜桜に対し、昼の桜は若い遊女の見習いである舞妓の象徴として重要である。京都では現在も、舞妓の初舞台である「都おどり」が有名だが、そのほとんど唯一のモチーフは桜の花である。華麗な満開の桜が舞台背壁に描かれることもよくあり、人工の桜の枝が上方から吊り下げられることもある。舞妓の髪飾りも、着物のデザインに用いられるのもすべて桜である。これらの桜の花は、常に、青空を背景に、明るい春の日の光の中に描かれる（図４）。

歌舞伎の基本的手口として、「陽の器」は、その美しさと華やかさで観客を魅了することを第一の使命としている。桜はそのもっとも顕著な象徴なのである（吉田写真・服部監修一九九一：二一九）。(19)したがって、有名な場面がしばしば桜の花の下で演じられる。花街は主な舞台の一つである。昼の桜は、色鮮や

図3　安藤広重「東都名所 新吉原仲之町夜桜」

図4　都おどり

かで豪華絢爛な衣装を身につけた花魁《おいらん》とともに花街の陽気さを表現し、夜桜の不気味な白さは花街の官能性を表現する。白拍子《しらびょうし》もまた人気のある歌舞伎の役で、その踊りには桜のモチーフを使う。「落花」という常套手段は、踊っている役者に桜の花びらを降らせることで、役者を引き立てて見せる。「花の雨」は傘をもって役者が舞い、傘のうえに花びらが落ちる趣向である（戸板文・吉田写真一九八一：四四、五〇）。花の雨が郭《くるわ》の場面で使われるのは、明らかに花魁と桜の花が象徴的に同一視されているからである。[20] 桜の花は、歌舞伎の三大傑作と言われる『義経千本桜』『菅原伝授手習鑑《すがわらでんじゅてならいかがみ》』『仮名《かな》手本忠臣蔵《でほんちゅうしんぐら》』においてはいうまでもなく、人生を無条件に謳歌する歌舞伎の重要なモチーフなのである（渡辺一九八九：一七九）。

ところで、社会の規範的構造が継続するのは女性の生殖という役割のおかげであるが、芸者を、そして彼女たちの世界を表象する桜の花が意味するのは、規定された社会構造とは別の世界の美的要素である。理想化された芸者の世界を描いたのが「浮世絵」で、この「浮世」は仏教的な宇宙観に由来する「憂き世」から派生したもので、生命一般のはかなさを表現している。中世では桜の花が「もののあわれ」と結びつけられるようになり、江戸時代には桜の花は浮世のはかない人生と結び付けられるようになった。これらの表現にふくまれる美的要素は、二重の性質で特徴づけられる。すなわち、ぞっとさせるようでありながら、同時に誘惑的なのである（西山一九八五：一二）。宵闇の中の桜は満月あるいは提灯《ちょうちん》によってその美しさが照らしだされている。このように桜花を描くことによって二重性の効果が生じるのである。

中世の稚児の制度は、ジェンダーの二項対立や、ジェンダー・アイデンティティの永久性、そして社会継続のための生殖の重要性などに、根本的な疑義を呈するものであった。同様に、遊郭の制度は、世代の再生を前提にするものではなく、また異性愛が重要なテーマである歌舞伎は、全員男性の役者によって演じられる。

別世界を祝福することは、能や歌舞伎という上演芸術が持つ伝統の基礎をなしている。能や歌舞伎の言葉は「狂言綺語《きょうげんきぎょ》」とも呼ばれたが、狂言綺語とは「つくりものの世界」を意味しており、それによって我々に、「現実」は不安定なものであることを思い出させるのである。狂言綺語は宇宙の秩序に対して基本的な問いを発する。能や歌舞伎のような現実世界へのアンチテーゼが、規範的世界の君臨、規範的世界での個人の掌握に歯止めをかける。したがって、桜の花が表現している宇宙は逆説（パラドクス）に満ちており、そうした逆説が生成の力となって、個人と集団の両方のレベルに影響するのである。その力は、文化的・社会的な構造を転覆すると同時に、支えるものでもあった。

花見と集団的アイデンティティ

桜の花は、田舎・都会を問わず、日本人のほとんどが愛し、楽しんできたものである。華々しく咲く満開の桜は、春のはじめに南から開花し始め、「桜前線」がだんだんと北上して、日本人の活力を示すように日本列島全体を覆いつくす。開花の正確なタイミングを予測することはできないし、花の命も短いのだが、それがかえって開花を待ち望む思いを昂進させることになる。桜の下で踊り、歌い、面をかぶって飲み食いすることで、文字通り桜の美しさに陶酔するのである。人によっては花見は、生と死、愛、その他人生で大切なことがらを考えながら、和歌や俳句を詠む機会でもある。歌を詠むのは、特に戦前の日本で花見に不可欠の一部分であった。

古くから、桜の花は田の神を体現し、桜の木自体も聖なるものであると見なされていた。桜は修験道《しゅげんどう》にとっても聖木であった(宮家一九八五：四三五)。したがって、花見は、聖なる山での桜の下で行われる宗教的儀式としてはじまった。八世紀の奈良時代以来、寺社では、花見のあとに桜会《さくらえ》という別の宗教儀式がつづけて行われ、そこで僧侶たちが祈禱する(坂本一九九五)。このときに飲酒するのは、神と人間が、神の身体からできた酒をいわば共食活動(commensality)として分かち合う神聖な儀式に由来している(和歌森一九七五：一八〇―一八一)。一方で、民衆も、自分たちの花見の伝統を発展させ、それによって個々人が集団のメンバーであるという意識をたかめた。

民衆が山で桜を観賞していたという記録は、古い時代にまでさかのぼる。例えば八世紀の記録である

『常陸国風土記』では、すでに年一回の活動として制度化された花見が、描かれている。それはエリートのあいだばかりでなく、庶民の間でも行われており、歌をつくって交換したり、踊ったりすることを儀式の本質的な構成要素として制度化したのである（秋本一九五八：四二）。古代の日本では、歌や踊り、楽器の演奏などはすべて宗教的な活動であった。性交さえ、現在見られているようなたんに「性的」な行動ではなく、宗教的な次元を有していたのである。したがって、古代日本における花見は春に行われる重要な宗教的儀式であったと考えられる。儀式のあいだ男女らは山――聖なる空間――に登る。そこでは桜の木が、宴をして酒を飲むための場所となり、そこで歌を詠み、踊り、情交するのである。

『万葉集』は、それが編纂される七五九年に至るまでの約三五〇年間に詠まれた歌をあつめた最古の歌集であるが、そのうち詠み人しらずの歌や地方出身の歌人の歌にも、桜の言及がある。このことは、桜の花があらゆる人々のあいだで重要であったことを示唆している(21)。平城京の貴族の間では、当時、高度な文明として日本に取り入れられた中国文化の一端として梅の花の美意識を受容していた（斎藤一九七七：四一―四三：和歌森一九七五：一七二―一七三）。しかしながら、八、九世紀には彼らは次第に桜の花という土着の美意識へと向きを転じた。これは日本人、特にエリートが、支配的な「他者」、すなわち中国人のアイデンティティとはことなる、自分達のアイデンティティを主張しはじめたものと解釈できる。たぶん揚子江の中流から発生した米の栽培を、日本人は日本固有のものとするために、天照大神が孫の瓊瓊杵尊を大地に降り立たせ、荒れ地を瑞穂の国にしたという神話を作ったことと関連している。

『帝王編年紀』（黒板・国史大系編修会編一九六五ａ：一八三）によると、嵯峨天皇（在位八〇九―八二三）が八一三年にはじめて宮廷で花見を行い、それは「花の宴」と呼ばれた。『源氏物語』でも描かれているように、エリートのあいだの伝統としての花見は、夜遅くまでつづいた（山岸校注一九五八：三〇一―三一四）。御所で毎年ひらかれる花見は、一九三〇年代初頭まで続けられていた（日本放送協会編一九八八）。

武家の時代に入ると、関白や将軍も自分たち独自の花見の伝統を確立した。有名なのは、豊臣秀吉が一五九八年四月二〇日（慶長三年三月一五日）に催した「醍醐《だいご》の花見」である。秀吉は多数の大名を呼び寄せ、花見における従来からの「変身」の伝統を利用して、彼らにポルトガル風の衣装を身に着けて宴席に加わるよう「命じ」、自身も髭をつけて仮装した。もっともこの花見は、敵となりかねない大名たちに散財させることをねらったもので、政治的要素の多分に入ったものではあった。

『源氏物語』に描かれているように、楽器演奏その他の洗練された趣味の表現と同様、桜の花を讃えて歌を詠むことは、花見という儀式のもっとも重要な要素であった。それゆえ、貴族たちや上級武士にとって、花見は自分たちが文化的に洗練されていることを証明する機会であった。こうした貴族や武士の豪奢な花見は、政治的な権力と富を誇示するための機会でもあり、宮中と将軍の所領で発展したものであり、民衆の花見とはまったく性格の違う儀式となった。

庶民の間で花見が最高潮に達するのは江戸時代で、江戸の民衆は年中行事の代表的なものとして発展させた。花見には仮装や酒宴、そして歌を詠むことが付きものだった（小野一九九二：川崎一九六七：六六―七六も参照）。男も女も、僧侶たちでさえ、桜の下で踊って楽しんでいるさまが、岩佐又兵衛（一五七八―一六五〇）の「花見遊楽図屏風」という有名な屏風絵に描かれている。

その後、日本社会の中の種々なグループが、それぞれ自分の伝統を発展させた。花見はほとんどいつも、飲酒や踊りその他の浮かれさわぎを許す場であった。これは現在でも、学校のクラスや会社の部署ごとで花見をする光景が、上野や新宿御苑、京都の丸山公園などでみられる。こうした集団儀式を見ても、桜の花が日本人全体の象徴になる基礎を作ったと考えられる。古代では、山桜が日本で唯一の桜だった。その後の時代になると、日本人は庭や川辺、寺社や校庭、花街など――文字通り日本中に――積極的に桜を植えていった。その第一の理由は、桜が持つ聖なる力を活用することだった。これはのちに、水を浄化する解毒の力として表現されることもあり、その結果、川の堤防や水道に沿って、桜が植えられることにもなった(Smith and Porter [1986]1988)。

江戸時代の参勤交代が「桜の国日本」を作る過程で決定的であったとも言われている。地方の大名は、定期的に、強制的に江戸に上らされ、一定期間住まわせられたが、その際各藩から桜の木を持ってきたのである。その結果、江戸だけで二五〇から二六〇種もの桜の木が存在するようになった(林一九八二：五四―五五)。このような桜に満ちた江戸の表象を世間に伝播させるのに重要な役割を担ったのは、浮世絵師であった。安藤広重による『江戸名所百景』は有名なシリーズである(22)(Smith and Porter [1986]1988: n.9–10)が、その中で描かれた場所が名所と言われる所以《ゆえん》は、そこに咲く桜の花の美しさだった。桜は世界各地に生えているが、それが日本独特のものであることを確認しようとして、一六九八年、幕府は儒者にして本草学者の貝原益軒に、中国四川出身の中国人に聞き取りをさせた。四川は、中国の他の地方とは異なり、桜の木が育たなかったのである(斎藤一九八二：二八―二九)。

日本が都市化・近代化・西洋化という急激な変化を経過した時期に、桜は、扇や力士、田圃や富士山、芸者と並んで「日本の象徴」になり、日本の不変性を示す強力な徴《しるし》となった。桜は日本の空間、すなわち国土と、日本の時間すなわち歴史とを意味していた。日本人は西洋人に対し、これらの象徴をもって自分たちを表象したが、西洋人もそれを受け入れるのに躊躇しなかった。例えばパリのロダン美術館にある、ヴィンセント・ファン・ゴッホが一八八七年に制作した有名な絵画「タンギー爺さん（*Le Père Tanguy*）」には、人物の背景に富士、芸者、広重の桜と田圃を主題とした浮世絵が描かれている。すなわち、西洋の側でも、日本人が桜を自分たちのものとして受容するようになる道を舗装していたのである。

「近代化」「文明化」と桜

政府も国民も、日本の「近代化」の必然性の波に揺さぶられていた時期に、桜は日本の象徴たるべきかどうかをめぐって激しい論戦が闘わされた。「近代日本」の支持者は、これまで人口に膾炙していた「花は桜木、人は武士」という表現は、封建制の日本を表現するので望ましくないと主張した（山田一九七七：一一五）。桜の木を切り倒し、楠のようにより有用な種類の木に植え替えるべきだと主張するものもいた。その一方、有名な政治家も加わって、桜の木を日本の象徴とするよう主張する論調も強かった。開国で外国人が多く来日することも考えるなら、桜で美しい日本でなくてはならないという主張もなされた（山田一九七七：一一五）。当時は、単に政治家、知識人のみならず庶民もまた、「文明開化」を熱狂的に受容した思想的激動の時代であった。福澤諭吉の『文明論之概略』に詳しく説明されているように、西洋文明をあらゆる面で受容し始めた時期である。従来の民間の神道は一八七〇年大教宣布によって国家神道になり、その過程で仏教その他の「外来宗教」の排斥が企てられ、「廃仏毀釈」と称される、寺やその宝物への容赦ない破壊が実行された（佐伯一九八八）[23]。そのとき、あわせて寺の境内にあった有名な桜も数多く伐採された（京都市編一九七五：二七四：また京都市編一九八一：六〇四―六〇五も参照）。

　こうして明治の初期に、国家はすでに桜の「政治化」を始めており（高木二〇〇六：二四一―二七〇）、桜をめぐる戦いは国民と政治家の両方を巻き込んで進行していた。彼らは皆新しい日本、ないし近代的日本なるものを定義しようと努めていた。他方「啓蒙と文明」の新たなる哲学は、国中またたく間にひろがり、功利主義をもちこんだが、功利主義もまた――美しさのためというより利益のためであったが――桜の木を擁護した。

　この過程で一役買ったのは明治初年に東京の染井村で売り出されたソメイヨシノ（オオシマザクラとエドヒガンの交配でできたと推測される）で、活着率がよいため、国家的行事に際して植えられ、桜といえばソメイヨシノといわれるまでになった（佐野一九九八：九三―九七）。桜は「民主化」と同時に「政治化」し、日本の軍国主義の手段となった。

　一方また、この多義的な花は、国際主義、平和運動にも貢献してきた。例えば、本願寺の大谷光瑞《こうずい》の要請によって、シベリア鉄道に沿って一〇万本もの桜の苗木を植える計画が立てられた。シベリア鉄道建設は一八九一年から一九一六年にかけて行われた多国籍事業であり、ロシア人だけでなく、日本人や中国人、朝鮮人も関わっていた。この僧侶が持っていた意図は、極東とヨーロッパを桜でつなぎ、日本、ロシア、中国のあいだばかりでなく、世界中に平和を打ち建てることにあった（佐野一九九八：五四―五五）。

　桜の木を国家間の贈り物とする伝統は、ウィリアム・ハワード・タフト米合衆国大統領の夫人ヘレンにはじまった。紀行作家のエライザ・ルアマー・シッドモアは、日本を訪れた際に桜に魅せられ、ワシントンにも植えたいと努力したが、なかなかはかどらず、ヘレン夫人に助けを求めた。種々の経緯をへて、一九一二年二月九日、六〇四〇本の苗が横浜港からワシントンに送られ、そのうち三〇〇〇はポトマック川沿いに植えられた[24]。一九三五年には、三日間の式典を主催したが、これはタイダル・ベイスンで毎年催される世界的にも有名な「桜祭り」の起源になっている(National Park Service 2009)。今日では「桜祭り」には世界各地から大勢の観光客が集まり、その風景は日本の新聞が毎年伝えている。桜はしばしばアメリカのホワイトハウスを背景にして、写真に収められている（例えば一九九八年一月一一日の『朝日新聞』)。桜の木を贈る習慣は第二次世界大戦後も継続された。日本花の会という市民団体は、ブルガリアの建国一三〇〇周年に際し同国に一五〇〇本の苗を寄贈し、フランスのベルサイユには五〇〇〇本、イランおよびドイツのハンブルクにはそれ以上を寄贈している(河合・太田一九八二：三)。また一九八七年にはオーストラリア(『朝日新聞』一九九七年一一月七日)、二〇〇二年にはウズベキスタン(『朝日新聞』二〇〇二年六月一二日)、二〇〇三年には北京に(*Japan Times*, Feb. 19, 2003)、それぞれ苗を贈っている。

このように桜は、国家間の贈り物として、また日本とその他の国との親交を作り、国際的平和を促進しようという意図でも用いられたが、同時に「軍事化」にも利用されたことは周知のとおりである。一九世紀末以来、日本は近代化、工業化、軍事化、そして西洋化をすべて同時に、強い切迫感を感じて追求した。この間、桜の花が持つ象徴性は劇的な変化をこうむることになるが、その変化は軍国主義、政治的なナショナリズム、帝国主義、植民地主義が日々強化されていく状況を反映するものであった。

文化的／政治的なナショナリズム・軍国主義

極東において西洋による植民地化の危機が日増しに高まってきた時期、日本の近代化の第一の課題は、この西洋の植民地主義に対応できるように日本の富国強兵を計ることであった。日清戦争や日露戦争より前、一八八九年の大日本帝国憲法公布に先立って、西周《にしあまね》が起草者の一人とされる『軍人勅諭』が一八八二年に発布された。『勅諭』の名高いというか悪名高い一節は、「世論に惑わず政治に拘らず只々一途に己が本分の忠節を守り義は山嶽よりも重く死は鴻毛よりも軽しと覚悟せよ」である。この『勅諭』の草稿である一八七八年の講演『兵家徳行』の中で、西は新設される日本陸軍が「日本固有の性習」に基くことを奨励し、本居宣長の有名な和歌、「敷島ノ大和心ヲ人問ハバ朝日ニ匂フ山桜花」を引用している（由井ほか校注一九八九：一七四）。留意すべきは、この歌で本居宣長は桜の花を生命の祝福として讃え、それを日本人の比喩にしたが、散る桜の花びらについてはなんの言及もしていない[25]（斎藤一九七九：五四；戸板文・吉田写真一九八一：二〇；山田一九七七：一一七）。西は日本人兵士ならばだれしもが持っているべきとされる日本人の習性を、桜の花の象徴性とつなぎあわせたのである。

桜と日本人の顕著な結びつきが見出せるのは、一八九九年に英語で上梓され、一九〇八年には日本語訳も出た[26]新渡戸《にとべ》稲造《いなぞう》（一八六二—一九三三）の『武士道』である。明治期の多くの知識人たちと同様、彼もコスモポリタンな自由主義者であって、軍国主義にも帝国主義にも反対であった。一九一九年から一九二六年にかけて、彼は国際連盟事務局次長を務め、アルバート・アインシュタインやマリー・キュリー、アンリ・ベルクソンといった知的指導者たちと常時交渉を持っていた。新渡戸は武士道から軍国主義的で反近代的な要素を除き去り、日本の伝統のもっとも賛美すべき側面として提示した。英語版に付されている「日本の魂」という副題にも見られるように、彼は武士道——彼の訳ではchivalry（騎士道）であるが——と「魂」を等しいものとしており、つぎのように明言する。「武士道《シヴァリー》はその表徴たる桜花と同じく、日本の土地に固有の花である。それは古代の徳が乾からびた標本となつて、我国の歴史の腊葉集《さくえふしふ》〔押花帳〕中に保存せられてゐるのではない。それは今尚我々の間に於ける力と美との活ける対象である」(Nitobe 1899[1912]: 1. 邦訳は『新渡戸稲造全集』第一巻、二九頁)。

新渡戸自身はキリスト教徒であったが、武士道を「土地に固有」と言うことで、その源泉は仏教や神道、孔孟思想のうちに見出せるということを意味している。上述の本居宣長の歌を引用して、新渡戸は桜を大和魂の比喩として定着させた(Nitobe［1899］1912: 150–153)。したがって、西周と同じく、新渡戸も桜を生命力を象徴する陽性の花として、武士道に結び付けているのである。一方で新渡戸は、武士道を天皇中心のイデオロギーのうちに位置づけてもいる。

桜の意味は、花咲く桜という象徴から散る桜へ変容し、日本人／日本人兵士の命を犠牲にすることへと変容したが、その過程で重要な役割を担ったのが靖国神社である(図5)。靖国神社はもともと、「維新」政府の側について戦った戦没者たちの魂を慰めるための「招魂社」として建てられた。境内に桜の木が植えられ、靖国は様々な娯楽のための空間となった。すなわち、相撲や爆竹、一八七七年、七八年、八一年には競馬が、また一八七一年にはフランスのサーカスが興行を打った[27]。靖国神社は桜の花を楽しみながら散歩する公園であったのだ。その様子は楊斎延一《ようさいのぶかず》(一八七二―一九四四)が一八九三年の絵で描いているとおりである(靖国神社一九八四に複製あり。坪内一九九九:五五、五七を参照)。

ところが、一九三〇年代に日本の軍国主義が高揚するころには、靖国神社は軍国主義イデオロギーの拠点となっていた。政府はそこで、戦没者の霊のために大規模な合祀の祭典を実施した(Earhart 2008: 412)。一九三三年から三五年にかけて、靖国神社の神主の賀茂百樹は、海軍大臣官房及び陸軍大臣官房と共同で編集した全五巻よりなる『靖国神社忠魂史』を出版した。いまや靖国は招魂社ではなく天皇への忠魂を称揚する場所になったわけだ。初版のクロスは藍色で、散りゆく桃色の桜の花びらが一〇枚描かれ、金字でタイトルが入っている。裏表紙には五枚の散る桜の花びらが描かれている。背表紙にも金字でタイトルと、「靖国神社編纂、海軍大臣官房・陸軍大臣官房監修」の字が見られる(28)(図6)。桜の花は軍事化され、天皇すなわち帝国日本のために己を犠牲にするよう促すものとなったのである。

図5 靖国神社(著者撮影)

兵士としての桜の花——軍の徽章

日本は西洋の軍隊制度を採用し、軍服の徽章に桜のモチーフを使った(図7)。一八七〇年一〇月二〇日、明治政府は、海軍の徽章は錨をかこむ一重の桜花と葉・蕾を使い、陸軍の徽章は、少尉以上の士官の軍服のボタンのデザインにだけ桜の花が使われた(太田一九八〇:四九、一三二)。後に、陸軍も桜のモチーフを多く使うようになった。こうしたデザインにおける蕾は若者たちを表象し、美しいが短い人生のあと桜花のごとく散れと、若者たちを奨励する意図であった。

　他の権威主義国家とおなじく日本でも、ジョージ・モッセのいわゆる「大衆の国民化」がはじまったのだ。その第一の課題は、天皇すなわち日本のために国民が犠牲となることを美化することであった。文部省は一九三三年国語教科書の新シリーズを発行し、これは四〇年まで使用された(29)。このシリーズの第一巻は桜のカラーイラストで始まっており、『サクラ読本』とよばれた。六年生向けの第一二巻は、

図6　『靖国神社忠魂史』

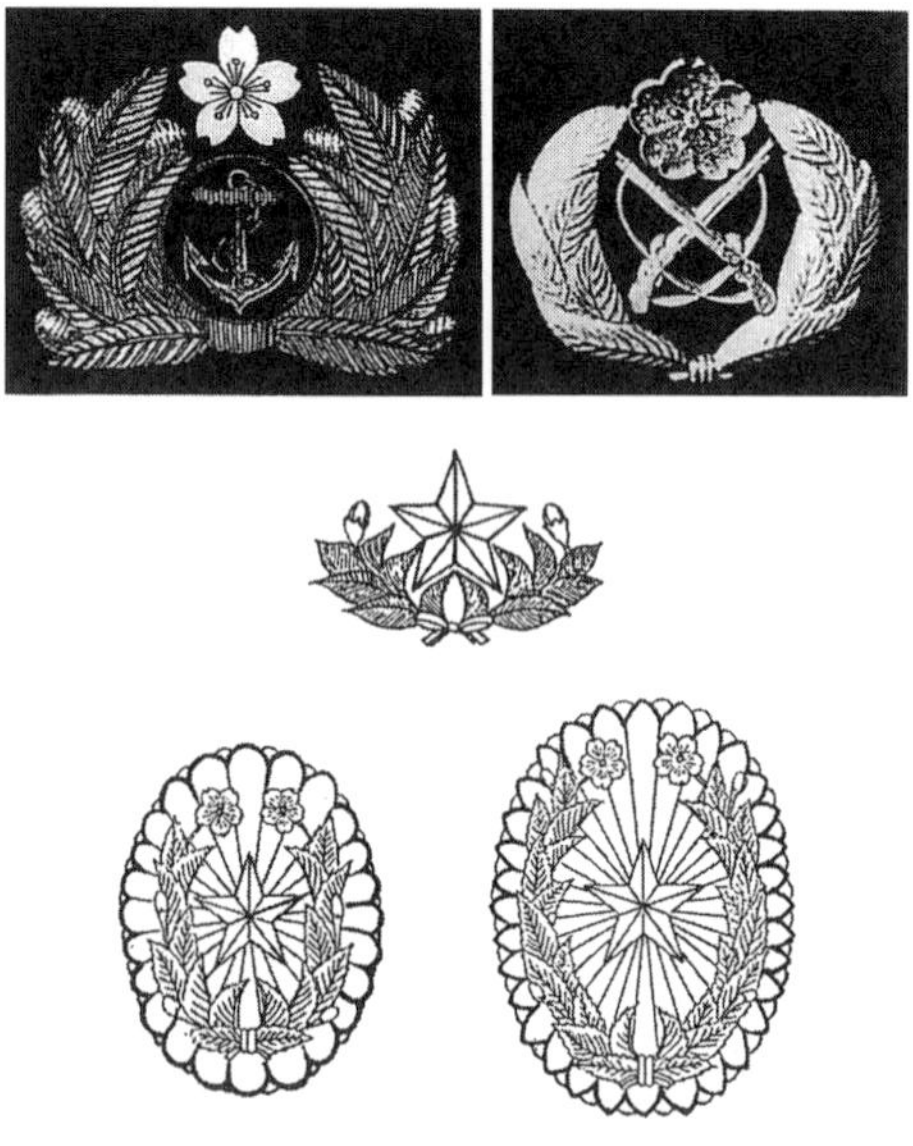

図7　桜のモチーフを用いた軍の徽章

江戸時代の有名な知識人による山桜についての一〇の歌で終わる。高崎正風《たかさきまさかぜ》による最後の歌では、日の本の国に生まれたことがいかに幸運であるかと詠うなど、この一〇の和歌は山桜と大和魂を同一視している（山住一九七〇：八—一一）。

音楽教育においては、西洋的なメロディのパターンへとほとんど完全に転換していた。小学校用の最初の音楽教科書は、一八八一年に出版されたものだが、その中では桜はまだ「軍国主義化」しておらず、文化的ナショナリズムの象徴として登場する。その後、唱歌やその他の歌は次第に政治的となり、ナショナリズムや軍国主義の色が濃厚になっていく。一八八七年に出版された幼稚園用の「数え歌」（堀内・井上編［一九五八］一九九一：二八—二九）は、作詞者は不明であるが、江戸時代に子どもたちが歌った無邪気な歌曲であった。しかし、一八八七年の学校唱歌版では、オリジナルの歌詞は大幅に変更され、露骨な天皇制イデオロギーを含むものとなった。例えば「山桜、山桜。ちりてもかおれや、きみがため」である。

また、一八七二年に政府は、神話に基いて、西暦紀元前六六〇年の二月一一日が最初の天皇・神武が皇位についた日であったとして、それを「歴史事実」と認定した（詳細は第五章を参照）。この神話を歴史化し事実として国民に植えつけるために、一八八八年には「紀元節」の唱歌が作られ、学校で歌うことが義務づけられた（堀内・井上編［一九五八］一九九一：三〇）。その歌詞の中で、国民は父たる天皇の下、皇国で生育することに喜びをおぼえ、感謝していると歌われている。

「天皇／国のために、桜の花のように散れ」というモットーは、日清戦争直前の時期から歌詞に頻繁に現れるようになった。古典詩歌の学者として名高い佐佐木信綱（一八七二—一九六二）は「支那征伐の歌」と題した長い歌曲を作った。それは、朝日の中で香る山桜の花と、国／天皇のための日本人の犠牲についての言及に満ちている。歌で繰りかえされるのは、日本が隣人(中国)を助けようとしているが、隣人はいまだに「啓蒙されて」おらず、したがって日本人は彼等を「征伐」しなくてはならない、というものである(西沢一九九〇：一九八七―二一〇六)。

軍歌の人気は、日清戦争の時と日露戦争の時に頂点に達した(園部・山住[一九六二]一九六九：六四―六八；堀内・井上編[一九五八]一九九一)。一般人の間では日清戦争時の軍歌はその後も長く人気があった。注目すべきことは、一九〇〇年頃、童話や昔話をもとにして多くの童謡が作曲された時、(30)そのうちの大多数が軍歌の基本的なメロディ・パターンを共通に持っていたことである(園部[一九六二]一九八〇：八二―八三、八八―八九)。こうしたメロディ・パターンは、旧制高等学校の寮歌を作った若者にも訴えるものがあった(園部[一九六二]一九八〇：八九―九二)。旧制高等学校の学生は、卒業後帝国大学に入り、その後の政治・実業・教育等の分野のリーダーになることが多かった。こうした寮歌などは、彼らの男としての自己意識、感覚に訴える要素もあった。

大正時代に入っても、日本の従来の和歌などを歌詞として、西洋から導入されたメロディにのせた歌の作曲が続けられた。信時潔《のぶときき》は、一九三七年に、『万葉集』の大伴家持《おおとものやかもち》の長歌の歌詞にメロディをつけた。家持は当時、防人の検校《けんぎょう》を行っており、彼らの歌は万葉集に「防人歌」として収録されている。この歌は桜の花についてはいないが、歌詞と独特のメロディとがあいまって、国民に天皇のために死ぬように促す力をもった。

海行かば水漬《みづ》く屍《かばね》
山行かば草生《む》す屍
大君の辺《へ》にこそ死なめ
顧みはせじ

（澤瀉［一九六七］一九八四：八六―九一。歌四〇九四番）

この歌曲は、日本が第二次世界大戦に突入した真珠湾攻撃のさいにも放送された。そこには、一二月八日（日本時間）に真珠湾で死んだ「九軍神」のための祈りが含意されていた。一九四〇年、近衛文麿首相は全国民を戦争に動員するため、大政翼賛会を設立したが（木坂一九九六）、大政翼賛会はこの歌を「国家臣民」にとって国歌に次ぐ重要性を持つと宣言した。

日本的空間の標識(marking)

封建時代の階級制が廃止され、「文明開化」の波が日本中に打ち寄せると、各地にあった城は悪しき封建時代の無用な名残りとみなされ、公園のようなもっと有用な空間に作り変えられるべきだという声が高まった（山田［一九四一］一九九〇：三九九―四〇一）。明治政府は城跡を軍隊の駐屯場所とするとともに、城の敷地内に桜の木を組織的に植えることをはじめた。軍人はいにしえの武士のように死を恐れてはならない、ということを教えこむために、彼らと桜の花の象徴的結びつきを作りあげ、強化しようとしたのである。士族たちからは、松の木こそ従来の武士の象徴だという抗議があるにはあったのだが（高木一九九九：一一）。桜守の佐野藤右衛門は、桜の花は「軍隊とともに歩んでいった」と回想する（佐野一九九九八：九五―九六）。桜の木は植民地にも植えられ、そこが帝国日本の空間であることを示す象徴的な印となった。そして日本人植民者がそこで花見もふくむ日本風の生活をしていた（満洲国については、川村一九九八：四二一―四二三）。植民地支配をうける朝鮮人たちにとっては、日本人が植えた桜の木は、まさしく日本植民地主義の象徴となった。ソウルの景福宮《キョンボックン》の桜は、日本植民地主義からの解放五〇周年式典を準備する段階で、切り倒された。

桜の花とされた特攻隊員

桜の花の「軍国主義化」は、特攻隊作戦において頂点に達する。特攻隊員の若者は本当には志願しなかったが、桜の花に象徴される死を恐れない崇高な大和魂を体現せよと「志願」を強いられた。日本の国土はアメリカの航空母艦に包囲されていたが、その高い性能のレーダー・システムによって航空母艦に対していかなる軍事攻撃も仕掛けることができなくなっていた。そこで大西瀧治郎海軍中将やその右腕たちは、一二八一年（弘安四年）神風《しんぷう》がモンゴルの船を転覆させ、モンゴル軍の上陸を防いだ時のように、特攻を行う大和魂だけが奇跡を呼びよせるだろうと信じ、または祈り、「特攻隊」を編成した。部隊は「神風《しんぷう》」と命名され、隊員は日の丸と「神風」の二文字が筆書で書かれた白い鉢巻を巻いた。飛行機の側面には満開の桜の花が一輪桃色で描かれた（蝦名一九七七：二一九）。一〇月二五日に出発した最初の特攻部隊に大西がつけた、「敷島」「大和」「朝日」「山桜」といった名称はすべて、すでに言及した本居宣長の歌に由来している（服部一九九一：三四三）。桜の花の美的要素は、特攻隊部隊や飛行機の名称やデザインの中に「移転」され、特攻作戦や、天皇・祖国のために死ぬというイデオロギーを美化した。

美化・美意識

日本文化の中の数多くの現象や、活動、感情、概念の美化には、桜が大きな役割を果たしている。そしていったん美化されると、それらは本来美しいと見なされるようになる。いわゆる「自然化」の現象である。序章で述べた美しさと崇高さの相互的な転移・反転移という点で、桜の花のケースは複雑な問題を提起する。そもそもそれは感覚的な美しさだったのか？　それとも、古代日本では事態は正反対で、神の宿る花の崇高さが感覚的な美しさになったのであろうか？

新渡戸稲造は桜の花と武士道を同一視することで、花の美しさを大和魂へと転移したが、大和魂は、ためらうことなく死に向かう特別な力を持っていると信じられていた。桜の花は、領主である位の高い武士が自分の名誉を保つために自害する行為の崇高さを表象するようであったが、それがそのまま、近代戦争の一番の犠牲者でもある、地方から徴兵され前線で「殺される」兵士の「犬死」に、「美しい鎧」を着せて美化するものになったとは、ほとんど誰も気がつかなかった。その上、死後に靖国神社の桜として生まれ変わるという「神話」までが創られた。今から思うと信じられない「神話」だが、当時は誰もそのことを指摘しなかった。庶民だけでなくいわゆるインテリもからめとられていった恐ろしさがここに示されているといえよう。

例えば、梅澤一三《かずよ》は特攻隊（第三草薙隊）の一員として満一八歳で戦死した（図8）。甲種飛行予科練習生の試験に合格した際、母親は、徴兵課へ嘆願に赴き、一三以外の息子はすでに召集されてしまったこと、夫が癌のため四二の若さで亡くなって以来、女手ひとつで子供たちを育ててきたこと、一三まで軍にと

図 8　梅澤一三氏（梅澤昭造博士提供）

られると、生活はさらに苦しくなるなどと訴えた。徴兵課の返事は、苦しいのは彼女だけではない、日本の戦勝の時まで耐えるように、というもので、さらに訴えを続けると、徴兵課の職員が訪れ、「非国民」と呼ばれてもよいのかと脅した。これ以来、母親は公に訴えることを諦めた（一三の兄梅澤昭造氏の一九九九年六月二〇日の手紙）。

また、特攻隊員の学徒兵佐々木八郎は、戦争イデオロギーに対しては明白に懐疑的で、マルクス主義に批判的ながら共感を示していた。彼の手記に現れる桜は、最初は陽性、春の比喩として現われ、若さや美、そして通りすがりの女性の美を楽しむ彼自身を示すものであった。その後、桜は戦時日本で広がる熱狂的な雰囲気に対する対抗拠点となった。さらにその後、桜は理想社会、そしてつつましさと純粋さをそなえた理想的人間の比喩となり、名誉と他者の承認をもとめる自分自身のお手本となった。しかし出撃が間近になると、桜は最終的には、花びらのように散る自分も含めての特攻隊員の比喩となった。この時点では、佐々木は桜の花を軍人の死と直接つなぎあわせていたが[31]、しかしそれは「国と祖国のために死ぬ（pro rege et patria mori）」というイデオロギーの一部ではなかった（大貫二〇〇六：四九―五〇）。

この桜の意味の「軍国主義化」の現象は、一つは桜の多義性による。軍隊が花咲く桜と散る桜を同時に利用したからである。花咲く桜は軍人の力を称揚するものであり、軍の徽章として使われ、散る花びらは靖国神社における戦没兵らの魂とされた。換言すれば、同一の物理的現実(physicality)――花が咲き、散り、また咲く――この転換過程のすべてが人には「自然なもの」とみられるのは、象徴の多義的な意味は孤立したものではなく、「過程」(生、死、再生)の一段階が他の段階と「自然に」関連することによって規定されているからである。

要約および議論

この章では、時代を越えて、もろもろの意味が日本の桜に付与されてきたことを明らかにした。桜の意味の変遷が証明しているのは、「意味」というのは孤立した区画の中に入れられているものではなく、人生その他の「過程」や「相互関係」の中で定義されるもので、それ故、この生命の象徴は、天秤がわずかに傾くだけで死の象徴に変形するということである。それが軍国主義体制の下でおこったことであった。

桜という象徴のもう一つの重要なポイントは、それが規範的社会やその概念的構造を象徴する反面、その規範から外れた世界、または反対の世界を象徴することによって、正規の価値観を根本から揺さぶるという点である。例えば桜は、男女の二項対立やジェンダー・アイデンティティの永続性に対して、芸者や稚児を象徴することによって、根源的な問いを提示している。繰り返し述べれば、芸者は定義上非生殖的であり、しかも極めて異性愛的な世界を生きている。ところが歌舞伎では、彼らはすべて男性の役者によって演ぜられ、ジェンダー間の生物学的な束縛を超越しているのである(Barthes [1970]1982: 89-91)。束の間の世界を象徴する芸者制度は、こうした種々の意味で社会規範のアンチテーゼを代表しているのである。

上層社会の花見は、変装など「非日常的」要素が加わる場合もあるが、詩作や楽器演奏など日本の高級文化の粋の表現である。庶民の花見は、詩を作ったり瞑想にふける空間でもある一方、一種のカーニヴァレスク(carnivalesque)であり、仮面を使い、変装し、ドタバタ劇を演ずることで、社会のルールや文化的価値を無視したいわゆる「儀礼時間」である。

桜の花によって象徴される、複雑で相互矛盾する諸概念は、すべて美化されている。桜の美しさは、もろもろの人間、物、概念に移転される。その反面、郭の夜桜のように規範的世界が必ずしも永久でないこと、その世界の根底にある諸力を存在論的に表現する場合もある。それは宇宙の秩序に関する問いを提起し、もう一つの可能性を提供する。これらのアンチテーゼが規範的世界の君臨や、規範が個人を束縛し、支配することを抑止する。桜の花が表象する宇宙はパラドクスに満ちており、このパラドクスが個人的レベルと集団的レベルの両方に働く生成的な力になる――それは文化的・社会的構造を転覆すると同時に支持するのである。

花見はまた集団的自己を発展させるための舞台でもある――集団的自己とは、学校や階級の一員であることに始まり、ついには国家の一員であることの自覚である。この集団的儀式としての花見は、個々人の集団的アイデンティティを自覚する機会を与える。このことが土台となって、桜の花は文化的ナショナリズムの象徴となるが、この文化的ナショナリズムは政治的ナショナリズムの侍女になったのである。桜の象徴的表象の進展、というよりむしろ逸脱(digression)は、世界政治の状況の圧力や歴史上の巨大な「津波」によって、日本社会と文化が遷移する文脈の中で、象徴の意味構造がいかに深甚な変化をこうむるかを顕著に示した。近代化と都市化の津波によって、日本人は自分の国を桜の国として投影し、自分自身のアイデンティティをはっきりと示すよう強いられた。桜の花を軍国主義化したのは、たしかに西洋植民地主義に対する反応・応答だった。西洋の植民地主義は日本に対し、軍事的に強力な近代国家たることを強いたのである。ただし、その結果は、日本人にとっても他者にとっても、マルクスが言うファンタスマゴリカル、開闢《かいびゃく》以来の悲劇であった。

第二章　ヨーロッパ文化圏におけるバラ

宗教、文学、芸術の中のバラ

ギリシャ・ローマ時代以来、ヨーロッパおよび中東では、バラはエリートにかぎらず民衆の日々の暮らしの中でも愛されてきた。同時に、制度化した宗教や民間宗教の中でも、中心的存在であった。もっとも、「ヨーロッパのバラ」という単一の象徴体系が構成されたのではなく、時代や、それぞれの社会・文化の中で、その象徴的意味は生成・変化していった。桜や他の花以上にバラは、成長の各段階や、多様な色彩が、それぞれ象徴的な意味を担っているのである。

バラの栽培は、早い時期からなされ、ギリシャ・ローマの古典や聖書、『ゾーハル』(ユダヤ教のトーラーの注解書)には、野生のバラと栽培されたバラの両方が登場している。ローマ人がバラに取りつかれていたのは有名である。ローマ人にとってバラの祭典は一般的なものとなっており、その中で最も有名なものはディエース・ロサティオーニスとも呼ばれる死者の追悼の祭りであった(Hornblower and Spawforth eds. 1996: 1335)。ローマ人にとってバラの象徴体系の中でとびぬけた存在は、ローマ神話の愛の女神で、のちにギリシャの女神アプロディーテと結合されたウェヌス(ヴィーナス)である。この女神はサンドロ・ボッティチェッリ（一四四四？—一五一〇）の有名な絵画「ヴィーナスの誕生」によって、今日でも印象的な存在となっている。広範な人気を獲得した中世フランスの詩『薔薇物語（*Le Roman de la Rose*）』の中では、バラは女性のセクシュアリティの比喩として称賛されている。『薔薇物語』は、一二三〇年ごろギョーム・ド・ロリスによってオリジナルの詩句四〇五八行がつくられ、一二七五年ごろにジャン・ド・マンにより一万七七二四行が書き加えられたのであった。

ユダヤ教では、『ゾーハル』冒頭で言及されている一三枚の花弁を持つバラが、ユダヤ人の魂を象徴するものである（Steinsaltz 2006）。キリスト教とイスラム教でもバラに与えられた象徴的意味は重要である（Goody 1993: 101-120）。諸文化の中でバラの持つ象徴的意味には違いがある一方、共通点もある。それは部分的には多くの社会に浸透したキリスト教の影響のせいであるが、同じ「キリスト教」といっても、各々の文化ごとに独自に発達したキリスト教が存在するし、同じ文化の中でも複数性がある。つまり、民衆の様々なキリスト教にはじまり、制度化されたキリスト教にも多くの形式が存在するということである。また、ギリシャ・ローマの時代以来、数々の「異教の」儀式や象徴を吸収して、多様な変化をへてきたということもある。このように、バラの象徴体系がかかえる複雑さの起源が古いことを、グッディは次のように簡潔に記述している。

……〔ギリシャ・ローマ時代〕バラは贅沢の象徴となった。ゼウスはサフランやハス、ヒヤシンスのベッドで眠ったが、ローマでよい生活の典型とされたのはバラの花びらのベッドだった。しかしながら、バラにはもっと憂鬱な側面もあった。その理由はたんに葬式で用いられたからということではないし、トゲがあるからでもない。後世の切り花と同様、喜びのはかなさを表現してもいるからだ。だから、バラは贅沢の象徴であると同時に、人生そのものについての警句をも伴っていた。バラそのものの中に潰瘍があったわけだ(Goody 1993: 56)。

ローマが没落し、禁欲主義が高まりを見せてからは、一般に花、とりわけバラは、社会の象徴体系から除外されることになった。というのもバラは、ヴィーナスや俗世の性と結びつけられ、酒色に耽り放蕩することとも結びつけられたからだ(Goody 1993: 88-89)。社会の道徳性を維持するために、バラの象徴体系は拒否された。一方、キリスト教では図像表現が偶像崇拝として禁止されていたため、中世にいたるまで西欧の宗教的図像からバラは消えていた(Goody 1993: 120-165)。

中世に入ってからは、五弁の赤いバラは、十字架上のキリストが負った五つの傷を象徴すると見なされるようになり、キリストやキリスト教徒の殉教の象徴となった。白いバラは処女マリアや彼女の純粋無垢を意味したが、彼女に帰依した一二世紀のクレルヴォーの聖ベルナールや、カトリックの著作家たちがマリアを「教会のバラの中でももっとも精巧なバラ」に仕立てあげるまで、マリアと白バラは象徴的に結ばれてはいなかった(Seward 1960: 22)。十字軍は、イスラム教徒からイェルサレムを奪還するために二〇〇年以上にわたり戦闘を続けたが、そのとき彼らが持ち帰った黒いバラやその他の物品からインスピレーションを得て、教会、特にイタリアやフランスの教会にみられるステンドグラスの「バラ窓」がつくられるようになったといわれている。そのもっとも有名な例がパリのノートルダム大聖堂の「バラ窓」である(一二五〇年から六〇年のあいだに創建されたオリジナルは、革命のときすべて破壊されてしまった。また二〇一九年三月の火災では三つのうち一つが破損した）。ステンドグラスの中心をなす丸窓の太陽は神の子キリストである。マルティン・ルターは、図案化された心臓を白いバラで囲み、その中心に黒で十字を描くデザインを案出した。彼はこのデザインについて、一五三〇年に、ラザルス・シュペングラーに宛てて、「そのバラは白でなくてはいけない。赤ではいけないのだ。というのは、白い色は精神およびあらゆる天使の色だからである」と説明している（Löwith［1964］1991: 19）。

イギリスのバラを研究したバーバラ・シーワードは、バラの花は「幅広い意味を担うことができる」と強調し、西欧の文化においてバラが表象している概念のうち、いくつかをリストアップしている。一方には、キリストと聖母マリア（the Virgin）、誕生と復活、永遠、愛、美、生命（生活）、喜び、創造、そして人間の理念。もう一方には悲しみ、死、地上的な美のはかなさ、殉教者たちの血、そして早すぎる死。

桜の花とおなじように、バラが咲くのはほんの短いあいだだけで、すぐに花弁は落ちてしまう。バラのトゲは、愛や生命とは反対の意味を形象化したものである。このような一連の複合的な意味体系を持つバラは、文学や音楽においても重要な比喩表現となり、あらゆる階級の人々を魅了した。ダンテの『神曲』の「天国編（*Paradiso*）」（第三〇歌・一二四行）では、野生のバラは、罪を浄められた魂が集まって「永遠のバラ」を形づくる。あるいはまた、ゲーテが一七七〇年ごろ書いた詩「野ばら（*Heidenröslein*）」で最も有名になった。ゲーテがこの詩を書いたのは、愛していた女性と別れたあとだと言われているが、バラのトゲを思い起こさせる要素が、この詩のなかで際立っている。この詩を歌詞にした歌曲は一五〇以上作られており、なかでもフランツ・シューベルトが一八一五年に作曲したものと、ハインリヒ・ヴエルナー作曲のものが有名で、ドイツだけでなく、日本を含めて世界中で人気を博している。[1] ゲーテは、バラの花冠で飾られた十字架を、彼が考える「純粋に人間的なもの」の象徴とみなしていた(Löwith [1964]1991: 16–17)。ほかにも、詩や小説、音楽で、バラの象徴体系の利用がみられる例は枚挙にいとまがない。その中にはイギリスのシェイクスピアの十四行詩《ソネット》や、フランスのポール・ヴァレリーの作品、ドイツのライナー・マリア・リルケの著作も含まれる。哲学の分野では、ゲオルク・ヴィルヘルム・フリードリヒ・ヘーゲルが理性を「現在という十字架の中のバラ」と呼んでいる。[2]

一九世紀フランス文学の象徴主義は、シャルル・ボードレールや、少し遅れてステファヌ・マラルメなどの文人から始まった。その革命的な点は、正反対の象徴的意味が、全ての物・現象にそなわっていることを全面的に浮かび上がらせたことである。ロマン主義の代表的詩人ノヴァーリスの『青い花』とは反対に、ボードレールの『悪の華(*Les Fleurs du mal*)』は、人生や日常生活の見苦しさ、「悪」を謳歌したものである。

エリート文化においてであれ民衆文化においてであれ、バラの象徴性の目立った特徴は、対立する諸要素を包含していることである。バラが愛を象徴すれば、トゲはその反対を体現する——トゲは潜在的には人殺しの武器なのである。豪華な満開の花は生命を祝福するが、はかなさ、つまり早すぎる死に直面することを思い出させるものでもある。ホラティウスが警告するとおり、「死」は権力者であろうと貧乏人であろうとお構いなしに、彼らの扉をノックするのである(Horace [23 B.C.E.]1999: 16–17)。

政治的空間におけるバラ

バラのイメージや意味は、芸術、文学、宗教においてあまりに顕著であるため、その政治的利用の側面を見過ごされがちであるが、歴史における様々な時期、多くの社会で、バラは重大な政治的空間を占めるものであった。バラが貴族的な栄光や政治的権力と結びつけられることは、早くからはじまっていた。クレオパトラ七世（紀元前六九―前三〇）が愛好していた花はバラだったし、クラウディウス・カエサル・ネロ帝（在位五四―六八）はバラでできた花環や冠でみずからを飾った。この伝統はかなり後の時代までつづいた。ルイ一五世お気に入りの愛人アントワネット・ポンパドゥール侯爵夫人（一七二一―六四）、ルイ一六世の妃マリー・アントワネット（一七五五―九三）、ナポレオン・ボナパルト夫人にしてフランス皇后（一八〇四―〇九）であったマリー・ヨーゼフ・ローズ・タシェ・ド・ラ・パジュリ（一七六三―一八一四）――彼女たちはみなインテリア装飾や衣装デザインの題材としてバラを用いることに夢中になり、バラの栽培に熱中した。上層階級がバラを大量に用いたということは、農民たちは食糧作物のかわりに花を生産するよう強いられたということでもある。それはヨーロッパのみならずラテンアメリカをもふくむ、巨大な社会的階層構造を反映するものだった。

バラが戦争と結びついた最初の事例として頭に浮かぶのは、一四五五年から一四八五年にかけて、英国王位をめぐってランカスター家とヨーク家のあいだで争われた「バラ戦争」である。両家の紋章のモチーフは、前者が赤いバラ、後者が白いバラであった。今日においてさえ、ヨーロッパ文化で花は戦争や戦闘、死と密接に結びつけられる。例えば第一次世界大戦中フランドルの戦場で、赤いケシは戦没兵士の象徴とされた。「わが連隊」と題された、第二次世界大戦時ドイツの絵葉書では、機関銃がバラの上に置かれている(Mosse 1990: 67)。ジャック・グッディは彼の百科事典的な巨大な本の中で、政治的空間における様々な花の象徴体系を指摘している(Goody 1993: 295–296)。

反体制の象徴としてのバラ

バラは政治権力と結びついている反面、中世以来、反体制の重要な象徴となってきた長い歴史がある。メーデーは伝統的に初夏の休日として祝われ、キリスト教以前の時期から、そこではバラやその他多種多様な花が、生命とエネルギーの豊かさを表現する象徴として扱われていた。淵源は「紀元前二四二年に制定された」ローマのフローラ女神の祭典、あるいはまたドルイド教に由来するものともいわれている(Warren 1876: 179–180)。メーデーの主要なテーマは、繁殖力(fertility)を祝福することにあり(Davis [1965]1975: 138; Wheeler 1932: 34–39; Warren 1876: 179–192 をも参照)、娼婦たちのパフォーマンスも含まれていた(Goody 1993: 88)。

本書にとって特別に興味深いのは、モナ・オズーフが力説しているように、民間の「バラ冠の祭り(la fête de la rosière)」とフランス革命の儀式との共通点である(Ozouf [1976]1994: 特に1–12を参照)。それは、バラの象徴体系が民衆から国民国家まで連続性を持っていることを示すものであった。オズーフは、N・M・カラムジン(ロシア人作家・歴史家)が描いた、一七八九—九〇年にパリ近郊シュレーヌで行われた「バラ冠の祭り」の例をもちいて、次のように指摘した。民衆のこの祭りのテーマであるユートピア的な元始性（primordiality）こそは、人民が最高存在の祭典というユートピア的な想像《ヴィジョン》を信じ、マクシミリアン・ロベスピエールの花月（floréal 共和暦の八月）のテクストに潜んでいた恐怖政治《テロル》に無自覚だったことの下地をなしていた、と。フランソワ・フュレによれば、一七九四年六月八日の朝、ロベスピエールが統括するこの最高存在の祭典がはじまったのは「四八の地区からきた行列がテュイルリー宮殿に集中した時点であった。男性と少年は樫の枝を持って右側に、女性と少女はバラの花束と籠を持って左側に並んだ」（強調は原文。Furet [1988]1996: 147）。これこそ、生命とその活力を祝福するバラが「人殺しの花」へと転化した、極限的な例の始まりであった。

エリック・ホブズボームによれば、国際的な社会主義運動がメーデーを採用したのは「疑いもなく歴史的偶然によるものだった」という（Hobsbawm 1984: 78）。しかしながら、一六世紀フランスを研究する歴史家、N・Z・デイヴィスが説得的に論じているように、フランスのリヨン、ディジョンその他の地域にあるメーデーやシャリバリ（鍋釜たたき）といった村の祭りは、機能主義者が主張するようなただの「安全弁」ではなかった。デイヴィスは「祝祭的な生活によって、一方では共同体の一定の価値を永続化させることが可能となるが、他方では、それによって政治的秩序を批判することも可能となるのだ」と論じている（Davis [1965]1975: 97）。デイヴィスによると、最初はただの若者の集団にすぎなかった「無礼講の僧侶たち（Abbots（Abbeys） of Misrule, Abbé de Maugouvert）」は、一五〇〇年ごろきわめて盛んに活動していたが、都市部の「無礼講の僧侶たち」は、一八世紀になるとほとんど活気を失ってしまった。しかし伝統そのものは、シャリバリのようなお上への批判を表現するために「騒音を立てる」習慣の中に受け継がれ、一九世紀まで都市と田舎の両方で続けられたのである（Davis [1965]1975: 97–

123)。反体制的なイデオロギーや習慣が、中世以来庶民のお祭りの重要なテーマであったことに注目すると、メーデーが採用されたのは、ホブズボームが言うような偶然というより、この伝統が、国際的なレベルで、労働者階級の運動の中にとりいれられたと考えるほうが納得出来る。

一八八九年パリで開かれた第二社会主義インターナショナルの大会では、労働者たちが五月一日を国際労働者の日に選び、一日八時間労働を法制化することを要求した(Flett 2002; Hobsbawm 1984: 76–81; Krivoguz 1989: 56–57)。五月一日という日は、一八八六年五月四日にシカゴで起こったヘイマーケット暴動を記念して、五月四日にもっとも近い日付として選ばれた。ヘイマーケット暴動とは、労働者達が一日八時間労働を要求して行っていた非暴力的なデモと警官隊とが衝突、双方に死者が出た事件である。

メーデーの祭典は一八九一年にはじまり、ロシア、アイルランド、ギリシャなどにおいて、労働者のあいだで段々と人気を獲得していった(Krivoguz 1989: 97)。プロレタリアの受苦を表現する「労働者たちの血」の色としての赤は、ヨーロッパにおいて一八四八年の諸革命以前から革命家たちと結びつけられていた。労働者たちのメーデーは種々の花で祝われた。オーストリアやイタリアでは赤いカーネーション、ドイツでは赤い(紙製の)バラ、フランスではスイートブライアー(バラの一品種)や赤いケシである(Hobsbawm 1984: 78)。労働者の日としてメーデーの祭典が採用されたことは、多くの芸術家を触発して、様々なバラの形態表現を生みだした。有名なものは、ウォルター・クレインの一八八六—九六年の作品、「大義のための風刺画(Cartoons for the Cause)」である。一八九四年の「労働者の五月柱(The Workers' Maypole)」では、中央の五月柱の頂に乙女が立っており、彼女の体にはバラの花冠が飾られている。柱からはリボンがいくつか垂れて、そこには種々のモットーが書き込まれていた。「八時間」、

図9 「メーデーのための花冠, 1895年」(Walter Crane. *Clarion*, 1895)

「万人に余暇を」、「生きるに値する人生」等々。この風刺画に付された一ページの詩は、一八九四年に雑誌『正義（*Justice*）』に掲載されたものである。クレインは詩の中で、五月柱を春、生命、自由、希望、そして団結した労働者の象徴として性格づけている。クレインの他の風刺画「メーデーのための花冠、一八九五年」（図9）は、一八九五年に『クラリオン（*Clarion*）』に掲載された。中央にいる乙女が、バラのついた大きな花冠を掲げている。リボンが花冠を巻き、地面まで垂れているが、そのリボンに多くの言葉が書かれている。その中には「労働者の団結」、「万人に芸術と雇用を」、「仕事の中に希望を、余暇の中に喜びを」、「労働日を短縮して、人生を延長しよう」、「陽気な英国」といった言葉が含まれている。後日有名になった「パンとバラ」のモットーがこの中にすでに芽生えていることが分かる。

ロシア人革命家グリゴリー・ゲルシューニ（一八七〇―一九〇八）は、キャベツの漬け物《ザウアークラウト》の樽の中に隠れてシベリアの牢獄から逃れたことで有名であるが、日本で孫文に会ったあとサンフランシスコにわたり(3)（Shillony 1981: 149–150）、さらに一九〇六年一二月一四日にはニューヨークのカーネギー・ホールで演説した（『ニューヨーク・タイムズ（*The New York Times*）』紙一九〇六年一二月一五日、一二面）。数千の聴衆が集まったが、その多くはユダヤ人労働者で、彼はイディッシュ語で演説した。ローズ・パスター・ストークスが論考「パンとバラ」の中でゲルシューニのニューヨーク訪問について書いている(Stokes 1919)。ストークスによると、ゲルシューニは労働者に「生の喜びと美しさ」の象徴としてバラを身につけるようにと促し、自分達はパンだけではなくバラも必要だと説得したという。ストークスはそれに賛成し、「〈革命〉が成功した時に、わが同志たる労働者たちはパンのことばかり考えていただろうか？　否」、貧苦のどん底の時でも、ダンス、オペラ、ドラマ、そして〈科学〉――すなわち「知識」を象徴する花――バラを求め続けたと書いている。

ストークスにとってもっとも重要だったのは、これまで文化は、蘭のようにエリートのためだけに温室で育てられていたが、今や、ロシアに植え替えられたデイジーのように、畑や牧草地に自由に咲き、民衆の誰もが自分の意志で摘むことができるようになったことだと言っている。すなわち、かつては王や女王の政治権力を象徴し、ネロやクレオパトラのものだったこの花が、世紀が転換した後、民衆の花になったのである。もっとも、以降の節で見るように、バラは二〇世紀ではレーニンやスターリン、そしてヒトラー等の権力者によって利用されていたのではあるが。

こうしてバラは、二〇世紀初頭には、労働者の象徴として確固たる位置を占めていたと思われる。その証拠の一つは、一九二〇年に作られたカラーのリトグラフの中にも見出せる。そこでは、五月の女神がバラを撒き、その下にいる労働者たちがそれを受け取っている。キャプションは「五月一日。万国の労働者たちの祭典、万歳！」(White 1988: 107)(**図10**)となっている。五月一日の祭典が持っていたこの要素は、祝祭から国際労働デーに変わっても、ほとんどの国の労働者たちに引き継がれた。彼らは飲み食いしながら革命の歌を歌ったのである(Flett 2002)。

図 10 「5 月 1 日．万国の労働者たちの祭典，万歳！」(S. I. Ivanov, 1920. Courtesy of the Russian State Archive)

葉が二枚ついた赤いバラと、かたく握りしめられた拳《こぶし》が社会主義インターナショナルの象徴となったのは、おそらく一九一七年以降のことであったが(Hobsbawm 1984: 79)、赤いバラを社会主義／共産主義と結びつけることは今日でも続いている(**図 11**)。バラは多くの国で、社会主義政党のロゴマークのうちに入っている。セルビア・モンテネグロ社会民主党(Social Democratic Party of Servia and Montenegro)のロゴマークの様式化された白バラを除くと、ほかのほとんどの政党は赤いバラを使っている。そしてそこには二つのパターンがあり、葉が付いているのはほぼ共通しているが、そこに拳が付くものと付かないものとがある。前者は「バラを持つ手」、「バラをつかむ手」、「バラと拳」、あるいは「バラと握られた手」等々様々ないい方で言及される。国際社会主義青年同盟(International Union of Socialist Youth)、ロシア社会民主党(Social-Democratic Party of Russia)、スペイン社会労働党(Spanish Socialist Workers' Party)、ブラジル民主労働党(Democratic Labor Party of Brazil)、トルコ社会主義青年団(Socialist Youth of Turkey)、チリ急進社会民主党(Social-Democratic Radical Party of Chile)などのロゴマークがそのパターンである。拳が付かないロゴマークを用いているのは、欧州社会党(Party of European Socialists)、ボスニア・ヘルツェゴビナ社会民主党(Social Democratic Party of Bosnia and Herzegovina)、クロアチア社会民主党(Social Democratic Party of Croatia ただし一九九四年に党が Social Democrats of Croatia と合併したさい、ロゴマークは放棄されている)、ウルグアイの新空間(New Space of Uruguay)、ウクライナ社会民主党(Social Democratic Party of Ukraine)、そしてトルコ大統一党(Grand Unity Party of Turkey ただし同党は右派政党)などである。一九二四年に採用された英国労働党の元祖「自由(Liberty)」のロゴマークは、松明とシャベル、羽根ペンを象徴とするものであったが、一九八三年に新しいロゴマークに置き換えられた。それは茎の付いた赤いバラで、茎から生える葉が輪をなしている。スペインの社会主義政党は拳とバラのロゴマークから、白地に様式化された赤いバラのロゴマークに変更された。しかし、フランスでは赤いバラが社会主義の象徴となったのは最近になってからのことである(Goody 1993: 295)。

ロシアでは赤(kranyi)は「美しい」という意味をもち、革命以前から人気のある色であった(Lane 1981: 200–201)。革命後は多くの物が「赤く」なった。例えば一九一八年に「鎌とハンマー」とともに導入された赤色暦(Lane 1981: 154)や、赤旗、赤星(赤軍の紋章)、赤いスカーフがそれで、これらの赤は、革命で流した父や祖父たちの血を表象していた。したがって、メーデーは、十月社会主義者大革命(十月革命)の祝典とともに、大規模な政治的祭日となったのである(Lane 1981)。

図 11 社会主義インターナショナルのロゴマーク「赤いバラを握りしめる拳」(https://www.socialistinternational.org/)

非暴力の革命としてのバラ／花

バラやその他の花が、労働者や一般民衆の反体制的な欲望や政府に対する「平和的」——非暴力的——打倒の運動にエムブレムとして採用される事例は数多くある。カーネーションは聖ペテロと結びつけられているが、元来それはゼウスの花として、古代ギリシャ人たちにとって重要なものであった。またそれは、一一月七日（ユリウス暦の一〇月二五日、ロシアで十月革命が起こった日）および五月一日に、労働者が党の役人に手渡す花でもあった。ポルトガルのリスボンで一九七四年四月二五日に勃発したカーネーション革命では、赤いカーネーションが用いられ、チェコスロヴァキアでは、非暴力的なビロード革命（一九八九年一一月一七日―一二月二九日）において政府が打倒された時、花が象徴として利用され、デモ参加者は警察に花を手渡したのである。ちなみに「ビロード革命」という語はジャーナリストによって作られた語で、この出来事はチェコスロヴァキアでは「静かな革命」と呼ばれてきた。

バラ革命は二〇〇三年一一月二三日にグルジア（現ジョージア）で起こった平和的な運動である。このときミヘイル・サアカシュヴィリと彼の支持者は非暴力の象徴であるバラを持ち、議会ビルを占拠、エドゥアルド・シュワルナゼ大統領の演説を妨害し、彼を追放することに成功した。『ニューヨーク・タイムズ』（二〇〇四年一月五日）は、赤いバラを持つサアカシュヴィリの写真を掲載し、「日曜日、当地（クタイシ）の第一六六番投票所では、透明なプラスティック製投票箱のそばに赤いバラの花束が一つ置かれている。投票が開始されるまえに、早くもエネルギッシュなグルジア新大統領のエムブレムが機能していることは、だれも気にかけていないようである」と報道した。二〇〇四年五月、サアカシュヴィリは、自治地域の事実上の独裁者であったアスラン・アバシゼをモスクワに追いかえすことに成功した。彼はこの出来事を「第二のバラ革命」と呼んでいる。

二〇〇四年一一月後半から二〇〇五年一月にかけて、ウクライナで起こった非暴力の「革命」は「オレンジ革命」と名づけられた。この名称は、以前からの非暴力的反政府運動の名称に従ったものであるが、この色は、ヴィクトル・A・ユシチェンコのキャンペーンの色となり、横断幕、旗、その他に使われた。そしてその中に、赤いバラや赤いカーネーションその他の花もまじっていた。ユシチェンコとその支持者は二〇〇四年一二月二七日にキエフで行われた大会で、花を配った（『ニューヨーク・タイムズ』紙、二〇〇四年一二月二八日：『ニューズウィーク』誌、二〇〇四年一二月六日：Wilson 2005）。チューリップもまた象徴として用いられることがあり、例えばキルギスタンで二〇〇五年に起こった革命はチューリップ革命と言われている。もっとも、この革命には暴力も含まれてはいたが。

現代独裁者たちの赤いバラ

このようにバラは労働運動の象徴となったが、他方で権威主義的な独裁者もバラを狡猾に利用した。彼らはプロパガンダの中でバラを利用し、民衆が彼らを慈悲深い「父」として親しむよう仕向けたのだ。

例えばレーニンの死後に、ソヴィエト政府は彼の大衆に対する魅力を利用して、「偉大なる指導者（Вождь ヴォーシチ）」を概念的・技術的に基礎づけることに成功した（Smith 1989: 122）。ヴィクトル・トゥピツィンの著書の中の「レーニンの死、そして政治的フォトモンタージュの誕生」と題された章には、一連のフォトモンタージュが収録されているが、その中で、レーニンの画像が様々なしかたで子どもたちのあいだに配置されているものがある（Tupitsyn 1966）。それは、『子どもたちとレーニン（*Дети и*

Ленин チェーチ・イ・レーニン）』（一九二四）という本のためにグスタフ・クルーツィスとセルゲイ・セニキンが制作したもので（Tupitsyn 1966: 19–23）、その中には、死の床に横たわるレーニンの前で、三人の子どもたちが嘆いているものがある。トゥピツィンは「ある画像では、ゴールキにある田舎の地所の断片が描かれている。レーニンは狙撃され、病気になった後は、ほとんどの時間をそこですごした。しかし、芸術家たちは屋根のいちばん上にほほ笑んでいる指導者を配置し、死の前の数年間レーニンが何もできなかったという現実を転覆させた」。このフォトモンタージュについているキャプションの一つで、レーニンのいた療養所で働いていた男の娘が、レーニンに花束を渡した時の様子を説明したものがあるが、その写真を見る限り、その花がバラであることは明らかである。[4]

ポスターをつかってのスターリンのイメージ構成は長い年月のあいだに変化していったが、「人民の愛する父（отец народов オチェーツ・ナロードフ）」としてのスターリンは、「お決まりのイメージ（ストック・イメージ）」であった。このイメージは一九二九年から一九五三年の間変化せず、他の二つのイメージにくらべ、より重要で、より持続的である。他の二つのイメージというのは、「無謬《むびゅう》の共産主義建設者（строитель коммунизма ストロイチェリ・コムニズマ）」と、一九四三年のナチス・ドイツからの解放をもたらした「勝利せる軍隊司令官（полководец ポルコヴォーヂェツ）」である（Rosenthal 2005: 1–2）。

スターリンは一九二九年から一九五三年三月五日の死にいたるまで、「人民の父」そして「世界のプロレタリアートの偉大な指導者」としてソヴィエト連邦を支配した。その一方で彼は、敵対者やライバルと思う者たちに対して、血ぬられた粛清に手をそめていた。スターリンがいかにして自己のイメージを構築し、写真やポスター、絵画（の制作）などを通じてそのイメージを広めていったのかを調査する機会が、ごく最近ソヴィエト時代のアーカイヴ資料が公開されることで生まれてきた。広範囲なコレクションの一つであるピッツバーグ大学スターリニアナ・デジタル・ライブラリー(University of Pittsburgh Digital Library of Staliniana)にある「スターリンカ(Stalinka)」は従来からこの種の研究にきわめて貴重な資料を提供してきた。スターリンを父とする「子どもの崇拝」は、プロパガンダ機構をとおして広く用いられた戦略であった。そうしたプロパガンダ機構が発行した無数の写真、ポスター、絵画の中で、子どもたちや女性たち、少数民族の人々やその他の集団から、スターリンにバラや花が手渡されている。「慈悲深い父スターリン」のためのもっとも集中的なキャンペーンは一九三五年ごろから開始された。一九三五年ごろ撮影された、撮影者不明の有名な写真に付けられたキャプションに「セーラー服を着た少女がほほ笑みながら、群れなす男たちのいちばん上に立っている。その男たちの中にはほほ笑むスターリンもおり、彼は右側から見守っている。前面では誰かが大きな花束をささげている」とある(Stalinka PH000140; Radzinsky 1996: 320と321のあいだにある図版の一三頁目も参照)。

スターリンへの「子どもの崇拝」を演出したもっとも効果的なイメージの一つが、V・マトヴィエフスキーが一九三六年に撮影した写真である(Stalinka PH000057)。「幼い少女と国の指揮者」と題され、「スターリンがアジアから来た幼い少女を抱えている。クレムリンにおける会合で、ここで政党指導者たちや政府高官らが、ブリヤート・モンゴル自治ソヴィエト社会主義共和国(Buriat-Mongolian ASSR)からの代表団を歓迎した」というキャプションが付いている。少女はスターリンに大きな花束を捧げており、彼はそれを片方の手で受け取り、もう片方の手で彼女を抱えていて、少女の腕は彼の首にまわされている。ところが、この写真、今となってはスターリンが権力を行使する際の残虐さを想起させるもの

図 12 「われわれの幸福な子ども時代について，親愛なるスターリンに感謝」(Nina Vatolina, 1950. Courtesy of the Russian State Library)

の一つとなっている。というのは、この七歳の少女ゲーリャ・マルキゾワの父親は、翌年逮捕されて射殺され、母親も投獄されて一九四〇年に亡くなったからである。

V・ゴヴォルコフ制作の一九三六年のポスターは「幸福な子供時代をさずけてくれた、最愛のスターリンに感謝！」と題されている(Stalinka GR000005)。スターリンはゴーリキー公園に立っており、子どもたちに囲まれている。キャプションは、彼らが様々な共和国から来ていると記している。一人の少女が前のほうで花束を持ち、もう一人の少年はおもちゃの飛行機を持っている。N・ヴァトリナ作の一九三九年の同様のポスターは、「我々の幸福な子ども時代について、親愛なるスターリンに感謝」と題されており、花に囲まれた五人の子どもたちが、スターリンにほほ笑みかけている(Stalinka GR000063)。おなじ芸術家は一九五〇年にも同名の絵葉書を制作しており(**図12**)、その中では少年と少女が赤いバラの花束をスターリンに捧げている(Stalinka GR000025)。すなわち、独裁者(スターリン)は戦後、大祖国戦争の勝利をもたらした軍事司令官として軍服を着たイメージでも広く知られるようになるが、その一方で、戦後もスターリンへの「子どもの崇拝」は継続していた。(5)

スターリンはソヴィエト連邦内の諸国家および諸民族を統一しようとしていたので、絵画やポスターで諸民族から花を献上されている場面がしばしば描かれた。『夢の工場、共産主義（*Traumfabrik Kommunismus*）』の中には、パヴェル・マリコフが一九三八年に制作した絵画「第八回臨時ソヴィエト大会におけるボリシェヴィキ党中央委員会政治局」が収録されているが、そこでは伝統的な農民の服装に身をつつんだひとりの人物が、スターリンに花を捧げているところが描かれている(6)（Groys and Hollein eds. 2003: 155）。

死後も、花のイメージのスターリンは続いた。ワシーリー・エゴロフが撮影した写真の中で、花で一杯の棺の中に彼は横たわっている。外の赤の広場では、スターリンに敬意を表して無数の花が並べられていた。Ｅ・ウムノフが一九五三年三月一〇日に撮影した写真（『ともしび（*Огонёк* オゴニョーク）』誌、第一一号、一九五三年三月一五日：三〇―三一）でも、エドワード・ラジンスキーの著『スターリン』の中でも見ることができる。後者の写真のキャプションでは「スターリンの葬儀の日、一九五三年三月九日の赤の広場。群衆の数はあまりに多く、たくさんのひとが押しつぶされて亡くなった」とある（Radzinsky 1996: 324-325; Photo-Novosti of the Russian Information Agency）。スターリンと同じ日に亡くなったセルゲイ・プロコフィエフの妻によると、モスクワの花はすべてスターリンの葬儀のために使われたので、彼女は夫の葬式のために遠くから花を取り寄せなければならなかった（Radzinsky 1996: 579）。

ところで、権威主義のために社会主義インターナショナルの象徴的諸要素を吸収したという点で言えば、ヒトラーこそすべての独裁者の中でももっとも優れた戦略家であった。ホブズボーム（Hobsbawm

Mein Führer!
(Das Kind spricht:)
Ich kenne dich wohl und habe dich lieb
wie Vater und Mutter.
Ich will dir immer gehorsam sein
wie Vater und Mutter.
Und wenn ich groß bin, helfe ich dir
wie Vater und Mutter,
Und freuen sollst du dich an mir
wie Vater und Mutter!

図13　ナチス期ドイツで出版された子ども向けの本のイラスト(Zimmermann and Osswald 1935: 65. Courtesy of the Wiener Library, London)

1984: 78–79)によれば、ヒトラーは社会主義者の旗の赤に意図的に鉤十字を上書きし、その上メーデーに対する労働者の愛着の感情を利用して、一九三三年にはメーデーを公の休日に変えたのである(Flett 2002も参照)。

ソヴィエト流のプロパガンダをモデルにし、ヒトラーもまた「人民の父」というイメージを採用した。第二次世界大戦前、ナチ期のドイツで出版された子ども向けの本のイラストにつけられたキャプションには、「わたしの指導者〔総統〕。わたしはあなたをお父さんやお母さんのようによく知っていて、愛しています。わたしはお父さんやお母さんにそうするように、あなたにいつも従うことでしょう。そしてわたしが大きくなったら、お父さんやお母さんにそうするように、あなたを手伝います。あなたはお父さんやお母さんと同じように、わたしのことを誇りに思ってくれることでしょう」(Zimmermann and Osswald 1935)(**図13**)とあった。そのイラストは、少女がヒトラーにバラの花束を渡すところを描いており、背景には少年がひとりいて、二人ともヒトラーを尊敬のまなざしで見つめている。

子どもや女性たちが、ヒトラーにバラその他の花や花束を渡しているプロパガンダ写真は、数多く存在する。一九三六年のベルリン・オリンピック開会日の写真には、ヒトラーが五歳のグトルン・ディエムからバラの花束を受け取っているところが写っている。グトルンは、不首尾に終わった一九一六年のオリンピックと一九三六年のオリンピック両方をオーガナイズした、カール・ディエムの娘である(Griffin 2004: 20; Hart-Davis 1986: 128–129)。

　ハインリヒ・ホフマンのプロパガンダ写真集全三巻、『総統を敬愛する庶民(*Ein Volk ehrt seinen Führer*)』は一九三九年に上梓されたが、その表紙はヒトラー五〇歳の誕生日、一九三九年四月二〇日に撮影されたものである。ヒトラーは子どもや女性たちからたくさんのバラの花束を受け取っている(**図14**)。

図14　50歳の誕生日(1939年4月20日)に子どもたちからたくさんのバラの花束を受け取るヒトラー(Hoffmann 1939. Courtesy of the Wiener Library, London)

「チロルにて、花の贈り物(Blumengruß in Tirol)」というタイトルがつけられた一枚の写真では、ヒトラーは列車の窓から顔を出し、女性からバラの花束を受け取っている。その背景にはアルプスがみえる(Hoffmann 1935 および Hoffmann 1938 に再録)(**図15**)。ホフマン(Hoffmann 1938)の『ヒトラーがザールの国を母国に持ちかえる(*Hitler holt die Saar heim*)』には、ヒトラーが花や花束を受け取る写真が三枚含まれている。

　ヘルマン・ゲーリングおよびその他の第三帝

図 15　女性からバラの花束を受け取るヒトラー(Hoffmann 1935. Courtesy of the Wiener Library, London)

国大臣一一名が一九三六年に出版した『アドルフ・ヒトラーのプロパガンダ』(英語版。独語版原題は『アドルフ・ヒトラー、総統の生活写真(*Adolf Hitler, Bilder aus dem Leben des Führers*)』には、「東プロイセンに住む農民一家と撮影」と題された写真がある。そこでは農民の大家族といっしょに写るヒトラーが子どもたちと握手をしており、二人の少女が花束を持っている(Göring et al. [1936]1973: 19)。もう一つの写真は、高速道路がヒトラーを人民と結びつけるとし、多くの若者が手を伸ばしてヒトラーに花を捧げている(Göring et al. [1936]1973: 82)。別の写真は、ヒトラーが地方でキャンペーンをしている場面で、女の子が総統のために詩を朗読しており、ヒトラーは彼女から捧げられた花束を抱えている(Göring et al. [1936]1973: 106)。「若者たちが遊説中のヒトラーを迎える」という写真の中では、少年がバラの花束を渡している(Göring et al. [1936]1973: 108)。「ちいさな手が総統に向かって伸びる」という写真では、少女たちが花束をヒトラーに捧げようとしている(Göring et al. [1936]1973: 108)。

毛沢東の中国については詳細には立ち入らないが、指摘したいのは、毛沢東がソ連型システムを多く採用しており、そこには社会主義国の象徴体系も含まれていたという点である。毛沢東や他の指導者らが子どもたちと一緒に描かれているポスターは、数多く存在する。例えば一九七八年製の刺繍入りの旗では、周恩来、毛沢東（中央）、朱徳の肖像がフレームの中に収まっており、彼らの前では少数民族の子どもたちが絨毯の上で踊っている（N17; N13 および N26 も参照、China Posters Online, University of Westminster）。また共産党は、プロパガンダのモチーフとして稲を持った農民と、ソ連由来の赤いバラを採用してもいた。そのようなポスターのうちの一つは一九七六年製で、上海にあったものだが、そこでは毛沢東主席と華国鋒主席が取り上げられている。またひとりの女性が稲の束を抱え、他の何人かは赤いバラの花束を持っていて、空中には風船（気球）が浮かんでいる（catalogue no. N33, China Posters Online, University of Westminster）。このプロパガンダのポスターでは、また双喜紋（喜がふたつ連なる「囍」のデザイン）と、かつての上層階級の花だった牡丹が、社会主義の象徴としてソ連から借用されたバラと並んで取り上げられている。

白いバラ――ナチス・ドイツにおける抵抗運動

一九四二年六月から一九四三年二月にかけて、ミュンヘン大学の学生グループと一人の教授が、ヒトラーの体制に対して非暴力的に対抗するよう呼びかけるビラを配布した（Scholl [1970] 1983）。彼らは自分たちを「白いバラ」と名乗り、ビラに「白いバラ」と署名した。ビラは、ゲシュタポに捕えられないように、できるかぎり秘密裏に配布されたが、それも二月一八日までのことだった。その日彼らは、じぶんたちが大学に持ちこんだビラのいくらかがまだ配布されていないことに気づき、それを最上階から、だれもいないように見えたアトリウムへとばら撒いた――この行為を管理人が見ていて、彼がゲシュタポに通報したのである。中核的なメンバーはゾフィー・ショルとその兄ハンス、クリストフ・プロープスト、アレクサンダー・シュモレル、ヴィリー・グラーフ、そして哲学の教授クルト・フーバーであった。彼らは全員断頭刑に処された。

彼らがヒトラーの権威主義と軍国主義にたいして反対したのは、キリスト教信仰と、ドイツの文化的遺産にたいする誇りに基づいてのことであった。ゾフィー、ハンス兄妹の姉によって後年刊行された書物に収録されたビラの中で頻繁に言及されたり引用されたりしたのは、聖書や老子、アリストテレスに加えて、ノヴァーリス（フリードリヒ・フォン・ハルデンベルク）であり、ヨハン・ヴォルフガング・フォン・ゲーテであり、フリードリヒ・シラーといったドイツ・ロマン主義に属する文学者たちであった（Scholl［1970］1983: 73–93）。

最初に印刷されたビラの中で、彼らはシラーの「リュクルゴスとソロンの立法」から、政治的なシステムはえてして「あらゆる道徳的感情」を犠牲にして成立するとの警告を引用した。またゲーテの『エピメニデスの目覚め』からは、「彼とともに立つ者はみな／彼が没落する時滅びねばならない」という一文を引用した。その「彼」とは「深淵から大胆に昇ってきた」者である（Scholl［1970］1983: 73–76）。

二枚目のビラは、ポーランドのユダヤ人絶滅の事実を知って受けたショックを記している。「ポーランドが征服されて以来、この国では三〇万のユダヤ人がきわめて野蛮なしかたで殺されつづけている」（強調は原文）こと、そしてこうした忌むべき人類への犯罪を目の当たりにしても無感情なドイツ人を糾弾し、老子の言葉「気まぐれによって統治を行うような支配者はけっして目的に到達しないであろう」という批判を書きつけている（Scholl［1970］1983: 77–80）。

三枚目のビラは彼らの宣言である。「我々の現在の「国家」は悪の独裁である」、だから、あらゆる点で国民社会主義（ナチズム）に対抗せよ、と訴えている。「我々はすぐにでもこの国家の化け物を終わらせなければならない」。そして対抗の手段として、あらゆる種類のサボタージュを主張した――すなわち、権力によるあらゆる集会や大会を、戦争機械の作動を、そして戦争を助長するような科学や学問を、サボタージュするのである。このビラは「暴君は、継続的に戦争をあおるようにする傾向がある」というアリストテレスの『政治学』からの引用で終わっている（Scholl［1970］1983: 81-84）。

四枚目のビラ（Scholl［1970］1983: 85-88）では「ヒトラーの口から出るあらゆる言葉は、嘘である。彼が平和と言う時には、戦争のことを意味している。彼が不敬にも全能なる神と言う時には、邪悪の力、堕天使、サタンを意味しているのだ」と警告する。「邪悪がもっとも力強い時、我々は邪悪を攻撃しなくてはならない。そしてヒトラーの権力では、邪悪はもっとも強力である」。「諸民族が、自らを堂々めぐりに駆りたてる恐るべき狂気に気づくまで、ヨーロッパじゅうに血が流れるだろう。……諸民族の権利〔国際法〕を設立し、新しい輝きを持ったキリスト教を、地上において眼にみえるように、平和の保証者としての職務の中に、据え置くのだ」（強調は原文）。このビラは有名な宣言で終わっている。「我々は沈黙しない。我々はあなたたちのやましい良心である。「白バラ」はあなたたちに休息を許さない」。

五枚目のビラ（Scholl［1970］1983: 89-90）では「ドイツ人よ！　あなたがたは、あなたがたの子どもたちに、ユダヤ人たちに降りかかったのとおなじ運命をこうむらせることを求めるだろうか」。そして読者に「国民社会主義のごろつきども」から離れよと勧める。

最後のビラ（Scholl［1970］1983: 91-93）はクルト・フーバー教授が書いたもので、スターリングラードでの恐怖から説き起こしている。「三三万のドイツ人男性が無感覚に、無責任に死と破壊へと駆り立てられている」。そして彼は結論部分で再びスターリングラードに立ちかえる。「スターリングラードの死者が我々に活動せよと懇願している。立て、立て、我が人民、煙と炎を我々の記号とせよ！」

セーターに白いバラを付けたゾフィーの写真には、四枚目のビラから取られたキャプションがついている。右で引用した通り「我々は沈黙しない。我々はあなたたちのやましい良心である。「白バラ」はあなたたちに休息を許さない」(Dumbach and Newborn 2006 の表紙写真として使用されている)。同じ写真はショルの『白いバラ』の中にも登場し、キャプションは「ハンス・ショル、ゾフィー・ショル、クリストフ・プロープスト、一九四二年の夏」とある(Scholl [1970] 1983: 67)。別の写真では、ゾフィーは白いバラを持っている。ゾフィーと制服姿の友人が写ったこの写真のキャプションは、「東部戦線へと出発する前の、ミュンヘン東駅での別れ、一九四二年七月二三日。ゾフィーが白バラを嗅いでいる」とある。

ミュンヘン大学の学生たちが、ナチス・ドイツに対する抵抗運動の象徴として採用した白いバラは、バラの象徴性が社会的抵抗や対抗を具体化した一つの例である。彼ら自身は、白いバラを自分達のエンブレムとして選んだことについては、何の説明も残さなかった(思弁的な議論については、Dumbach and Newborn 2006: 58)。しかしながら、彼らがキリスト教徒であったこと、またヒトラーがユダヤ人だけでなくドイツ人に対しても行った残虐行為と闘ったことを踏まえれば、白いバラが意味していたのは処女マリアの純粋さ、そして理想主義であったと、解釈することもできるであろう。

要約――バラの多義性

バラの象徴性に関して駆け足で概観してきたが、この花が人々の日常生活に深く埋めこまれていて、宗教や文学、哲学、また音楽や美術でも重要な比喩表現(tropes)でありつづけたことは間違いないことが分かるだろう。バラは卓越した多義的象徴であり、その意味は「関係」と「プロセス」の中に埋めこまれている。すなわち、愛の象徴ということでいえば、神(天国)と人類、愛人同士、指導者とその人民の間の愛ということで、社会的結びつきを象徴している。「愛」が意味するのはなによりも肯定的な人間関係である。人類のためにキリストが犠牲になったことは赤いバラによって象徴されるが、犠牲や犠牲行為一般は、愛と献身の行為なのである。そのときバラが意味しているのは、死との関係における生命であり、生命は孤立した現象というより、一つのプロセス――生から死、又、再生――の一部なのである。バラが持つ意味のこうした主要な諸性格こそ、まさに多義性が織りなすものであるが、コミュニケーションの不透明性はその多義性にこそ由来しているのである。

バラは庶民の人間関係の間で上記のような役割を果たすことに加え、ローマ時代以来、王権的・政治的な象徴でもありつづけた。もっとも興味深いのは、バラはその上、一般民衆の体制批判の重要な象徴としての意味も並行して持っていたことである。このような対抗の花としての重要性は、中世ヨーロッパのメーデーの祭典のうちにすでに現前していた。これが、フランス革命の祭典におけるバラの重要性に通じている。バラは一九世紀末には、社会主義インターナショナルの象徴そのものとなった。それは有名な「パンとバラ」というモットーの中にも表現されている。「赤い」バラはもともと労働者の受苦を表現する血の象徴でもあった。バラが労働者の理想を表現するという伝統は、現在まで継続しており、そのことは世界中のほとんどすべての社会主義政党のロゴマークにバラが使われている点に明白にあらわれている。そうした象徴体系が発達してきたのは、ロベスピエールやその他恐怖政治《テロル》を生みだした者たちがバラを利用したのと並行していた――彼らは、一九世紀後半から二〇世紀初頭にかけて近代ヨーロッパにあらわれた独裁者たちの先駆けであった。これらの政治的な人物は、バラや、バラが持つ愛の象徴性を利用し、いわば庶民を欺いて自分たちの政治的な優位につなげたのである。

ヨーロッパにおけるバラの象徴体系は、日本における（桜の）象徴体系との顕著な並行性があることが分かる。すなわち多義性によって、バラも桜もスペクトルの一方の端から他方の端へと意味が流動的に転移することが起こりやすくなっているのだ。そしてこの流動性によって、それらの花が人殺しの花になることを可能にした。この多義性は、すべりやすい斜面をバラの意味が滑落していったことを人々が認識するのを妨げ、それが彼ら自身の破壊へと帰結したのである。

第三章　米と日本人の集団的自己——排除にもとづく純粋さ

これまでの二つの章では、多義的であることと美的なものがコミュニケーションの不透明性にどのように寄与してきたかを見てきた。この章では、コミュニケーションの不透明性をもたらすまったく異なった道筋のあることを示したい。ここで取り上げるのは米である。すなわち米は、事実上、日本人の集団的自己を象徴する意味を持つゆえに、それが集団的自己を誤って表象する時、まさにコミュニケーションの不透明性を生みだしてしまうということである。しかも、その誤った表象によって排除された人々も含めて、ほとんどの日本人はそのことに気づいていない。言いかえると、この章は、ポスト構造主義者たちの指摘する問題——「日本人」や「ドイツ人」という言葉から生じる「全体化」について、象徴論を通して迫ろうとするものである。

日本の歴史をとおして、米が日本人の集団的自己のもっとも重要な象徴となったのは、日本人全部が米を自分たちのアイデンティティの支配的な象徴として積極的に支持してきたからだけではない。同時にこの象徴が、非農業民の社会集団をその表象から排除するためのメカニズムとして、いわばコミュニケーションの不透明化のメカニズムとして、それに気づく人がほとんどいないまま、機能してきたからである。加えて、米と水田という対になったメタファーは、日本人のアイデンティティの支配的な象徴でもあったために、グローバルな波が日本社会を襲い、様々な外部の他者——まず中国人、それから西洋人——と遭遇するなかで日本人の集団的アイデンティティが変容していった歴史的変化を映し出す鏡ともなった。

さらには、集団的自己の象徴としての米は、象徴的構造と国内及びグローバルな政治経済および地政学のあいだの弁証法を考察する優れた機会を与えてもくれる。桜の場合とは異なり、七世紀以降、米は、その生産も流通も消費も、さらには象徴資本としての維持にも、国家が関わってきた。ここから二つの重要なことが分かる。一つは、米をめぐる象徴性と政治経済は、日本の歴史のほぼ全体をとおして、お互いに支え合ってきたということ。しかし今日では、米の象徴的意味は、しっかりした経済基盤を失ったまま、なおその力を維持しており、これは研究を要する現象である。もう一つは、浄・不浄の美的価値は、分類の枠組みから生まれるような抽象的なものではないということである。それは、多様な他者が現れる日本歴史の展開において、日本人が集団的自己の概念を定義してはまた再定義する生々しい必要から生じたものなのである。

稲の栽培がどこで始まったかということについては論争がなお続いているが、最近の考古学調査では揚子江中流域とされている(Normile 1997)。日本の水田耕作は、紀元前四〇〇年から紀元前三五〇年ころのあいだに朝鮮半島を経由して九州にもたらされたといわれており、そこから列島を北東に向かって三波にわたって上っていき、紀元後間もないころには東北地方に達した(国立歴史民俗博物館編一九八五：一四)。政治社会的にみても、現在わたしたちが日本民族と考えているものの発展にとって、これに匹敵するほど重要な歴史的出来事はなかったであろう。これにひき続いて生じた発展は、世界のどの地域でも起こるようなものであった。すなわち、農耕が採集経済にとってかわったことで、人口の増加と財の蓄積をともなう恒久的な定住が可能になり、それが最終的に国民国家の形成にまでいたるというものである。

一九七四年に、福岡県の縄文時代後期の遺跡で水田耕作がおこなわれていた証拠が発見された（佐々木一九九一：二九九—三〇五）。それまでは、もっぱら狩猟・採集経済を基盤とした縄文文化と、水田耕作が始まったとされていた弥生文化とのあいだに明確な分断線が引けるというのが常識であったが、それによってこの常識に疑義が唱えられるようになった（小林二〇〇八：二八、三五）。縄文文化と弥生文化の継続性を主張する学者も現れた。また、彼らとアイヌ文化との間につながりを見出す学者も出てきた。いずれにしても、稲作は社会階級を有する大規模な社会の発展を可能にし、土地を所有する者の下で政治的に統合される地域もできるようになった。それに続く古墳時代に、水田耕作が浸透していた列島の中部と西部に住んでいた豪族たちが、広大な領域を支配するようになった。その中の一人が大和国家を樹立した者の祖先であり、その指導者が天皇家の基礎をつくったのである。(1)

本章は、過去において支配的であり、今もなお力を保っている農業民の宇宙観の図式を描写することから始まる。それによって、日本人が、自己と他者の概念を再定式化するさいに、その図式が歴史的な諸力の解釈においていかに重要な役割をはたしてきたかを示すつもりである。

農業民の宇宙観

日本人の神としての米

農業民の宇宙観における日本の神は、ひとことで言えば、穏やかで慈悲深い魂(にぎみたま)と荒々しく破壊的な魂(あらみたま)の両方をそなえ持ち、共同体の外からやってくる「マレビト」である。この神が訪れてくる時、村人たちは儀式をおこなうことで、害を及ぼすかもしれないその負のエネルギーを無力化し、正のエネルギーのほうを活性化する。そして、澱んだり不浄になる生に活力をあたえようとするのである。同時にまたこの儀式は、稲の成長の様々な段階に関連してもいる。村人たちは米を食べて聖なる力を内部にとりこみ、それが身体の一部となり、活力となって成長がうながされる。「外来の神」という概念を持つ世界の種々の文化でも(2)、その神は外部の力——正と負の両方の力を持つと考えられる——を解釈するためのモデルであろう(Ohnuki-Tierney 1993a: 44-62)。

日本の八百万《やおよろず》の神々からなる宇宙観の中で、米は中心的位置を占める。八百万の神の中でもっとも重要な神である山の神は、春になると村に下りてきて、田の神となる。日本文化において米に与えられている意味の基本にあるのは、米のひと粒ひと粒に魂が宿る(稲魂)という信仰である。この考えは米を主食とする他の民族にも共通するものである(3)。

日本人にとって、宇宙は、魂を持ったものが棲むところであるから、稲魂について大事なことは、それが神聖だということである。八世紀の『古事記』や『日本書紀』のような神話-史書には、米や稲穂に関連する名を持つ神がしばしば登場する（五穀の起源については倉野・武田校注一九五八：八五、一三五。神話－史書の中での稲の神々については、大貫一九九五b：九二―九五を参照）。

豊作の儀式は宇宙観的な意味での贈り物の交換である。そこでは神から人間に与えられた最初の種籾へのお礼として、新しく収穫された作物――神聖なる米――が神に供えられる。この交換は、饗宴の場で神と人間が共に食事する、というかたちをとる。この一連の儀式は、いわば魂と身体の宇宙観的な交換である。米は神の魂の具現であるから、神が春になると人間に種籾を与えるということは、神が人のために自らの身体・魂を犠牲にすることを意味する。つまりこれは、究極の「自己犠牲」である（Mauss [1925] 1966: 45）。そのお返しに人間は、その神聖なる魂すなわち種籾を天照大神の光をもって大切に育み、収穫時にはお返し――新たに収穫された米に「利子」をつけて――を奉げる（網野一九八七）。これが神と村の人々とのあいだで行われる「一般的な交換（generalized exchange）」である。それはその場でただちにお返しを必要としない贈り物の交換である。(4)

共食のための米

稲の栽培には大がかりな共同作業が必要である。田植え、稲刈りといったもっとも労力を必要とする作業は、自分たちは互いに助けあう集団の一員であるということを人々が認識する絶好の機会となる。しかしもっと重要なのは、人と神とが、さらには人と人とが、食を共にする時には、米、餅、酒がもっとも大切な食物であったということである（柳田［一九四〇］一九八二）。農民にとって農耕儀礼の時は、ふだんは離れて住む親類縁者が集まり、共に食べ、ともに飲む機会であった。今日ではこれが、都会で働く若者たちが故郷の農村にいる家族のもとに帰ってくる唯一の機会となっていることも多い。柳田国男は、今の日本でも、全国どこでも正月祝いには神への捧げものとして床の間に鏡餅を供え、一定期間ののちにそれを下ろして人びとが分かちあうことで、聖なる力を自らの中に取りこむのだと述べている（民俗学研究所編一九五一：四―九五）。

日常生活においても、米および米の加工物が共食の中心を成す。仏壇には、「ご先祖さま」と生きている者たちとの共食の象徴として、毎日「ご飯」が供えられる。日々の食事でも、ご飯は一家の主婦によって家族に配られることで分かち合われるが、惣菜などほかの食物はひとりずつ別々に供されることが多かった。過去には一家の主婦の役割と権威のシンボルとして、「しゃもじ」が母から娘へ、あるいは嫁へと、世代間で受けつがれる地域もあった（能田一九四三：五二―五六；民俗学研究所編一九五一：二六四―二六五）。

社会集団において、米はその集団にとっての「我々」を意味する。例えば、「同じ釜の飯を食う」は、食事を共にすることから生じる強い結びつきを強調して、密接な人間関係を示す慣用表現である。共に食する者たちは「彼ら」に対する「我ら」になる。その反対の意味の表現もよく使われる。「飯」は、本来温かくあるべきなので、「冷や飯を食う」は、苦難にさらされかつそれに耐える意味になる。「他人の飯を食う」は親密な関係にない他人の中で苦労を余儀なくされる不幸のことである。

特に男性たちの社交的な場での共食で（最近は女性たちにもその傾向が強まっているが）酒はもっとも重要である。その社交的飲酒の基本は、自分の酒を自分で注がないことである。誰かに酒を注ぎ、その人が自分の盃に注いでくれる――それが延々とくりかえされる。「ひとり酒」とは社会から切り離された人の孤独の表現で、自分で自分の酒を注がなければならないほど寂しいことはないとされる。西欧文化においては、独立した自律的な自己が人間として理想的なモデルとみなされるところがあるが、日本文化では、自己は社会の一員である故に社会的他者なしには存在しえない。自己とは、所与の社会的文脈において、常に他者との関係において相互に定義される。自分で自分の酒を注がなければならない独りの人は、社会に組み込まれたアイデンティティを失った者になりかかっている人である。

食物が集団的な自己アイデンティティの象徴として持つ力は、重なり合った二つの側面から生まれてくる。その第一は、社会集団に属するメンバーが、共通の食物をそれぞれに摂取し、それが各人にとりこまれて自己の一部となるという換喩的な意味作用から生まれてくる。第二は、集団のメンバーたちが文字通り食事を共にすることから生まれてくる。共食は食物が「我々」という社会集団のメタファーになるための基盤である。共食の習慣は、食物を、概念上だけでなく、いわば身体のレベルでも、強力なシンボルにする。「我々の食べもの」対「彼らの食べもの」は、「我々」対「彼ら」を表現するうえで極めて効果的になる。「我々」の純粋性は、自分たちの集団によって摂取され、「我々」の中で身体化される食べものに宿る。反対に、「彼ら」の望ましからぬ性質は、彼らの劣悪な／不純な食べものの摂取によって身体化されているのである(5)。

日本的空間・時間としての米、日本人の元始的自己としての米

米が喚起するもう一つの重要な側面は、稲作と水田が日本人の時間と空間を表象するものでもあるということである。稲作や水田は日本人にとって「自然」を表象している。つまり究極的にいえば、それ

は日本人の元始的自己を表象しているのである。水田を典型とする「農村(田舎)」に象徴的価値をおくことは、はるか昔からあったが、その大きな発展は、江戸が大都会となった江戸時代後期に始まった。それは浮世絵に生き生きと描かれている。例えば、葛飾北斎(一七六〇—一八四九)の有名な錦絵、「百人一首姥がゑとき」の中には、米および稲作がしばしばモチーフとして取り上げられている。稲を育てる農民、刈り取りのすんだ稲の束、水田などが、八九点の版画のうちの二六点に見られる。安藤広重の錦絵「東海道五十三次」にも、収穫を終えた田、水田、米俵、稲束などが描かれている(後藤一九七五)。

くりかえし現れるこうしたモチーフは、米や稲作そのもの以上の意味を持っている。きわめて明らかなのは、それが季節の変化を表していることである。水を張った水田は、田植え歌とおなじく、稲の誕生と成長の季節である春や初夏のもっともなじみ深い象徴である。一方、稲刈りの光景は、稲束をふくめて、もっとも頻繁に使われる秋のイメージである。秋は収穫のときであり、骨の折れる稲栽培の季節がたどりついた最頂点を表しているのである。注目すべきは、季節を表す稲作のサイクルが、都市住民や漁民、その他農耕に直接携わっていない人々をふくめて、ほとんどの日本人にとって季節の移り変わりを象徴するものとなったことである。

もうすこし抽象的にみれば、こうした版画で稲や水田とともに描かれている旅人たちは、江戸をめざしているか、あるいは江戸を出立した人々であり、彼らは江戸に代表される変わりつつある日本を象徴している。それと対照的に、米や稲作は、元始の日本を変わることのないかたちで示しているようである。現実の稲作は、泥と汗とにまみれた作業だが、ここではそのような現実から遠く離れて、あくまで美的に価値づけられているのである。その点では、フランスの田園とそこで汗まみれで働く農夫が、ミレーやモネなどのフランスの画家たちによって理想化されたのとよく似ている(Brettell and Brettell 1983)。

こうした風景や生活の描写の中には、時間を表象するものがそなわっている。工業化社会やポスト工業化社会においては、農耕は失われた過去や自然を象徴するものとなっているのだ。しかし、これは現実と正反対としか言いようがない。なぜなら、農耕とは「自然」を完全に消し去ってそこに農地を造るという、人間の最初の努力だったからである(Ohnuki-Tierney 1993a: 125–126)。日本では、自然といえば季節の循環が中心ではあるが、それにくわえて、自然と密接に結びついた元始的な過去という概念が、はっきりした民族的アイデンティティをも示唆している。国外からの影響や近代化によって変えられてしまった「都市」とはちがって、農村生活に象徴された日本人の根源的な自己の価値は、江戸時代後期から(Harootunian 1988: 23)明治時代までに(Gluck 1985: 175, 181)インテリ層の中でピークに達した。それは今日まで続いており、都会の日本人は農村の自然をノスタルジーをこめて「ふるさと」と呼んで希求する。都会に住むイギリス人が独自の「イングリッシュ・カントリーサイド」を造るのとよく似ている(Newby 1979; Williams 1973)。

時間的な視点からすると、稲作のために先祖から受けついだ家族の農地も、根本的に手つかずの自然も、どちらも無垢な過去が、近代化と西洋の影響によって失われる前の過去を表している。その意味で米と水田が作り出したメタファーは、もっとも純粋なかたちでの日本と日本文化の究極のシンボルとなったのである。

農業民の宇宙観における米の美的価値

江戸期の文学の中では、田に稲穂が黄金色に輝いて秋風に揺れている情景がしばしば描かれてきた。それは富と権力の象徴であり、領地の豊かさを表すものとして、土地からの米の収穫量の石高がそのまま使われた。澄みきった水に緑の苗が植えられた水田も、詩歌、随筆、浮世絵版画などの美術作品に、頻繁に登場するモチーフである。稲や米粒だけでなく、炊かれた米も美しい。炊いた飯のもっとも重要な特徴は、その艶、清らかさ、白さといった互いに関連する特質である。谷崎潤一郎は『陰翳礼讃』の中で、その美しさがいかに日本人としての自覚につながっているかを説明する。

> ……飯にしてからが、ぴかぴか光る黒塗りの飯櫃に入れられて、暗い所に置かれてゐる方が、見ても美しく、食慾をも刺戟する。あの、炊きたての真つ白な飯が、ぱつと蓋を取つた下から煖かさうな湯気を吐きながら黒い器に盛り上つて、一と粒一と粒真珠のやうにかゞやいてゐるのを見る時、日本人なら誰しも米の飯の有難さを感じるであらう。（谷崎［一九三三］一九五九：一七―一八。傍点は筆者による）

今日でも米の美しさは賛美の対象である。よくみのった稲穂は従来から「美しい」黄金色の輝きとして描写されてきた。一九八八年一一月一一日に発行された六〇円切手は二枚連刷で、一方は瑞々しい稲穂の図で、もう一方には松尾芭蕉の句「わせの香や分入右は有磯海」の筆書きが印刷されている。この切手の視覚的メッセージは強力である。米は美しいだけではない。その美しさは、毛筆による書とおなじく、このうえなく日本的なものでもある、と。

米が「白米」と呼ばれるのも、その美的な質が強調されているのである。今日、日本でもよく知られた米の銘柄「コシヒカリ」と「ササニシキ」に、「ヒカリ」と「ニシキ」という言葉が含まれているように、米の美は、その白さと清浄さとともに、輝きであることを強調している。(6) 米を食べていても水田に生える稲を見たことがない人が少なくない昨今でもそうなのである。そんな人たちも「美しい米」を広告やテレビで見る。そしてその米の清らかさが日本人の自己の純粋さに変換されるのである。

以上に述べた米の歴史は、純粋さ(清浄)が、長く日本人の自己の概念に不可欠な要素でありつづけたこと、その発生と存在が、政治的単位としての国家の誕生に先行したことを示している。

日本の創造神話は、荒れ地が瑞穂の国へと変容することを基本としてきた。すなわち、水田が日本人の国を誕生させたのである。水田は、家レベルでは先祖の地を意味し、政治レベルでは、領地にあまねく広がる黄金色の稲穂のイメージによって表される領主の権力を意味するものである。そしてなにより、水田とは「我々の国」「我々の歴史」を、ひいては清浄な、日本人の元始的自己を意味する。

象徴生産の政治経済学

米の象徴的意味が発展し、非農業民を含む日本人全体に受容されるにいたったプロセスは、決して「自然な」展開ではなかった。むしろ当初から、米は、国家による生産と流通のコントロールが徹底的かつ大規模におこなわれたものであった。『日本書紀』によれば、天武天皇は六七五年四月一〇日、稲作推進のための二つの儀式を執り行うとする詔勅を発した。風神を祀る儀式と、田の水をつかさどる水神(大忌神《おおいみのかみ》)を祀る儀式で、おそらくは国家による祈年祭の始まりと思われる。さらにその七日後、四月一七日には、天皇はもう一つの重要な詔勅、肉食禁止令を出した(坂本ほか編一九六五：四一八)。食べるのを禁じられたのは五種の獣、牛、馬、犬、鶏、猿の肉だった。牛と馬は農耕に役立ち、残る三種は家畜として飼われて、人間の身近にいる。ここに狩猟の対象だった鹿と猪が含まれていないことに注目すべきだろう。肉食禁忌の公式な理由はすべての生類への慈悲という仏教思想だが、それを強めたのは、人間であれ獣であれ、屍との接触が穢れを生むという日本土着の信仰の重要な考えだった。

このように肉食禁止を正当化するためには仏教の教えが利用されたが、じつはそれは農耕／米の生産を守るためで肉食は農耕にとって脅威だったからだと主張する学者を、原田信男が紹介している(一九九三：六九—七六)。先の天武天皇の詔勅などは、国家による農耕の、特に稲作の、コントロールがかなり早く始まったことの証左である。国家による干渉を正当化する材料は一七世紀から一九世紀にかけての国学者たちによって提供された。ハルトゥーニアンは、平田篤胤(一七七六—一八四三)を復古神道運動の中に位置づけつつ、近代化の歯車が工業化やそのほかの近代的経済活動に向かって急速に回転していた時に、彼の所説が、農耕を「古代の」行為として再構築し、称揚し、農耕の排他的強調のためのイデオロギー的／シンボル的な武器となったかを詳しく述べている(Harootunian 1988)。

天武天皇の詔勅以降、日本人の主たる食物は魚と野菜だった。(7) 一八七一年に明治天皇が宮中での食事に肉を採用すると宣言して、肉食禁忌はようやく解除された(8)(原田一九九三：一七)。

一九四二年の食糧管理法は、第二次世界大戦中の食糧の生産と流通、および配給制度を統制するものだったが、それまで雑穀しか栽培されていなかった島嶼や辺境地域にも米をもたらした（坪井一九八二：六八）。国家統制は、形をかえながら米をほぼ唯一の対象として現在も続いている。今日、米価が下がらないように、米作農家が休耕田に対して補助金をうけることもよくある（Ohnuki-Tierney 1995）。

米のシンボリズムがほとんどの日本人の心をつかんでいる。リベラルな傾向の学者たちでさえ、稲作に基盤をおく宇宙観こそが日本文化だという前提に疑問を投げかけるようになったのは、第二次世界大戦後だったという事実にもそれがはっきりとみてとれる。このような日本文化論に疑義を唱えてきたのが、網野善彦（一九八〇：二〇〇〇：二三七―三三〇）、宮本常一（一九八一）、佐々木高明（一九七一：二〇〇九）、坪井洋文（一九八二）といった学者たちである。今日では、多くの日本人にとっては米以外の穀類や様々な塊茎類のほうが主食として重要だったというのが有力な説である。(9) これら麦、蕎麦《そば》、粟《あわ》、黍《きび》、稗《ひえ》、胡麻などの穀類は、痩せた土地にも育ち、米ほど手もかからない。しかし、これらが「雑穀」と称されること、すなわち、「その他」のカテゴリーのものであることが重要である。日本文化が「稲作文化」なのか、「非稲作文化」なのかをめぐる学者の論争は今も続いているが、後者は、主食として米以外のいろいろな穀類を強調することから、「雑穀文化」と呼ばれることもある（網野二〇〇〇：佐々木一九八五：坪井一九八二）。

重要な問題は、農民にとって、米の生産が他の穀物の生産とくらべてどの程度の比重を占めていたか、ということである。さらに重要なのは、その米の消費者は誰だったのかという問題である。生産者すなわち農民（実際に米栽培に従事していた者）は、消費者でもあったのか。それとも彼らは、米は年貢として領主に奪われて、消費者になる機会を得られない生産者だったのか。時代によって、また地域によっても事情は大きく異なり、一般化することは難しいだろう（詳しくはOhnuki-Tierney 1993a: 34-43を参照）。この主題についての情報は江戸時代になると多くなる。例えば、福島地域について詳しく調査したステファン・ヴラストスは、その結果に基づいて、江戸時代の農民は、農耕地の拡大、技術改良、さらには、労働力のさらなる傾注などの結果として、「増収分の少なくとも一部は蓄えていた」と結論した（Vlastos 1986: 30）。

米をおもな課税対象とする税制が、多くの地域で、農民に悪影響を及ぼしたことは疑いない。しかし、江戸時代において、少なくとも一部の地域では、米が日々の食事の重要な部分を占めていたに違いないことは、百姓一揆が逆説的に証明している。儀礼のためだけに農民が米を要求したと考える理由はまったくない。一五九〇年から一八六七年までのあいだに確認できる二七五五件の蜂起のうち、一五八件（五・七％）が農村部の米騒動だった。米騒動とは、米の値段の高騰をめぐる一揆であり、米問屋、富商や豪農、奉行所などが襲撃された。また、米を要求するが暴動を伴わない騒動も二一四件（七・七％）あった。このように、計三七二件（一三・五％）は米に関わる問題だった。以上の数字は農村部のものだが、都市部では、同じ期間にあった暴動のうち二一四件が米騒動で（うち三四件で民衆は米を要求した）、これは都市部で起きたすべての騒動の七三・三％にあたる（青木一九六六：三九―四五）。

明治・大正期になっても農民の生活をとりまく状況はほとんど変わらず、農民たちによる騒動も続いた（小柳一九七二：一六二―一八九；柳田［一九三二］一九八二：一六も参照）。

米が歴史的にずっと日本人の食生活の一部を成していたわけではないとしたら、問題は、米がいつ、量的にも、欠くべからざるという意味でも、主食となったのかということになる。この点について学者たちの意見は様々である。佐々木によれば、都市住民が日に三度米を食べるようになったのはようやく江戸中期になってからのことだった(佐々木一九七一：二九二)。それよりずっと後という学者もいる(10)。確かなことは、すべての日本の農民が米だけを栽培していたわけでもないし、主食として米にのみ依存していたわけでもない、ということである。にもかかわらず、農業民の宇宙観においては、日本人とその文化を表象するものとして米の象徴性に匹敵するものはなかったのである。

歴史的危機の局面における自己と他者

外部の他者――「中国人」と「西洋人」

どんな社会集団も、他の集団との交流から切りはなされているということは、ほとんどない。古代でも近代でも、貿易や戦争や宗教をとおした濃密な交流は、世界中で起きていた。直接的にしろ間接的にしろ、文化の産物や制度の交流などを通して他の集団と出会うことから、人々は自分たちが何者なのかを考えるようになる。

自己と他者のあいだの弁証法的な区別のプロセスにおいて、主食が大きな象徴的役割を果たすことがよくある。例えば、小麦を食べる北インドの人々に対して、米を食べる南インドの人々という区別。あるいは昔のヨーロッパにおける、農民の黒いパンに対して、上層階級の白いパンという区別。フランスパンに対してドイツパンやイタリアのパン。一九世紀中央アフリカの、モロコシを食べるペンデ族に対して、キビを食べるムブン族(Vansina 1978: 177)。そして米――より正しく言えば、いろいろな種類の米――は、日本人が他の民族に対して自らのアイデンティティを主張するうえで大きな役割を果たしてきた。

日本の歴史は、いくつもの危機的な局面状況が連なったものである。世界史の流れがそういう局面を作り出し、それに対して様々に反応することを通じて、国内の出来事が生じてくる。こうした局面にぶつかるたびに、日本人は自己と他者の概念を通してそれらを解釈すると同時に、状況に対応して自己の概念を作り変えざるをえないこともあった。

きわめて大きくかつ持続的な衝撃を日本全体に及ぼした二つの局面があった。一つは五世紀から八世紀にかけて高度に発達した中国文明と遭遇した時、もう一つは一九世紀の後半に西洋文明と遭遇した時だった。どちらの場合も、日本人は他者の文明に圧倒され、大急ぎで熱心にそれを学び、まねようとした。中国文明に接するまで文字を持たなかった日本人は、日本語と中国語はまったく無関係な言語であったために簡単に採用などできなかったにもかかわらず、中国の書記体系を採用した。同じように、日本人は冶金や都市計画をはじめ中国文明の様々な文化、宗教、哲学を幅広く、熱心にとりいれた。さらには、中国で用いられていた「日本」(太陽が昇ってくるその基)という文字を国名に採用した。中国でそのように表現したのは、彼らから見れば、日本は水平線のむこう、朝、太陽が昇ってくるところに位置しているからだ(網野善彦との私的な会話による)。このことが意味するのは、日本人の自己という観念は、中国人との遭遇の中で生まれたということである。中国人は宇宙観のレベルではマレビトとして想定され、日本人にとって超越的な他者となったのである。

それと同時に、日本人は自らの文化や自己を守ろうともした(Pollack 1986)。天武天皇は、中国に対抗する日本のアイデンティティを確立するために、『古事記』の編纂を命じた（川副一九七八：二五三—二五四：坂本ほか編一九六七：六—一二）。その後も、日本のアイデンティティが中国のそれとは異なることを明確にするために日本人は、中国からの輸入物に「漢字」のように「から（唐）」という接頭辞をつけ、それとは対照的に、日本で生まれたものを示すためには、和、邦、日本といった接頭辞を使った。「和漢折衷」は日本と中国の組み合わせを意味したが、なかでももっとも示唆に富む言いまわしは「和魂漢才」であった。これは、日本人の魂と中国の技芸・学術の組み合わせという、それぞれの文化のもっともよいものの組み合わせを意味していた。この表現からは「魂」によって自らのアイデンティティを守ろうとする日本人の努力が分かる。後の章でくりかえし見るように、日本人は自らの存在やアイデンティティの本質として、思考力や理性や身体ではなく魂を選んだのである。

二番目の大きな局面は一九世紀にあった。三世紀にわたる「鎖国」の後に再び開国した時、日本は、科学的・技術的に長足の進歩をとげて「優越した」位置にあった他者に遭遇するという苦痛に満ちた経験をした。中国はすでに国内紛争に苦しみ、西洋の植民地主義に屈服していて、国際的な地位を失っていた。日本が自らのイメージを投影する超越的な他者として、今や西洋が中国にとって代わったのである（Pollack 1986: 53）。日本人は、西洋の科学や技術を熱心にとりいれたばかりでなく、西洋の音楽、絵画、学問から、衣服、髪型、食べもの、さらには舞踏会まで、要するにあらゆる西洋文化の要素をうけいれたのである。

さらに事態が複雑になったのは、西洋が、日本人にも東洋人《オリエンタル》というレッテルを一様に貼ったという事実に日本人が直面しなければならなかったことである。それは日本人がすべての西洋人をひとかたまりにしていたのと同じである。複雑な国際環境の中で、日本人は自らを他のアジア人――特に中国人と朝鮮人――から区別する必要を感じ、同時に、西洋からも自らを区別しなければならなかったのである。

日本の米、中国の米

同じように米を消費する他のアジア人と距離を置くために、日本人は「米の戦争」、すなわち、国内産米対中国産米の戦いを行った。両者の違いは、たんに日本の短粒米に対して中国は長粒米という問題ではなかった。

「内地米(日本人のために日本国内で作られた米)」と「外米(外国で作られた米)」という二つのメタファーが公的な言説の中に浮かびあがってきたのは江戸時代の末ころだった――海外で生産された「外米」は、そのずっと前、すくなくとも一三世紀には日本に入ってきていたのだが(Sansom 1961: 183)。純粋な日本精神を追求した国学者たちは、純粋な日本的ありかたを代表するものとして日本の米を擁護する一方で、中国の米は「劣等」であるとけなし、「それを食べる者たち」は「ひ弱で無気力」であるとした(Harootunian 1988: 211-214)。江戸時代の国学者本居宣長は、米の美しさは、他国に優越する日本で育てられたという事実から生まれると主張した(渡辺一九八九：八―九)。それは、稲穂が美しくなびく「我々」の国で育てられた「我々」の米なのだった。

中国に対する偏見によって強調されたこの区別は、一般庶民にも共有されるようになった。夏目漱石は『坑夫』の中で、最底の人間存在としての炭鉱での暮らしを「南京米も食つた。南京虫にも食はれた」と描いている。中国の米(南京米)は壁土のような味で「つるつると箸の先から落ち」るが、日本の米は「銀米《ぎんまい》」とよばれていた。日本の米は銀、中国の米は壁土、というこの対比は、日本人の自己と周縁化された外部の他者という基本的な対比の構図を示している。

日本の米、西洋の肉

日本が西洋と出会った時、米・対・肉のメタファーが、日本の米・対・中国の米（外米）のそれにとってかわった。先に述べたように日本では肉はきわめて問題のある食べものであり、だからこそ「西洋の食物」とみられた。西洋をまねることになんの問題も感じない人々は、米作を放棄して畜産を採用するよう提唱した。彼らは、日本人がこれからも米と魚と野菜だけを食べつづけるなら、肉食の西洋人たちの肉体に劣らない強い肉体を持つことは決してできないと主張した（筑波一九六九：一〇九―一一二）。さらにまた彼らは、米中心の食事を田舎の野蛮な習慣と結びつけるようになった（筑波一九六九：一一三）。西洋の模倣に反対した人たちは、米作の重要性と米の食事の優位性を強調した。しかし、米食を守った陸軍は、戦闘での負傷者数よりもずっと多い数の脚気患者に悩まされたのに対して、大麦とパンを含む食事をしていた海軍の水兵たちのあいだには脚気は非常に少なかった。脚気の原因がビタミンB_1の不足であることが分かったのは一九一〇年のことだった（松田二〇〇七：特に三二一―三三九、三七一―三七六：Takaki 1888; 1905）。

軍国主義の時期をとおして、日本の国家アイデンティティをつくり上げる際に、象徴的な意味を持つ食物が利用された。特に重要な意味を持ったのが米であった。例えば、日の丸のモチーフを利用した梅干しを真中にのせた日の丸弁当は戦時中によくつくられ、今日では戦時中の「日本精神」の象徴として時々語られる。白米の清浄さが日本人の自己の清らかさの強力なメタファーになった。第二次世界大戦の期間、日本の強力な象徴となった白米は、栄養上欠陥があるにもかかわらず、全国民の中でももっとも大切な兵士たちのためにとっておかなければならない食物であった。国家は、国内産米が不足していることを利用して、兵士以外の国民に対して、戦争に勝てば外米ではなく国内産の白米がたっぷり食べられるのだから、勝利のためにさらに働こうと呼びかけた。

中国から入ってきたものが接頭辞「から(唐)」で印づけられたように、西洋からもたらされたものには、「和食」に対する「洋食」のように、しばしば「洋」の字がつけられた。

「洋食」はしだいに日本の食生活を領するようになったが、だからこそ一方で、和食もまた目覚ましい返り咲きをとげた。伝統的な和食を特徴づける核心は言うまでもなく米である。相変わらず「主食」とされて、そこに「副食」である料理が添えられる。高級な日本料理ではその副食のほうに力を入れてはいるが、少量のご飯は、最後にどうしても欠かせない一品である。和食を和食たらしめるのは米である。現代の日本で人気メニューである和風ステーキは、白いご飯といっしょに供されるステーキであるが、このように、外国からきた多くの料理が「ライス」を添えることによって日本化される。日本での米の量的重要性が低下していることは消費量の減少に明らかにみてとれるにもかかわらず、米は象徴的「主食」である。

カリフォルニア産短粒米と日本産短粒米

一九九三年秋、アメリカのクリントン大統領は、重要な産品の市場開放を求めて、まず手始めに、象徴的な意味を持つものとして、日本の米市場を開放させようとした。その年の日本は冷夏のせいで米の収穫量が激減していた。太平洋をはさんで展開された「大芝居」に世界中が注目した。外国産米の輸入については、韓国国民のほうが日本以上に強硬に抵抗していたのだが、世界の注目は日本の抵抗のほうに向けられた。日本から持っていった種籾から栽培されたカリフォルニアの米は、日本国内で栽培されたものとまったく同じで、しかもずっと安いという明らかな事実にもかかわらず、日本人が国内産の米に執着しているとして、アメリカのマスメディアは日本人を「外国恐怖症《ゼノフォビア》」と揶揄した。

クリントン大統領も細川護煕首相も、目はそれぞれの国内事情に向けたまま、この芝居を演じ続けた。日本では大半の政治家が米の輸入は不可避であることを分かっていたが、農村部の票を失うことを恐れたからである。通産省と日本企業は、それまでの数十年間、米の輸入を強く求め続けてきた(Calder 1988: 231)。貿易不均衡から日米間に生じた緊張を緩和し、日本のハイテク製品の輸出を促進するためには、米の持つ象徴的価値を犠牲にしてもよいと考えていたのだった。

政治家たちが票のために「芝居」を演じている一方で、カリフォルニア米の数倍の値段の国産米を買わされてきた日本の消費者が、輸入反対運動に積極的に参加するようになった。そして、農家や農業協同組合の人たちの言い分に、理由は異なるのだが、同調するようになった。たしかに、日本の短粒米は中国の長粒米とは異なっているし、また米は肉とは明らかに異なっているのだから、少なくともそれらは、「我々」を「彼ら」から区別する明らかな物質的象徴である。しかしカリフォルニア米については、国内産米と一見同じであったので、市場開放に反対する人たちは別の戦略を必要とした。彼らのレトリックは「自己としての米」や「我々の国土としての水田」といった言葉で表された。すなわち、水田は貯水池となって土壌と地下水を保全し、空気と水を浄化し、国土を美しくする、日本に欠くことのできないものだ、というのである（井上一九八八）。それに対して、カリフォルニア米はアメリカの水田で育ち、「彼ら」の空気、土地、水にとって役立っているのであって、「我々」のそれに役立っているわけではない、と。

皮肉なことに、これこそが日本の米というべき単一の日本種米は存在していない。日本の農民は自然播種を行い、それぞれの農家が独自に翌年のための種籾を選び、貯蔵してきた。そうすることで日本人は、歴史のほとんどの期間を通して何千種という米を育て、消費してきたのである。ようやく近年になって、稲作が最後に浸透した地域である東北地方で栽培されるようになった二品種（コシヒカリとササニシキ）が、一九八〇年代後半では日本の代表的な品種として認識されるようになった（『日本経済新聞』一九八九年二月一二日）。つまり、この二品種がそうなったのはほんの二、三〇年前なのである。さらに、先に述べたように、日本の米はつねに国外産米の存在を前提にしてきたのであって、外国の米がなければ国内産あるいは日本産の米という概念もなかった（大林一九七三：宮田一九九三）。

国内産米だけに依存する自給自足の体制がしばしば重要視されてきた（大島一九八一：四〇）。米の生産における自給体制の維持が国の食糧管理法のほとんど唯一の重点であった（統計研究会食糧管理史研究委員会編一九六九：四）。一九九三年に用いられたメタファーとしてはそのほかにも、「生き血」としての米（Yamaguchi 1987: 40）、「生命線」としての米、「最後の聖域」としての米（『神戸新聞』一九九〇年七月六日）、農林水産相が使った「最後の砦としての米」（『朝日新聞』一九九〇年六月二七日）などがある。米の輸入反対派は、外米は殺虫剤や加工処理の化学物質で汚されて不浄であるとした。日本の米も化学肥料と無縁というわけではなかったのだが。

全大阪消費者団体連絡会などの消費者団体が、外国産米の化学物質の検査に熱心に関わるようになった(下垣内一九八八：七六―七八)。個人の消費者でも、特に女性が、「(外国産米が)怖い」と新聞に投書した(『朝日新聞』一九九〇年一月二三日)、「ポストハーベスト・ケミカル」という英語が日常会話に入りこむようになった。ある消費者団体は、外国産米の袋に虫を入れて、残留殺虫剤によって虫がどれくらいの時間で死ぬかという実験までしてみせた(『朝日新聞』一九九三年一〇月三〇日、一一月一七日)。すべての輸入米についてその加工法を調査するように政府に要求する人たちもいた(『朝日新聞』一九九三年一〇月三〇日、一二月一二日)。さらに消費者は輸入米と国内産米とを混ぜるという政府の計画にも反対した。

一九九三年一二月一五日、細川首相が、日本の将来の利益のために、六年にわたって、最低でも年間消費量の四―八％(四〇万―八〇万トン)の米を無関税で輸入することを認める、と発表した。暴動は起こらなかった。日本のマスメディアはその関心を選挙法改正や売上税・消費税といった問題にすばやく切り替えた。

一九九四年初頭、消費者や衆議院の女性議員たちの反対を押し切って、政府は(外国産米と国内産米の)ブレンド米を推進することになった。マスコミは国内産米を備蓄しようと消費者たちが行列するようすを報道した(『朝日新聞』一九九四年三月一一日)。しかしその翌年は米が豊作で、この状況もすぐに過去のものになった。

カリフォルニア産米をめぐるこれらの動きを通して、日本人の米消費に対して誤ったイメージができあがった。つまり、日本人は昔から「外米」も食べてきたのに、ＧＡＴＴ(関税・貿易に関する一般協定)

ウルグアイ・ラウンドが歴史上初めて、日本に米の市場開放を強制するというイメージができあがったのである。この芝居のシナリオでは、クリントン大統領は、一八五三年に日本にやって来て外国貿易への門戸を開くよう強要したアメリカ海軍のペリー提督の役回りを演じたのであった。大昔、中国に対抗する言説の中で初めて構築された日本人の自己が、それから何世紀もたった一九九三年の米輸入問題において、アメリカとの関係の中で、日本の自己認識として再びくっきりと浮かびあがったのである（一九九三年の米輸入問題について詳しくは Ohnuki-Tierney 1995 を参照）。

結　論

米の象徴性がたどってきた歴史的プロセスを追うことで、象徴的構造というものが政治経済との複雑な関係を取り結んでいることが検証できる。歴史上のほとんどの時代に、国家は、米の象徴的意味と美的価値が経済を支えるように、強力に干渉した。この象徴性の強さはほとんどその美的価値に由来するのであり、その美的価値は国家によって創られ、維持されたのかもしれないが、やがて自然化され、人びとに伝わっていった。一九九三年の米輸入問題は、日本人の自己の象徴としての米がいまだに人びとに強く訴えるかけることをはっきりと示した。米の持つ重要な象徴性は、米作専業農家がほぼ皆無となった現代日本において、天皇制や米作それ自体より長く生きながらえているのである。

農業――特に主食の生産――に国が干渉すること、あるいは主食の象徴的意味――特に集団的自己の象徴としての意味――に国が干渉することついては、種々の社会においても多くの類例がみられるが

（第四章を参照）、象徴システムと政治経済との関係は、そのどちらも自然史的なプロセスではないために、考察するさいには十分な注意が払われなければならない。

「清浄であること」は、日本の農業民の宇宙観において米に付されたもっとも重要な美的価値であって、この価値が日本人の崇高さに転換された。しかし「浄」は「不浄(穢)」を前提とする。主流をなす日本人は、内なる他者と外なる他者に穢れを付すことによって、自らに清浄の価値を与える。「外米」が「不浄」であるという意識は、今日に至るまでアウトサイダーに対する武器となっている。一方、「不浄」は獣の殺害に関わる仕事に携わる日本人にも付された(内なる他者)。このようなスケープゴート化は、支配的集団が自らを浄化するための常套テクニックである。ドイツ人は、反ユダヤ主義のヒトラー崇拝において、ユダヤ人に「自らの悪行の重荷を背負わせることによって、文字どおり自分たちを清めた」(Burke [1945]1969: 406–7)し、イタリアの未来派の中心的スローガンは「清潔」だった(Marinetti 1909)。民族浄化の観念が今なお力を持っていることは、旧ユーゴスラヴィアの例をみても明らかである。

本書の狙いに照らして言うならば、米は、コミュニケーションの不透明性を生みだすまったく別の道筋を明らかにするものである。米の象徴性は、清浄という美的価値を日本人全体に染み込ませたが、じつはその象徴は、支配的な日本人――農業社会日本の上位集団――しか表象しておらず、非農業民を排除していることを隠している。それでも、この表象から除外されている人たちも含めて、ほとんどの日本人はそのことに気づいていない。専業米作農家が事実上消滅してしまい、米の比重が大きく下落してしまった脱工業化社会日本においても、「自己としての米」というメタファーは、そこに日本人の一面的な自己表象が生きていることを示すばかりか、一九九三年の米輸入問題のように、他者が圧力をかけてきた時には強力に立ち現れた。米の象徴性は、表象のいちじるしい偏りを隠すものとして機能する、コミュニケーションの不透明性の一つの例である。

第Ⅱ部

集団的アイデンティティとその象徴表現

第四章　集団的自己と文化的／政治的ナショナリズム

——比較的視座より——

ここまでの各章で私は、特定の象徴の長い期間にわたる変遷を検討し、それぞれの象徴が意味の伝達においていかに不透明性を生み出したかを明らかにしてきた。本章でも引き続き、象徴がいかにその指し示すものを覆い隠し、歪めて表象するのか吟味していく。本章でとりあげる事例はナチス・ドイツと大日本帝国においておもに体制のプロパガンダに表現された集団的自己である。本章で「アイデンティティ」の語をほとんど単数形で用いるのは、集団的自己がもっぱら単数の属性として表現されるからである。もっとも、別の「他者」と出会うと、また別の属性が選ばれることはありうる。個人は常にエスニシティ、国籍《ナショナリティ》、人種、ジェンダー、年齢など複数のアイデンティティの束として生きており、そのいずれが前面に出てくるかはどのような他者と出会うかによるのだが、私はここでは集団的なアイデンティティに焦点を当てる。

「アイデンティティ」の語があまりに多くの概念を包含するがゆえに分析的な有用性を失ってしまっていること(Brubaker and Cooper 2000)、またグローバル化が押し寄せるなかでその語の有用性が失われたと考える者たちもいることを考慮に入れたうえでなお、私はむしろ集団的アイデンティティのさらなる研究が必要であると考える。集団的アイデンティティを、歴史を通じて変わることのない密封された単数形の存在とせずに解釈していく方法を洗練する必要があるのだ。日本とドイツで集団的アイデンティティの感覚が高まったのは、彼らが他者による脅威にさらされた歴史上の特定の時期であった。グローバルな力は単一の「地球村」やグローバル・カルチャーを生み出しているのではなく、むしろ地域的《ローカル》なアイデンティティを強化している。グローバル化のゆえにこそ、エスニシティとナショナリズムが強烈に台頭してきた(Tambiah 1996a)。集団的アイデンティティの研究を放棄してしまうことは、私たちが今日世界中で目にする民族的、宗教的、国民的アイデンティティの強烈な存在を無視することになる。このような現象はソヴィエト連邦の解体のはるか以前から起こっており、カール・マルクスが『共産党宣言』の中で信じていたように、ナショナリズムとは反動的ブルジョワ・イデオロギーであり、「国家間の差異や民族間の対立は日々消滅しつつある」(Marx and Engels [1852]1989: 26)などと考えるのは間違いだったことが証明された。地政学的な力学は決して一方通行に働くものではない。グローバル化の風が強く吹く時、それに対抗する風もまたさらに強く吹き荒れるのであり、メキシコ人に対するアメリカ合衆国の壁や、あらゆる空港のセキュリティチェック、ヨーロッパや日本や合衆国の移民政策などにみられるように、国境の取り締まりは強化されている。すでに多くの識者によって指摘されているが、マクドナルドの黄色のMの字によって、同質化された世界文化が創出されるどころか、地域的／民族的／国民的文化は強化され、彼ら自身のアイデンティティはより強固なものとなっている。今日、EUとその構成国家は、一方では新しい移民に直面して「彼ら」自身のアイデンティティと格闘し、また一方ではアメリカの文化的、経済的、政治的ヘゲモニーの圧力と格闘している。ピーター・ゲシェールは、アフリカ人とりわけカメルーン人が自分たちの帰属の象徴的かつ感覚的な次元としての土着性《オートクトニー》（土から生まれたもの）――複雑だが強固なアイデンティティの感覚――を持っていることを強調し、それを「グローバル化の裏の顔」とみなしている（Geschiere 2009: 155–157）。

　本章で探求するのは、アイデンティティの複雑さとその歴史的変遷、固有の非一貫性、内的矛盾、そしてとりわけ、「我々」という一見したところ単一のものに思われる表象が覆い隠している歪みである。集団的なものには宗教的集団もあれば民族的集団もあるが、私が取り上げる事例は主に、国家《ステイト》に所属する人々、ないしは国《ネイション》の集団的自己である。国家とは政府・国土・主権などいくつかの特性によって定義される政治的単位であり（Young 2012: 35）、国とは国家の境界線によって囲まれ、お互いに文化や社会を共有していると信じつつ「想像の共同体」を構成する人々からなる非政治的単位であり、その構成員たちは直接顔をあわせることはなくとも、お互いのつながりを「想像」しつつ暮らしている[1]（Anderson [1983]1991: 6; Young 2012: 41）。一般的な語法では、ステイトとネイションの厳密な区別はしばしば無視され、「国際連合《ユナイテッド・ネイションズ》」の語にみられるように「ネイション」が最も頻繁に使われるが、それを私も踏襲することにする。ジョン・ケリーとマーサ・カプランが強く主張した重要な論点（Kelly and Kaplan 2001: 3–4, 8–9 など）は、これらの語やそれに伴う概念は「均質で空虚な時間」（Benjamin [1950]1968: 261）の中を整然と進んできたわけではなく、欧米の学術研究においては、人種や植民地化、脱植民地化などの認識と関連しつつ解釈されるべきだということである。

　集団的アイデンティティを考えるうえで決定的に重要なのは、それが自己と特定の他者が出会う接点において発生するということである。つまり、その特定の他者こそが集団的自己の形成と再形成を余儀なくするということである。自己－他者の出会いは、交易やその他の諸集団・モノ・思想の移動を通じて起こる。例えば、日本の集団的自己は中国との交渉の中から生まれてきた。中国の進んだ文明によって、日本人はそれまで一貫しなかった自分たちのアイデンティティを再定義することを迫られたのである。日本人はもともと外来の食物であった米を彼ら自身のものとして選びとり（第三章参照）、また中国の梅の花の美意識から日本人固有の桜の美意識に移っていった（第一章参照）。これは日本や中国が国家《ステイト》となる以前に起こったことであった。

それぞれの社会集団は多くのアイデンティティを持つが、その当時の社会的な、あるいは世界の地政学的な文脈の中で現れてくる特定の「他者」の存在に応じて、一つのアイデンティティが選ばれる（大貫二〇〇三：二四五―二五四）。クロフォード・ヤングは、アフリカ人のアイデンティティは三層の螺旋形で捉えられると指摘している（Young 2012: 291-333）。第一に、非アフリカ人に対するアフリカ人、第二に、アフリカの諸国民相互の間の領土的ナショナリズム、それぞれの国内部のエスニシティという三層である。この三層のアイデンティティのうちの一つが、一定の社会的文脈の下でそれぞれの社会集団の集団的アイデンティティとなる。同様に、例えばスペインの王政は、伝統的に「憲法に基づく多元主義を中央集権的王政に結び付ける」ことで成り立つ「超国民的共同体《スーパーナショナル》」（Elliott 1985: 155）に依拠しており、この「崩壊した帝国」の遺産の影響は今日でも続いているという説がある（Elliott 1985: 159）。バスク地方やカタロニア地方やガリシア地方の人々は二重のアイデンティティ――スペイン人としてのアイデンティティとその下位集団のアイデンティティ――を持っているわけである。二〇〇四年のヨーロッパ憲法条約以後、それにはヨーロッパ共同体のメンバーとしてのアイデンティティがもう一つ「付け足され」た(Balfour and Quiroga 2007 参照)。したがってバスク人はカタロニア人やガリシア人、あるいは多数派のスペイン人と対立する際にはバスク人であるが、ヨーロッパ共同体の他の国民と対立する際にはスペイン人であるということになる。

集団的アイデンティティの象徴的表象

アイデンティティというものは、「想定された所与と考えられたもの」に基づいて社会集団の一体性を表現する特定の性質や特徴に関わって定義されるものである(Geertz 1973: 250–269; Tambiah 1996a: 22)。集団的自己の実例は、自己のアイデンティティにとって安定していると想定された実質や、意味の曖昧さがなく、永続的なものを表象している。以下で私は、象徴が自己を表象する際にいかに選択的に働くか、しかし同時に、そうやって表象されている人々がこの事実にいかに気づかないかということに特に力点を置きつつ、集団的アイデンティティの象徴的表象の性質を論じる。よって本章は「米と日本人の集団的自己」の第三章に続くかたちで、象徴的表象の選択性についての総合的な議論を提供する。

血と土は、集団的アイデンティティの象徴としてよく見られるものである。どちらも多くの国でアイデンティティの法的属性となり、また政治的ナショナリズムの象徴ともなっている。事例を見ていくと、血も土も確固たる歴史的・民族誌的根拠を持たないにもかかわらず、いかに人々がそれをリアルなものとして感じているかが明らかになる。法的な市民権に関する集団的アイデンティティの象徴で最もよく見られるのが出生地主義(ラテン語で jus soli、つまり土の権利)と血統主義(ラテン語で jus sanguinis、つまり血の権利)である。集団的アイデンティティの象徴としての土は土着性《オートクトニー》の表れであり、多くの民族が法的あるいは非公式の自己アイデンティティの特徴の一つとして土着性を選ぶ。ゲシェールは『帰属という災禍』の第一章で、古代アテネ人から「帰属」感覚の増幅しつつあるグローバル化時代のアフリカ人やヨーロッパ人までを概観し、土着性にまつわる様々な考え方を検討している(Geschiere 2009)。

フランスでは、「血」と「土」というアイデンティティの象徴的属性はどちらも、フランス史上の種々の時期にフランス市民権の法的基礎となった。もともと、フランス革命以前の旧体制下における血統主義(le droit du sang)にかわって出生地主義(le droit du sol)が導入されたのは、ナポレオンが一八〇四年に制定した民法によってである。よってこれは、旧体制下で貴族階級が握った権力と訣別するためのイデオロギー的な戦略だったといえる。ところが、まずは産業革命中の一八五〇年代に、続いて第一次世界大戦(一五〇〇万人が死亡し、二〇〇〇万人ほどが傷害を負ったとされる)の後に、労働者の要求が高まりをみせると、経済的な状況に対処するために民法を改正する必要に迫られた。一九二七年から一九三八年までの間に、フランスでは年平均三万八〇〇〇件の帰化が許可され、一九三八年だけで八万一〇〇〇件にまで達した。この流れを逆行させようとする試みが唯一起こったのがヴィシー政権の時で、一九二七年に制定された法律を寛大すぎるとして四五年に廃止し、三五年にドイツで制定されたニュルンベルク法に倣ってユダヤ人にフランス市民権を与えないこととした(Pecheur 2002/2003)。帰属をめぐる法は人口動態学的・経済的・政治的文脈の容赦ない現実に順応することを強いられた。血統主義は、フランス人の血を引く者がフランス人としてフランス領外でも住むことができるという点で個々人を空間的な制約から自由にしたが、一方で、国境の内側に暮らす「然るべき血筋」を持たない人々を排除した。現在、非常に問題にされているフランスやその他の国のイスラム教徒が、これらの問題の種々の面を再検討するよう要求している。

また、「血」ないしは「土」というアイデンティティを引き継ぐやり方は、両親の属する国土や、両親に流れる血が異なる場合に問題を引き起こす。さらに、宗教的共同体や国民共同体の各々が、血縁集団を統治するそれぞれのルールを持っており、それが今日では、ジェンダー間の平等を求めるグローバルな圧力にさらされるようになった。そのいい例が日本で、父系で引き継がれる血統主義を改め、母親でも自分の市民権を子供に引き継げるようにせざるを得なかった。

フランス市民権の事例が示しているのは、非常に基本的なイデオロギー的な立場と、歴史的・地政学的現実との間で繰り広げられる戦いのダイナミクスであると言っていいかもしれない。もし集団的アイデンティティの象徴としての「血」が現実から乖離しているというのであれば、「土」という象徴もまた同様である。土着性が強調される時、人々が「我々の大地」に太古の昔から住んできたことが暗示されるが、「我々の大地」を生み出すのはたいてい、人々の能動的な行為なのである。日本人にとって「我々の大地」である「稲田」は、水田農耕にもとづく政治経済を強化しようとする天武天皇以来の朝廷によって構築されたもので、もともとの土地を日本人が「我々の大地」とはみなしていなかったのである（第三章参照）。「我々の大地」が創造されたもう一つの例として、日本の軍国主義政権が植民地に桜の木を植樹したことがあげられる——それは、彼らの大地を我々のものに塗り替える行為だったわけである（第一章参照）。ヤングが「領土的ナショナリズム」と呼ぶものによって「我々の大地」が取得される事例はいくらでもある（Young 2012）。戦争を含む様々な紛争によって世界地図は延々と書き替えられていくのである。こうしたことはアフリカ、ヨーロッパ、アメリカ大陸などでくりかえし起こった。「自然」――集団的自己が都市化や外国の影響に汚されておらず元始の純粋さを保っている状態――は元始性のメタファーとして有力である。自然は、集団の自己が空間的かつ時間的に同一であることの象徴である。自然を表象するものには山や平原や湖などがあるが、耕された土地つまり農地もまた、しばしば「我々の自然」とみなされる。自然に対する希求は、都会人が自然を代表すると考える田舎への希求へとつながる。ジャン＝フランソワ・ミレーのほし草の山や、江戸時代に都市化しつつあった日本において錦絵に描写された水田にみられるように、多くの社会において都市化によって「田舎」を構築する必要性が新たに生み出されたのである(Newby 1979; Williams 1973)。近代化は人々を元始のルーツ――自己の純粋な状態――を田舎や農業の中に探すことへと駆り立てた。農業とは、木々を切り倒して栽培植物を植えるということで、自然の完全なる除去を引き起こした人類の歴史上最大の出来事であるにもかかわらず、である。

「我々の大地」という考え方は、それが生み出すもの――そこから生えてくる植物性食物やその草を食む動物たち――つまり「我々の食糧」につながる。「我々の食糧」は定義上、ベネディクト・アンダーソンのいう「想像の共同体(imagined community)」のすべての成員が分かち合うとされる。したがって、その社会の成員は、共食の習慣のように一緒に食事をしていなくても、「我々の食糧」によって肉体のレベルで一つに結ばれているのである。したがって、我々の食べ物は、彼らの食べ物との対比において自己を表す指標である。この目的のために「主食」はしばしば強力な役割を果たしてきた(第三章参照)。

今日の消費者は、化学薬品や病気を引き起こす物質に汚されていない純粋な自然の食べ物を求める。植物性食物だけが人体にとって健全なはずの自然食物と考えられている。魚、乳製品、肉に関しては、消費者は元始の自然が保たれた生産地を探す——魚の棲む澄んだ水、「我々の土地」に生える草だけを食む牛たちがいる緑の牧草地、そして柵なしで自由に動け、植物性のエサだけを食べた雌鶏から生まれる卵など。

脱農業、脱工業化を果たした国にとっては、農業と牧畜を包摂する田舎が象徴的に重要であるため、それが、旧ＥＥＣ（ヨーロッパ経済共同体）やＥＵなどの国際組織による農業上の保護主義や農家助成政策の一因ともなっている。ＥＣの創成と発展が妨げられたのは、共通の農業政策に合意することができず、国によって異なる補助政策のもとにある食物をＥＣの共通の金融システムで統一するのは無理だったからである。ＧＡＴＴウルグアイ・ラウンド交渉が最も難しい局面を迎えたのも、農業政策に関する意見の不一致のためであった（Ohnuki-Tierney 1993a: 124–126; 1993b）。

文化的／政治的ナショナリズムと愛国心《パトリオティズム》

他者と対比して集団的自己のアイデンティティを把握することは、「我々」とは誰かを再確認するために重要だが、一方で、文化的・政治的ナショナリズムへとたやすく変じやすい。ナショナリズムについての膨大な研究において長らく問われてきたのが、ナショナリズムをいかに定義するか、またナショナリズムにはいくつかの種類があるのかどうかという問いである（Gellner 1983: 88–109 参照）。この点に関して最も重要な論争の一つは、ナショナリズムの展開と近代性／近代化の関係をめぐるものだ。近代化はマスメディアとプロパガンダの時代の牽引役を果たした故、本章のテーマにとって重要である。

大まかにいって二つの陣営がある。一方の陣営は、ナショナリズムの登場を直線的な歴史から引きはがそうとする。(2)もう一方の陣営は、人間の歴史に直線的な進歩を見出し、その中で近代性／近代化は「最も進んだ」段階にあり、ナショナリズムは近代性の本質部分であると考える。ベネディクト・アンダーソンは、ナショナリズムは歴史的産物であるとして、過去からの三つの足枷が崩壊した後にのみ登場すると考えた（Anderson [1983] 1991: 36）。一つめの束縛は真理への道としての聖なる言語の足枷、二つめは王の治世という足枷、三つめは宇宙観と歴史の区別がつかない状態という足枷である。アンダーソンによれば、これらの足枷の崩壊は、出版資本主義、口語の発達、そして時間の捉え方の変化によって引き起こされた。アーネスト・ゲルナーは、アンダーソンのような構築主義者を遠慮なく批判したものの、やはり直線的に進歩する時間枠という考えを採用した。国家とは、平等を確立させ、ヒエラルキーに基づく社会から遠ざかることによって生成発展すると彼は考えた。ゲルナーにとって、「ナショナリズムとは……深い、内面化された、教育に基づく高度な文化に根差し、各々の国家によって保護された新しい形態の社会的組織のもたらしたものである」（Gellner 1983: 48; ゲルナー批判の一例として Hall ed. 1998 を参照）。

私も含めてこうした見解を批判する人々は、その源泉に、西欧の歴史的発展を前提とした直線的な社会進化論の見方があることを指摘する。西欧では、啓蒙主義哲学と歴史的な「進歩」によって、中世の存在論という重荷が脱ぎ捨てられ、近代性が生まれた。(3)後で詳しく論じる日本のケースは、直線的な発展という見方とほとんどあらゆる点において矛盾するような近代化の道筋を示す。多くの学者がて使い、社会経済的・社会政治的・技術的発展を指す語としての「近代化」と対比させる。

私は文化的ナショナリズムと政治的ナショナリズムを区別する。前者は自身の国に親愛や愛着を感じる個々の成員が自発的に抱くものである。例えば、ロシア人が白樺に覆われた母なるロシアの大地に対して感じる深い愛情や、ドイツ人が樫の木の生えた父なる大地に抱く愛などである。一方、愛国心は、兵役など自らの命を犠牲にすることを含めて、国への愛に基づく献身の行為を伴うものである。

政治的ナショナリズムは、国家によって編成され、「イデオロギー」すなわち「権力を裏書きないしは明示するために形成された統一的な構想や設定」(Wolf 1999: 4)を広めようとするものである。私たちはたいてい、プロパガンダによって国家の国民へのメッセージが広められると考えるが、ドミニク・ボイアーは言葉の比喩的用法(tropes)についての研究で、「社会的行為者にとって、自身の意味論的－認識的活動は、他者との対話にさらされており、問題となっている比喩の意図や意味はこの他者によって様々に構成され得る」ことを指摘している(Boyer 2005: 38)。ＤＤＲ(ドイツ民主共和国(旧東ドイツ))の記録を注意深くひもといた彼の研究により、役人たちがいかに「多義性 polysemy を除外することに成功しない」か、そして、いかに「自分自身の知的な行為主体性の限界に敏感である」かが明らかとなる(Boyer 2005: 147)。にもかかわらず、本書では国家イデオロギーの象徴を検討することで、国家がいかに自己を提示し表象するかについて、多くのことが分かってくる。

政治的ナショナリズムの象徴──ドイツと日本

私は、第一次世界大戦の終わりから第二次世界大戦終結までの時期を選んで、ドイツと日本のプロパガンダにおける政治的ナショナリズムの象徴表現について論じるが、ソヴィエト社会主義連邦とファシスト・イタリアにも言及する。この時期、国家による集団的自己表象の必要性が高まり、数々の支配的な象徴が配備されたのである。これは各国が、世界大戦および目のくらむような近代化と格闘した嵐のような時代であった。近代化によって基本的な技術的・経済的・社会的・政治的変化が起こり、また軍事技術の進展によって武力衝突における基本的な変化がもたらされた。第一次世界大戦の塹壕戦から、主に空中で戦われた第二次大戦へと至る変化である。技術的な発展により、国家内部の異なる地域に暮らす国民の統一が促された。人もモノもかつてないスピードで動くことができるようになった。軍事的にも、それ以外の面でも、近代化こそが命脈であった。したがって、ヨーロッパの独裁者たちは、近代化の象徴を前面に押し出すことで、それが彼ら独裁者から国民への賜物なのだと人々の心に刷り込もうとした。日本ではこの過程は一本線で行かなかった。というのも近代化とは、日本が他者から取り込まなければならなかったものだからだ。独裁主義的国家にとって、大衆の動員、つまりジョージ・モッセの言葉を使うなら「大衆の国民化」には、死活的な重要性があり、その主要な媒介手段はプロパガンダであった(Mosse 1975)。独裁主義国家の中ではソヴィエト連邦は政治的プロパガンダの最初のモデルを提供したことが知られている。ドイツでは、その過程は国家の肝煎《きもいり》で組織され、ヨゼフ・ゲッベルスが一九三三年三月一三日に設立された国民啓蒙・宣伝省の長として活躍した(Evans 2005: 121)。ゲッベルスは主に、国民の間に彼の「文化的革命」の構想を植え付ける役目を負っていた。日本では、宣伝省は存在せず、国民自身がより積極的にプロパガンダ創造に参加した(Kushner 2006: 3)。

国家のプロパガンダの目的は、政治的ナショナリズムを国民の愛国心へと転化させることである。私は「愛国心」という語を、国民や国家や政治的単位に対する個人の忠誠や献身を指す語として用いる。それは積極的に個人によって担われる「政治的帰属」である。(4)分析上、ナショナリズムと愛国心《パトリオティズム》を区別することが重要なのは、単に上からの政治的イデオロギーとそれが草の根でどう受容されるかを峻別するためだけでなく、いかに国家《ステイト》によって、政治的ナショナリズムが個人の側で自発的に起こる愛国心であるかのように偽装されがちであるかが明らかになるからである。またそうすることによって、ホラティウスの古典的なフレーズ「自国のために死ぬのは甘美で正しいことだ」と人々によりはっきりと感じさせるようにするメカニズムを特定するのに役立つからである。国家がプロパガンダを用いる目的は、兵士たちの愛国心を強固なものとすることで、彼らが死を恐れず、国のために死ぬのは最大級の名誉であると信じさせるためである。(5)

マスメディアはすでにドイツ、日本などの近代国家に浸透していた。大量印刷は一九世紀半ばに始まった。ラジオは、現在の「ラジオ」と呼ばれるかたちになるまでに多くの人が関わり、一九二〇年にアメリカのピッツバーグで商業化された。これらの近代国家は、ラジオ、演説用の拡声器、新聞、雑誌、写真、映画、ポスター、切手、貨幣、小説、詩、絵画、彫刻、そしてまた記念碑、建物、銅像まで、幅広いメディアをプロパガンダのために選択的に利用した。どのメディアに力点を置くかは国家によって異なったが、これには識字率が関わっていた。ソヴィエト連邦・イタリア・中国と違って、ドイツと日本では市民の識字率が高く、国家が印刷メディアを広範に利用し、非常に発達した学校制度をイデオロギー的な教化のために活用することができた。日本では公共の空間が限られていたが、ソ連・イタリア・ドイツでは対照的に公共空間の存在によって式典、集団行進、マーチ、パレードが可能となり、広大な広場やプラザで指導者たちが演説を行い、権威主義的な指導者たちの銅像が建てられた。もっともヒトラーは、ソヴィエトの指導者たちのように自身の銅像を建てさせることはなかったが。

それと同じくらい、聴覚に訴えるプロパガンダ、とりわけ演説と音楽は、これら多くの国家で重要なものとなった。ラジオによって国家のメッセージが伝達された。ドイツでは一九三九年半ばまでに、七〇%以上の世帯が、「国民ラジオ／人民の受信機（Volksempfänger）」と呼ばれるラジオ受信機を所有していた。受信機は合計七〇〇万台以上製造されたという（Evans 2005: 133-135）。日本では一九二五年にラジオ放送が始まり、その年に三つの放送局が設立された。第二次世界大戦中、全国放送は常にそれが大本営発のものであるという宣言から始まった。戦争の末期になって、日本はすでに急速に敗北に向かっていたにもかかわらず、こうしたラジオ放送ではバラ色の戦況を伝え続けた。ドイツのラジオ放送がヒトラー自身の演説を盛んに放送したのとは異なり、天皇による演説は、一九四五年の八月一五日の日本の無条件降伏まで、一度たりとも放送されることはなかった。

ナチス・ドイツはリヒャルト・ワーグナーやヨハン・セバスチャン・バッハの音楽を広く利用したが、ユダヤ人の家系であったフェリックス・メンデルスゾーンを利用することはなかった(6)。大衆歌、民謡、童謡、学校唱歌はプロパガンダの強力な道具であった。ナチスがプロパガンダの媒体としての音楽に与えた圧倒的な重要性は、ドイツにおける音楽の文化的価値に由来しており、「ナチス音楽」のようなものが創出されたわけではなかった（Potter 2006）。明治時代の初めに日本に西洋音楽が紹介された時、日本人はほとんど突然に自分たちの伝統的な旋律パターンを捨てて西洋の旋律を愛用し、政府はアメリカ式の音楽教育を取り入れた。一八八〇年以降、音楽は戦争遂行のための強力なプロパガンダ手段となり、「天皇」(どの天皇と指し示すことなく)への称賛や、戦争の賛美に満ちた歌詞が歌われた(大貫二〇〇三：一三〇—一四二)。

日本には大人向けや子ども向けの漫画の長い歴史があるが、今日の観点からすれば注目すべきことは、真珠湾の攻撃がアニメーション誕生のきっかけとなったのである(詳細は後段を参照)。第二次世界大戦中、アメリカ合衆国でもまたアニメーションがプロパガンダに利用された。例えば、「水兵ポパイ」は一九四一年に制作された『マイティ・ネイビー』の中で白い制服を着たアメリカ海兵隊員に変身していたし、ミネアが指摘したように、ドクター・スース(米国の漫画家、児童文学作家)もまた「戦争に行き」、丸眼鏡をかけた細目の日本人のカリカチュアを描くようになった(Minear［1999］2001)。

しかし、近代化の指標——飛行機、車、電車、トラクターなど——は、ある国民固有の達成を表象するものではないため、様々な「伝統」の象徴を用いて自分たちの「独特さ」を提示することが必要となった。ナチス・ドイツも戦時中の日本も、プロパガンダにみられるように、それぞれ自国の自画像を構築し、伝統を再確認することと、近代化を強調することのあいだの微妙なバランスを保とうと骨折った。自己表象の一部としての近代化は、日本にとって難しい問題を引き起こした。というのも、近代化はほとんど完成した姿で西洋から導入され、しかもその時期日本は西洋列強に対抗しよう、さらに言えば対決しようとしていたのである。したがって、ヨーロッパの諸国家が自分たちの近代化と文化的アイデンティティを心おきなく並べることができたのに対して、日本は、例えば戦艦名を古代日本にちなむ言葉で名づけたり、集団的自己の提示にあたってより伝統に依拠したりして、自らの近代化を日本化しなければならなかった。以下では、ナチス・ドイツと日本のプロパガンダについて、それぞれの元始的自己像と近代的自己像に注目しつつ論じたい。

ナチス・ドイツ――元始的自己像と近代的自己像の同時表象

一九三四年製作の『意志の勝利（Triumph des Willens）』は、「全時代を通じて最も優れたプロパガンダ映画」（Strötegen 2008：1, 14）とも称され、製作者レニ・リーフェンシュタールは戦後それを否定したものの、政治的プロパガンダの見事な実例といえる。一九三四年にニュルンベルクで行われたナチ党の党大会を讃えるこの映画は、総統（Führer）の依頼で製作され、宣伝相のゲッベルスの支援のもと、リーフェンシュタールが作製したものである。

映画の中心的な主題は、ヒトラーのドイツに捧げる国民の犠牲であり、ドイツの集団的アイデンティティは、近代的な象徴と元始的な象徴を並列することで表象されていた。このテーマは、驚くべき体系性をもって切手やポスターといった他の媒体でも再現された。一週間にわたるナチ党の党大会は、ニュルンベルクのツェッペリン広場において開催されたが、これはヒトラーの右腕アルベルト・シュペーアによって建設されたものだった。隊員や兵士が配備されたルイトポルト・アリーナと呼ばれる敷地は、その突き当たりが戦没者記念堂――第一次世界大戦で戦死したニュルンベルク出身の兵士一万人近くの追悼施設――となるよう設計されていた。

映画は全編にわたって、力強い視覚的・聴覚的象徴で中心的主題を表現している。国民社会主義労働者党（ナチス）の党歌「ホルスト・ヴェッセル」が流れる中、ヒトラーが飛行機——近代技術のもっとも刮目すべき達成——に乗って空から地上へ降りてくる。シュテファン・シュトレートゲンによれば、党歌は鉤十字の音楽版、つまり総統を示す聴覚的な記号である。映画のサウンド・トラックの三分の二はヒトラーの声で占められ、彼は「コメンテーターの位置」に就いている（Strötegen 2008: 11–13）。

映画の冒頭、教会の尖り屋根を背景に、ヒトラーの乗る飛行機が雲を突き抜けてくる。着陸したのち、彼を乗せた自動車の一団が、喝采を送る群衆の間を抜けて街の中心へと向かう。ヨーロッパでも、他の地域でも、近代化を特徴づけたのは移動能力（mobility）であり、これは飛行機、自動車、列車によって促進された。ヒトラーは飛行機に魅了され、チャールズ・リンドバーグを歓迎するために、ヘルマン・ゲーリングに命じてドイツ鷲勲章を授与させている。みずからも三万マイル（約四万八三〇〇キロメートル）を飛行したことを誇りにしていたヒトラーは、塹壕戦を低劣なものとみなし、戦車と飛行機によって戦われるのが近代戦であると信じていた（Eksteins 1989: 321–322）。

自動車は個人の移動能力の印であると考えられていた。ヒトラーはフォルクスワーゲン（Volkswagen 国民の自動車）を与えると約束することで、ナチス政権が国民《フォルク》に個人の自由をもたらすのだと理解させた。一九三六年のポスターにつけられたキャプションでは、ヒトラーは自動車と結びつけられており、自動車の経済的恩恵が次のように強調されている。

総統はドイツを自動車化すると約束された。一九三三年には一〇万四〇〇〇台の自動車が製造され、三万三〇〇〇人が雇用されて、総額二億九五〇〇万マルクの商品が生産された。一九三五年には、三五万三〇〇〇台の自動車が製造された。一〇万人以上が雇用され、生産された商品の額は一一億五〇〇〇万マルクであった。総統は二五万の国民の同志たちに、自動車や部品製造の職を与えたのである。ドイツ国民よ、三月二九日には総統に感謝しよう！　彼にあなたの一票を！（Bytwerk 2007a: no. 42）

ポスター（Bytwerk 2007a: no. 41）や切手（Welch 2007: Scott B93）で宣伝された高速道路（アウトバーン）は国民のモビリティの拡大、それに伴う個人の自由のためヒトラーが作らせたと宣伝したが、実はアウトバーンの本来の目的は、戦車その他の軍事兵器を速やかにかつ効率的に移動させることであった。空間を短縮し、国民を統合することを促進したのは、すでに触れた「国民ラジオ／人民の受信機」であった（Bytwerk 2004: 60; 2007a; Koshar 1998）。このラジオの絵を載せたあるポスターには次のようなキャプションがついている。「ドイツ中が国民ラジオで総統の話を聞く」（Bytwerk 2007a: no. 38）。人々が自分のラジオを持ち、自らの意志でヒトラーの演説を聞いているような幻想を創り出そうとする努力とは裏腹に、国民ラジオは、サウンドバイト（繰り返し放送するための抜粋テープ）を瞬時に伝えることで、国家のプロパガンダを即時に伝えた。

以前はドイツ・ルネサンスの文化的中心地だったニュルンベルク市は、工業や科学、技術の中心地となっていた。第二次世界大戦中、そこは飛行機や潜水艦、戦車のエンジンの生産拠点の一つであった。一九三五年、ドイツのユダヤ人から市民権を剝奪し、ユダヤ人と「アーリア人」の結婚を禁止する反ユダヤ法を可決するため、ニュルンベルクで議会（Reichstag）が招集された。事実、この街はナチズムを体現していた。近代ドイツの軍事力は、戦闘機や戦車その他の戦争機械を描いたポスターや切手で劇的に表現されたが、ニュルンベルクの党大会それ自体も、一九三五年発行の切手で記念された（Welch 2007: Scott 465, 466）。

近代化したドイツと並んで、元始的なドイツのアイデンティティもまた、神聖ローマ帝国の象徴や、農業国としてのドイツを示すイメージによって表現された。『意志の勝利』では、ローマの鷲を鉤十字と並べて随所で映し出すことで、神聖ローマ帝国をナチス・ドイツの先祖としてうち建てている。なお鉤十字自体、「アーリア人種」の神話的元始性を暗示する象徴の一つである（Quinn 1994）。ニュルンベルクのスタジアムは、帝国的権力を象徴するローマ様式に倣ってデザインされた（Smith 1989: 156）。旗竿はすべて、勝利を象徴する緑の樫の葉でできたリースで飾られた。樫は力と長寿を表象する聖なる木であり（Chevalier and Gheerbrant [1969]1996: 709）、ドイツの国木である。ナポレオンの治下にあった時代のドイツ人は、ローマとゲルマニアの戦い（一世紀のトイトブルク森の戦い）を、この都市と森の対決、そしてオリーブと樫の対決と見なしていた（Schama 1996: 104–105, 195–196）。映画の中でワーグナー的なテーマが強調されることはなかったが、ドイツ民族の起源をゲルマン神話や北欧神話にまで遡るワーグナーの『ニーベルングの指環』は、一九三三年に発行された九枚組の切手に刻まれた。切手にはこのオペラのいくつかの場面が描かれていた（Welch 2007: Scott B49–B57）。

国家社会主義労働者党が自分たちの先祖としてのローマに見出していた重要性は、彼らの研究「ゲルマン民族の起源と道徳的姿勢について」としてまとめられ、コルネリウス・タキトゥスが紀元九八年に書いた『ゲルマニア』に関するゲルマンらしさの純粋な起源について述べられている。この本はドイツの学校で教えられ、重要文献として、多くの党員に地位の高低を問わず熱烈に信奉された。注目すべきことに、一九四三年に連合国の軍隊がイタリア南部に進駐し始めると、ＳＳ(親衛隊)隊長のハインリヒ・ヒムラーと彼の部下たちが『ゲルマニア』の原本を求めて必死の捜索に乗り出した(Krebs 2011)。敗北に直面して、彼らは自分たちの元始的アイデンティティの証明を『ゲルマニア』に見出すことを最重要の課題と感じていたわけだが、その『ゲルマニア』は「人間的価値についてのローマ人の想像力あふれる感想であり、一つの政治的宣言」といわれている(Krebs 2011 : 25)。

『意志の勝利』は、ドイツをキリスト教国家、ヒトラーを半ば神のような支配者として描く表象で幕を開ける。ゴシック式の教会が画面を占め、神との間の宗教的な垂直関係を表現する効果の中で、天国という究極の空間から、神ないし父である総統が降りてくる。その間、ローマの鷲が天に向かって舞い上がり、地上では煙や何本もの松明の炎が立ち昇っている。地上から天に昇る煙や浄化の力を持つとされる火は、多くの宗教で重要な象徴である。大会の夜の部では、暗闇の中でヒトラーやその右腕たち、さらにローマの鷲と鉤十字が、神殿を象徴する演壇の前面に立ち並んだ様子が映し出される。画面の他の部分が闇に沈むその一方で、神格化されたヒトラーの立つ演壇はドラマチックに照らし出され、見事な花火が夜空を彩る。ヒトラーとヘスは、キリスト教的献身と軍事的義務の両方を表現するマルタ十字架のみを服に着けており、他の位の高い将校の制服を飾るバッジや徽章は一切身に着けていない。この二人のみが宗教的人物なのである。二人はその他の将校とは異なり、帽子を被ることなく手に持っている。

当時のドイツでは、経済的基礎としての農業が持つ重要性は減退し、工業に追い抜かれていた。しかしその一方で——あるいはおそらくそれゆえにこそ——農民だけでなく都市民にとっても、農業の心理的な重要性はより強力になり、ドイツが実際に農業国であった頃を凌いでいた。ニュルンベルクで特に目立ったのは、ローマの鷲の上部に施されたデザインの一部をなす、実った小麦の図像と、鉤十字を半円状に囲む二本の麦の図像学的表象である。大会のあいだ、農民はシャベルやつるはしを手に行進した。一九三三年、ヒトラーの権力掌握から八カ月後のこと、鉤十字があしらわれた農具を描いた一枚のポスターが、農業見本市のために発行された。そこでは農民たちは収穫をヒトラーに献上しているが、それは神に供物が捧げられる伝統的な収穫の儀式の再現であった。ヒトラーが農業地帯を訪問したのは数多くのプロパガンダ写真に見られるとおりで、例えば彼は一九三四年に、ビュッケブルクで行われた感謝祭の祭りにも姿を現している(Göring et al. [1936]1973: 18)。農業は彼の政権掌握期間を通じて強調され続けた。一九四一年に発行されたナチスのポスターでは、夫が前線で戦い妻が畑を耕す姿が描かれている(Bytwerk 2007b: no. 8)。

プロパガンダの中では、農民以外の働き手たちも表象された。ナチスのイデオロギーがブルーカラーとホワイトカラーの平等を強調したことは、一九三三年のドイツ労働戦線（ＤＡＦ）のポスターや(Bytwerk 2007a: no. 12)、様々な職業を描いた九枚一組の切手にも示されている(Welch 2007: Scott B59–B67)。これらの絵には、近代産業の職につく者たちと、伝統的な職人的技能や手職の技能を持つ者たちの両方が描かれている。

ナチスの指導者たちは「一つの民族《フォルク》、一つの国家《ライヒ》、一人の総統《フューラー》」という枠組みのもと、いわゆる「アーリア人」の内部に存在する多様性を、一つの国民としてまとめようと腐心していた。「団結すれば立つ(United We Stand)」というスローガン(これが初めて政治的メッセージとして使われたのは一七六八年のアメリカで、ジョン・ディキンソン作曲による革命歌『自由の歌』においてだった)が、『意志の勝利』の中で繰り返された。大会は旗や横断幕で溢れかえり、アルベルト・シュペーアは旗の「海」や「嵐」と表現した。横断幕にはそれぞれ「ドイッチュラント(Deutschland)」と書かれ、バイエルンやドナウ、ラインなど、地域の名前がそのあとに続いた。民族衣装に身を包み、伝統楽器をもった男女の姿が盛んに映し出され、それぞれのグループは特定の地域の伝統的なかぶり物や装いによって、他とは違う独特の文化を表現していた。もっとも、それは当時すでにすたれていたものであったのだが。

同じことが切手を使っても行われた。ある一二枚組の切手(Welch 2007: Scott B69-B78)では、それぞれの切手に地域の「伝統」が描かれている。牧歌的情景やアルプスの情景(Welch 2007: Scott B197)、そしてドイツ各地の中世建築を写した写真など(Welch 2007: Scott B121, B122, B138, B139, B160-B162, B194-B196)によって、ドイツの純粋性・汚れなさが際立たせられている。ここでは、豊かな文化的多様性が、近代的な国民の統一と両立可能なものと考えられているのだ。

ナチスのイデオロギーによれば、「新ドイツ」は有能な男女によってのみ建設することができる。兵士の体を強化するため、スポーツが奨励された(Welch 2007: Scott B79-B82, B86)。『意志の勝利』の中で、ニュルンベルク郊外で行われた若者のキャンプを撮った長い場面では、若者たちが自己の汚れなさを保つため、体を洗い、顔を剃るところ、また体の強さと競争心を陶冶するため、レスリングその他の運動に参加するところが映し出される。映画の中、若者の集会でヒトラーは、「諸君は犠牲になることを学ばねばならない」と強調する。またゲッベルスは戦没兵士に向けて、「諸君は死んでいない。諸君はドイツの中に生きている」と語りかける。アーリア人種の有能な身体を世界に向けて示そうとした悪名高い一九三六年のベルリン・オリンピックを記念した切手も数多く存在した(Welch 2007: Scott B79-B82, B86)。フーコーの言う「従順な身体」(Foucault [1975]1995: 135-169)——兵士の身体へと形成された身体——が作られていたのだ。それは、日本を含む他の二〇世紀の権威主義国家でも同様だった。女性たちもまた自分の体を養い、将来の兵士をできるだけ多く産み、アーリア人の大家族を作りあげるよう命じられた(Welch 2007: Scott B155)。多くの切手にムッター・ウント・キンダー、つまり母親と子どもたちの姿を見ることができる(Welch 2007: Scott B246, B253-B256)。

人種の汚れなさを求めたヒトラーは、喫煙の禁止にも乗り出した。一九三〇年代、ドイツの医学者たちは世界で初めて肺癌と喫煙とを関係づけた。ムッソリーニやフランコと同様に、そして東条英機やスターリン、チャーチル、ルーズヴェルトとは違って、ヒトラーはタバコを吸わなかった。ドイツ政府は禁煙の積極的なキャンペーンを開始し、ポスターを使って喫煙を「低劣なアフリカ人やジプシー」の悪習として描き、また喫煙の経済的コストが毎年フォルクスワーゲン二〇〇万台分に相当すると示した。あるポスターのキャプションには「われらが総統アドルフ・ヒトラーは、酒を飲まず、煙草も吸わない……。彼の執務能力はおどろくべきものだ」とある(Proctor 1999: 173-247, Figures 174, 200, 220, 224)。

映画や切手、ポスター、その他のプロパガンダ資料の中で構築されたドイツ人の集団的自己は、近代的なものと伝統的なものをバランスよく並列したものである。自己の美的価値としては、アルプスの山々や清潔な身体、そしてなにより、禁酒・禁煙・菜食主義者であった総統その人に表現されたように、汚れなさが最も重要であった。

『意志の勝利』やその他のプロパガンダの中で、ドイツ人はヒトラーを父親とする一つの幸福な家族として描かれている。こうしたイメージの中には、明らかに歴史的事実に反するものがある。例えば一九三五年、石炭資源の豊富な産業中心地であったザール地方がドイツに「再統合」(Welch 2007: Scott 444, A71)されるが、それを記念した一枚の切手には、少女が母親のもとに帰るさまが見られる(Welch 2007: Scott #451, A74)。これはザール地方が母なるドイツの腕に帰ってきたことを示している。この穏やかな家族のイメージは、同地域に対する軍事的侵略の事実を捻じ曲げて伝えている。究極的には、「真の」ドイツ人はみな「一つの国家」のもとで「ひとりの総統」とともに「一つの民族」として統合されることになると考えられていた。だからこそ、映画のタイトル『意志の勝利(Triumph des Willens)』は、「意志」を単数形としているのである。

ナチス・ドイツと同時期に成立した他の二つの権威主義的国家(ソ連とイタリア)のあいだには大きな違いがあった。ソヴィエト経済はドイツ経済に比べ、より農業型であり、技術的進歩の点では劣っていた。また識字率はドイツよりも低かった。革命以来、ソ連のアイデンティティは産業プロレタリアートと農業労働者が共存しているということに基づいていた。ソヴィエト連邦のエムブレム「コート・オヴ・アームズ」は一九二三年にデザインされたもので、そこには工業労働者を象徴する槌、農業労働者を表現する鎌および小麦のリース二つ、そしてプロレタリアートによって統一された世界を象徴する地球のうえの赤い星が描かれている。このような構成は、「諸国民の友情」と題された一九二三—二四年のポスターにも見られる。このポスターでは、一見して異なる民族集団に属する男たちが一つの横断幕を掲げている。そこにも実った小麦の束とともに槌と鎌が描かれていた(Groys and Hollein eds. 2003: 213)。

色鮮やかなポスターやドラマチックな意匠を多用したソヴィエト連邦は、近代的なプロパガンダ機構を利用した最初の国家であったと一般に考えられている。よく知られている「アジプロ(agitprop アジテーション(扇動)とプロパガンダ(宣伝)の合成語)」は、視覚情報や文字情報を用いて大衆に共産主義イデオロギーを植えつけようとするものであった。ボルシェビキ革命の後、多数のアジプロ部隊が、本やパンフレット、新聞、ポスター、映画のフィルム、プロジェクター、輪転機を携えて、訓練されたアジテーターらとともに列車に乗って全国を縦横に行き来した。芸術家や俳優は分かりやすい劇や放送用プロパガンダを上演した。ポスターは必要に応じて複製され、列車が村々を通り抜けていく際に窓から投げ放たれた(Ebon 1987: 21; Smith 1989: 124; Kenez 1985)。

レーニンは、権力を獲得した時にはまだ比較的知られていなかった。彼の肖像は、一九二〇年のポスター「同志レーニンが大地のくずを掃除する」にみられるように、二〇年代初頭からポスターに現れるようになった(Bonnell 1997: 139–158, Figure 4. 1)。レーニンには公衆の賛美を喚起しようというつもりがなかったために、彼の肖像画は存命中にはプロパガンダの中でそれほど利用されなかったが、死後になって彼のイメージは広く展開された。レーニンの画像は大量生産され、熱狂現象「レーニニアナ(Leniniana)」を生みだした(Bonnell 1997: 153)。レーニンのイメージは、ソヴィエトの二つのイメージを通じて、つまり、農業生産と工業生産を並べて強調することによって演出された(Bonnell 1997: Figures 4.4, 4.6, 4.7, 4.8, 4.9, 4.11)。

スターリンが権力を得たあとも引き続き、農業の象徴と、飛行機・戦車・船といった近代化の象徴とは並列された。例えば集団農場のトラクターの絵が表現するように、技術的進歩は徐々に農業に食い込んでいった。最初はレーニンの像に対して、次いで自分自身に対して、指導者崇拝を最も積極的に進展させたのはスターリンだった。ほとんどすべてのプロパガンダ作品で、スターリンの姿は「進歩」の象徴――第一に飛行機、また戦車や集団農場のトラクター、そして時には戦艦――と並んで現れ、彼こそソ連に近代化をもたらしたその人だ、というメッセージが送られた(7)。

ナチスは自分たちの祖先を神聖ローマ帝国まで遡ったが、他方イタリアのムッソリーニ政権は、自分たちの祖先をローマ帝国まで遡ろうとした。その紋章はファスケス(束桿)、すなわち棒の束から斧が突きでているというものだが、これはローマの公職者が持つ権威の印だった。ムッソリーニは、市民であり兵士であり農民であるというローマ人の理想像とともに「ロマニタ(romanità)」の理念を称揚したが、その熱心さはナチスが自分たちの神聖ローマ帝国の起源を称揚した時のものさえ凌いでいた。有名な「小麦戦争」によって、ムッソリーニは小麦を国家の象徴的・経済的構造の中心に据えた。農民からはもっと金になる換金作物を耕作したいと反対があったにもかかわらず、イル・ドゥーチェ(ムッソリーニ)は自分の案を押し通し、小麦生産量を増加させてみせたのである。シモネッタ・ファラスカ＝ザンポーニはこう述べている。「このキャンペーンには様々な理由や動機が交錯していたが、小麦戦争を通してムッソリーニは、ファシスト・イタリアについて自分が持つ最終的な構想を定式化し、伝達したのだった」(Falasca-Zamponi 1997: 155)。一九三四年七月、ムッソリーニは脱穀作業をする姿でポスターに登場した。小麦は田舎を象徴するようになった。例をあげれば、「第八回　小麦の勝利全国大会」のポスターには、小麦が実る畑で男が働き、そのそばで二人の子どもが遊ぶさまが描かれている(Falasca-Zamponi 1997: 154, 157)。

大日本帝国

日本の近代化の道程は、歴史は近代に向かって前進したと捉える直線的な見方から著しく逸脱している。数世紀に及ぶ戦国時代、封建時代や「鎖国」を経て、日本の近代が始まった背景にはグローバルな圧力があった。それを最も端的に示すのが、アメリカ海軍提督ペリーが日本の市場開放要求のために一八五三年と五四年に来日したことである。日本に、ヨーロッパの啓蒙主義時代に相当するものはなかった。一八六八年、「鎖国」の終了とともに日本は近代に突入し、「文明開化」の号令のもとで科学技術において世界と肩を並べるために腐心した。しかし、こうした歴史的な展開は、アンダーソンの提示する近代化の見方と相いれない。一二世紀以来天皇が将軍に実権を握られた日陰の存在にすぎなかった日本で、「近代性」によって君主制を振り捨てるどころか、絶対的な君主政体が誕生したのである[8]。一八八九年の大日本帝国憲法において、天皇は「天皇ハ神聖ニシテ侵スヘカラス」――非政治的アイデンティティ――と定義され、同時に軍の司令官になった(大貫二〇〇三：六一―一〇一)。アンダーソンが構想したように「歴史の時代」に入るどころか、日本は二六〇〇年前に天皇による統治が始まったという神話のもとで、「神話の時代」に突入したのである。この神話を公的な大文字の歴史にするために、他にも数多の信仰や祭礼が生み出された。

明治政府は、西洋の植民地主義列強に対する生まれたての政治的ナショナリズムに駆り立てられて、国境の防衛を強化し、人々の心の中に政治的ナショナリズムを植えつけることが緊急に必要であると感じていた。しかし日本人は、他の多くのアジア人たちと同じように、西洋の文化的なヘゲモニーには屈服したのであった。西洋文明を脅威と感じる一方で称賛する両面性は、日本の近代アイデンティティを打ち立てようとする努力の中で重要な役割を果たした。まだ世界の大部分が、政治的にも、地理的にさえも日本という国をほとんど知らなかった時代に、最初の西洋の敵ロシアと日露戦争で戦うことになったのである。どの国も「世界においてひとかどの国」となる必要を感じており、それこそが「個人と集団の双方の核心にある、承認に対する強烈な欲求であった」(Berlin [1958]1969: 157)。高橋是清が外債の公募に努力し、戦費を他の国々やニューヨークのジェイコブ・シフなどから借入れ、ロシアに勝利したことで、日本人はこの目標を達成したと信じた。日本はほとんど一夜にして、第一次世界大戦に至る地政学的状況の中に躍り出たのである。この騒然たる状況で、リベラルも含めた多くの日本人が、日本人としてのアイデンティティの高まりを覚えていた。彼らにとって、コスモポリタニズムも含むリベラリズムは、愛国主義と矛盾しなかったのである。国家と軍に反抗し、帝国のナショナリズムに参加することを拒否した多くの人も愛国的であった。自国に対する義務の感情、さらには忠誠の念も感じており、外からの攻撃から自国を守ろうという考えがあった。明治の寡頭政治に反対して自由民権運動を展開した明治初期の自由主義者たちは、西洋のリベラリズムを大方において受容したが、それでも彼らは大和魂と国への犠牲の徳を称揚した熱心な愛国者であった。

日本のこの時期のプロパガンダについては、佐藤卓己(一九九八；二〇〇二)が理論的また比較的視野を入れた研究を行っている。私は、日本が二〇世紀に戦った戦争に直結したプロパガンダの中の日本人の自己表象に焦点を当てる。日本のプロパガンダにおいて、三つの特徴をおさえることが重要である。第一に、ナチス・ドイツと異なり、日本にはプロパガンダのための宣伝省や単一の組織がなかった。日本にゲッベルスに相当する人物はいなかったのである(Kushner 2006)。第二に、日本人は一八六八年の明治国家建設以来、ナショナリズムと愛国心《パトリオティズム》を受容するよう叩き込まれ、プロパガンダを生み出す活動に積極的に参加した。バラク・クシュナーが指摘するように、日本のプロパガンダは、ドイツのプロパガンダよりもはるかに民衆の参加を伴うものだったのである(Kushner 2006: 20–24)。第三に、ドイツや他の国々と同じように、日本でも軍事的な発展は商業的な利益と密接に結びついていた。それは工業においてばかりでなく、例えばデパートでも、飛行機や戦艦、日の丸、富士山、また戦闘場面など、プロパガンダ的なデザインの着物やそのほかの商品が、型紙を用いた染色など様々な技法を駆使して生産され、販売されていた(Atkins 2005: 51–66, 155–203, 259–362; 三越株式会社編二〇〇五：一四一―一六二)。言うまでもなく、天皇に関わるイメージが着物やその他の商品に使われることはあり得なかったが。こうした商品の生産量は限られていたため、戦争プロパガンダの主要な媒体にはならなかった(Kashiwagi 2005)ものの、こうした例から実業界が戦争遂行に積極的に参加した度合いを推し量ることができる。

日本の指導者たちはプロパガンダの重要性を敏感に感じとり、膨大なエネルギーを費やした。一九二一年、読売新聞社が第一次大戦後にドイツで作成されたポスターの展示会を行った時、日本のデザイナーたちはポスターの強烈なアピールに衝撃を受けた。また、ソヴィエトの前衛芸術《アバンギャルド》や、雑誌『ソ連邦建設(USSR)』も強烈な印象を与えた(難波一九九八：四一―四二)。プロパガンダ機構を設立する必要があるという自覚から、一九四〇年一一月には戦争プロパガンダの作成方法についてデザイナーやコピーライターを教育すべく、報道技術研究会が結成された。この機構にプロパガンダ作成を依頼したのは、内閣情報局や大政翼賛会であった(難波一九九八：七)。

報道技術研究会は、最初の五年でおよそ一五〇点のプロパガンダを制作している。うち六〇％はポスターや「壁新聞」(ドイツやイタリアから取り入れた媒体)、二三％は移動展、一五％はパンフレットやグラフ誌であった。テーマに関しては、三六％が戦争を直接に扱い、三五％が生産増加の必要に焦点を当てた。また一八％は道徳を取り上げており、そして一一％が航空部隊の新兵募集に充てられた。三枚かそれ以上の枚数で一セットとされ、組みあわせることで全体的なメッセージを伝えるようになる組みポスターがもっとも優れたプロパガンダの形式として選ばれた。ドイツやイタリアに倣って、この研究会は「壁新聞」も利用した。つくりの精巧さという点では、ソヴィエトのアジプロに比べてずっと劣っていたが、日本にも移動展があり、およそ二五枚の絵画が自転車に引かれる荷車に積まれ、日本じゅうに運ばれ、路上や工場で展示された(難波一九九八：一三九―一五三：Orbaugh 2007: 149-154, 214)。

日本の戦況が悪化すると、移動展は視覚的プロパガンダをばらまくための主要な手段となった。その他の方法が不可能になったり、コストがかかり過ぎるようになったためである(難波一九九八：一三九―一五三)。移動展は紙芝居の一種で、伝統的な紙芝居――江戸末期より人々に親しまれてきた(加太一九九一)――を少し改良したものだった。シャラリン・オルバーは、数多くの戦争プロパガンダ用メディアを調査し、特に紙芝居に注意を向けている(Orbaugh 2007: 214, 233-234, 249-254, 264-271)。紙芝居屋は路上の一角に自転車を停め、上演の前にお菓子を売るのが常だった。紙芝居の発展を詳述する中でオルバーは、一九三〇―四〇年代の政府による紙芝居の利用展開について、いかにして国家が、紙芝居を子どもたちに日本のために犠牲になる美徳を教育する「教育紙芝居」に変容させたかを描いている(Orbaugh 2005)。そこでは、親、特に母親は、自分の息子が国に命を捧げたいと希望、いや切望さえするものだと教えていた。教育紙芝居は学校、町内会、工場に広く配布され、教師や親、町内会の指導者らによって上演された。オルバーも警告しているように、子どもたちに対する影響を正確に評価することは困難であるが、それでも、一見無邪気で親しみやすい場を利用するのは、確かにプロパガンダ拡散の巧妙なテクニックではあった。

国営ラジオの利用展開に加えて、日本政府は新聞、大衆雑誌、教科書といった印刷物に大きく依存していた（園部［一九六二］一九八〇：一六九―一七五）。政府は一九三二年にメディア統制を始めたが、これは日本の帝国主義に対する批判が中国の報道機関で高まったことを受けてのものであった。独裁的な右翼的政策によって「小ヒムラー」の異名を得た鈴木庫三《くらぞう》は、のちに情報局を掌握し、メディア統制を極端に強めた（佐藤二〇〇四：二九三―三七六）。同局は「敵性語」――要するに英語のこと――を根絶しようと試み、ローマ字書きされた語や和製英語化した言葉は、日本語の用語に改められた。第二次大戦中、政府は厳しい検閲を実施し、イデオロギーのキャンペーンに参加しなかった知識人や芸術家を追放した（Rubin 1984）。

一九四〇年には、六〇人の漫画家によって、新日本漫画家協会が結成された。また、漫画を軍事的目的に利用するため、陸軍が報道漫画研究所を、海軍が大東亜漫画研究所をそれぞれ設立した（難波一九九八：一二五―一三九）。漫画は風刺やひそかな権威批判のために好まれた媒体であったが、それを軍事目的のために利用展開したのは非常に狡猾であった。『のらくろ』という連載漫画は、青少年や子どもたちのあいだで爆発的な人気を得た。「のらくろ」は、白い毛に黒いぶちのある雑種の野良犬である。彼は一兵卒として軍に入隊し、たいへんな失敗をやらかすにもかかわらず階級を上げてゆく。子どもたちはこの犬が表現している反体制性に共感したのだった。この連載は一九三一年一月に『少年倶楽部』で始まった。軍がこの漫画の反体制的底意をかぎつけると、政府はこの漫画が軍隊を馬鹿にしているとして告発し、一九四一年一〇月に発禁処分とした(竹内一九九四)。

一九四三年、戦前の日本におけるアニメーションの先駆者であった政岡憲三によって制作された『くもとちゅうりっぷ』は、世界でも最初期のアニメーション映画であった。一九四一年、帝国海軍は真珠湾における勝利を宣伝する目的で、政岡憲三の弟子瀬尾光世に依頼して、この「壮大な成功」についてのアニメーションを制作させた。瀬尾はこの出来事を、日本の有名な子ども向けの民話『桃太郎』——桃から生まれ、鬼ヶ島を征服した、大志を抱いた少年をめぐる物語——に重ね合わせて作品化した。一九四二年に制作された三七分のアニメーション『桃太郎の海鷲』がそれであった。真珠湾攻撃を題材としたこのアニメーションはたいへんな人気を博したが、それはキャラクターが「かわいい」からで、観客が海軍の成功に感銘を受けたからではなかった(講談社編一九九七：二二四)。加えて、この物語にはいくつか、平和への希望という転覆的なメッセージが込められていた。当時、政府は、真珠湾でアメリカの戦艦に突っ込んだ九人の潜航艇乗組員を英雄として宣伝したが、実はもう一人突っ込んだ潜航艇乗組員がいたのに、彼はアメリカ軍の捕虜になったため、この事実は国辱として最高機密にされたのである。九人の九という半端な数字は子どもたちのあいだにさえ疑問を生じさせ、一〇人目の運命についてはいつの間にか民間に漏れ伝わっていたとも言われている(山中一九八九：一一二—一一五)。

ドイツにおいてと同じように日本でも、政府は自国の軍事的な力を強調するために郵便切手のモチーフを用いた。そこでは例えば武士の時代の城郭が、近代の技術的成果である飛行機や少年飛行兵、戦艦などと並列された（日本郵便切手商協同組合カタログ編集委員会編二〇〇三：一六一—一七〇）。記念切手には新たに獲得された植民地や、真珠湾攻撃のような勝利の場面の絵が載せられた（内藤二〇〇四：八七—八八）。「肉弾三勇士」の切手に描かれている三人の兵士は、日本が上海を攻撃した際、自分の命を犠牲にして、中国の要塞を破壊するための破壊筒を運んだ者たちである。政府は彼らが英雄であると宣言し、彼らに倣うことを奨励した（内藤二〇〇四：一六：Ohnuki-Tierney 1987: 121–122, 153, 239；大貫二〇〇三：一八五を参照）。

ナチスは喫煙を禁止しようと努力したが、それとは対照的に日本では、タバコの包装がプロパガンダの手段として利用された。タバコは戦場の兵士たちに「恩賜の煙草」として天皇から与えられるとされていた。タバコを生産し販売する独占権は、一九〇四年（明治三七年）以来、政府が所有していた。競争が存在しないので広告は必要ないはずだが、当局は、「人の嗜好と美とは共通するものだから、包装の意匠には心を用いなければならない」と宣言していた（たばこと塩の博物館編一九八五：一四八）。ブランド名や包装デザインを慎重に選択したが、その目的は、日本が近代国家になって帝国を拡大しようと格闘する一方で、自分たちのアイデンティティをも守ろうとするのに最適なかたちで集団的自己を提示することであった。タバコの名前として選ばれたものは、こうした努力を反映している。(9) 例としていえば、「朝日」や「山桜」など、日本人の元始性を表現する言葉である。

そうしたデザインの一つは、当時の日本が自国をどう提示していたかをよく示している。そこには一四の桜の花、伝統的な侍の兜、「百万一心」と描かれた白い布を結びつけた矢が描かれている（図16）。このスローガンは「団結すれば立つ」に相当し、戦争に勝つためには一丸とならねばならないとすべて

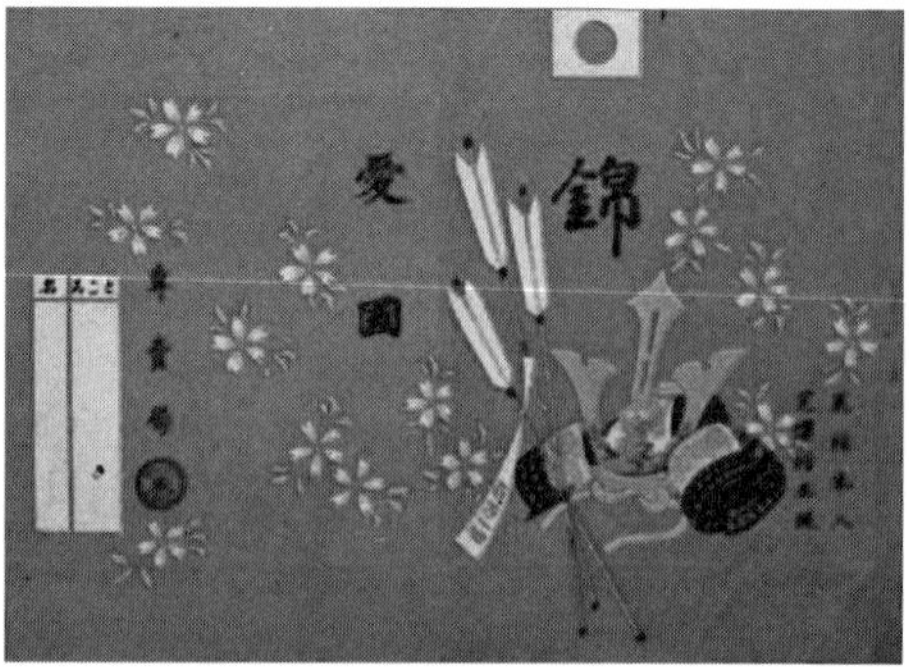

図 16　兵士慰問用のタバコ「愛国 錦」

の日本人に告げるものであった。それは一九四〇年七月二三日に当時の首相であった近衛文麿が宣言した「一億一心」のスローガンである（「百万」は当時の日本帝国の国民数である「一億」に置きかえられた）。兜は武士階級が廃止され、国民皆兵制度が導入された結果、近代の日本の兵士の多くが兜の表象するもの――つまり、城や領地や家臣を所有する少数の特権的な武士たち――とは似ても似つかぬ存在になったにもかかわらず、近代の兵士を美化する巧妙な方法として用いられた。中央には「愛国」と「錦」の語が書かれている。錦は一四世紀以来、天皇の旗を意味する語だった。このように、デザインが強調したのは日本人の愛国心の力であり、それがあれば近代戦も勝利できるというのだった。

ペリー提督が再び開国交渉に訪れた一八五四年に蒸気機関車の模型を持ちこんで以来、蒸気機関車は近代日本の標語「文明開化」の最も重要な象徴であった。蒸気機関車は日本人の好奇心を捉えたのである。一八七二年に、新橋―横浜間を走る日本初の鉄道の開通式が、鳴り物入りで行われた（羽賀二〇〇二：一一四）。明治天皇が新橋発の蒸気機関車に乗り、横浜に到着すると布告を読みあげた。そこで天皇は、この成果に満足しており、日本の繁栄が続くことを願っていると表明した。民衆はこのイベントに熱狂したが、彼らが式典の行われる場所に立ち入ることは認められていなかった。政府はこの蒸気機関車の車両を「お召し車《ぐるま》」と呼んでいた――つまり天皇皇后用の列車である。それを写した写真は、日本が近代に突入したことの象徴として頻繁に展示された。もっとも、天皇と皇后の姿はそこには写っていなかったが。当時の列車には、先頭に日章旗が二本掲げられていることもよくあった。

我々が今日グローバリゼーションと呼ぶものの象徴として、蒸気機関車は錦絵の人気のテーマとなった。例えば、歌川国利(一八四七—一八九九〈弘化四年—明治三二年〉)による一八九六年制作の錦絵には新橋駅が描かれ、日没を背に飛ぶ鳥たちが夕暮れ時の風景であることを示している。この絵師は近代化された日本を強調した。駅はきわめて近代的な建築であり、日章旗を持った三人の乗員は、全員洋風の制服を着ている。題名は「江戸名所新橋ステーション」である。それ以前は桜のようなより伝統的な日本の象徴にもとづいて、江戸(東京)のいくつかの場所を「名所」として指定する習慣が存在していた。それがいまや、近代化の象徴である新橋の鉄道駅も「名所」認定されたわけだ。キャプションを見ると「ステーション」が、今日、外来語を表記する際に普通に用いられるカタカナで書かれているが、このことから、日本人が西洋技術の諸要素を取りいれた、新たなアイデンティティを構築しようとしていたことが分かる。別の錦絵には、湾に泊まる蒸気船を背景にして列車が描かれており、日本が他の国々と貿易その他の交流をしていることを象徴している。こうした図像は、日本人が西洋の科学と技術を受容することにどれほど熱心であったか、またその門戸を世界に向かって開く準備ができていたことを示している。

西洋の帝国主義に対抗するために国を軍事化することが最重要の課題であった時代にあって、鉄道は帝国主義的軍事化のプロパガンダに使われるようになった。このことは、一九〇五年に発表され人気のあった学校唱歌「電車唱歌」にも反映されている（堀内・井上編［一九五八］一九九一：一一五―一二二）。五二節の歌詞には、東京の路面電車の色々な駅で電車から見える眺めが描かれているが、すべての駅が政治的ナショナリズムと結びつけられている。最初の二節では、皇居、東京府庁、内務省のことが歌われる。その他、明治維新時の英雄・西郷隆盛の像、『忠臣蔵』の「四十七士」が祀られている泉岳寺、司法省、海軍省、陸軍省、青山の練兵場、八幡宮の士官学校などの場所も歌われる。最後の五節は靖国神社に関するもので、国のために死んだ兵士の写真を展示していた遊就館もそこには含まれている。最終節で描かれるのは、天皇（大君）のために自らの命を犠牲にした者たちの魂が、靖国神社で不死になる次第である。換言すれば、鉄道に対する称賛は、大衆を国民化し、軍事化するために利用されたのだ。

戦艦は、日本の近代化と軍事的な実力を表すもう一つの象徴としてプロパガンダに用いられた。ドイツでは、艦隊の艦船やUボートに、日常的なものの名前や、軍の指導者にちなんだ名前をつけた（Göring et al. [1936] 1973: 98, 100）。対照的に、日本の戦艦名は、もっぱらといっていいほど、国の元始的アイデンティティを表していた。艦船につけられたのは、古代日本を示すのに使われた名前や、国の誕生に関する神話的歴史の中で重要とされる山その他の地名だった(10)。日本の古名である大和は、建造されたなかで最大の軍艦につけられた名前でもある。大和は、その存在も名前も戦争期間中を通じて秘匿された。一九四〇年に進水した大和は、その後一九四五年四月七日に、アメリカの魚雷攻撃を受け、二七四〇人の乗組員とともに沖縄沖の海底に沈んだ。したがって、この最高位を与えられた戦艦は何の軍事的目標も達成することなく、不名誉な最期を迎えたことになる。日本人は戦後になって初めて、大和の存在やその無念な最期を知ることになったのだ。戦艦大和は、当時の軍中枢部の時代錯誤的なヴィジョンを示す典型だった。戦争が空中で戦われていることに軍事戦略家も市民でさえも気づいていたが、にもかかわらず政府は戦艦建造のため膨大な資源を費やし、そしてこれら戦艦のすべてに古代日本にちなんだ名称をつけたのである。

神風特攻隊六四七部隊の名称もまた、総じて日本に関わるものであり、特に古代の名称が利用された。また、天皇に対する兵士の忠誠心や自己犠牲に関わる名前も付けられた。もっともこの「天皇」は、ある特定の天皇を指すものではなかったが(詳しくは大貫二〇〇三：二五六—二五八を参照)。

学校唱歌や大衆歌謡は、軍隊行進曲とならんで、プロパガンダとして広範に利用された。国歌は明治初期に急いで作曲されたもので、「君(天皇)」を称賛する短い一節しかなく、盛りあがりに欠ける曲だった。それゆえ「海行かば」という哀悼歌のような曲が事実上の国歌となり、政府が国民に犠牲の美徳を思い起こさせようとする時——例えば特攻隊機(神風)が離陸するたびごとに——この歌が流された。

要約

いかなる文化の自己アイデンティティにおいても、多数の属性が具体的な象徴として表現されている。特定の歴史的・地政学的文脈のもとで、異なる「他者」との出会いによって、アイデンティティの中の違った要素が出現する。その反面、多くの文化に類似点が認められる。これらの象徴の多くが、血、土、民族の起源、叙事詩、日本でいえば古代の天皇制など、自己の元始性を表象するものである。この傾向は伝統的な自己が近代の波の脅威にさらされる場合に強まるが、本章で論じた権威主義的国家はどれもそのような状況に直面していた。ナチス・ドイツ、ソ連、ファシストのイタリアはいずれも、元始的なるものと近代的なるもののバランスをとりながら、二面性を持った自己表象に従事した。これらの国々の象徴的自己の中では農業が中心的な役割を担った。それを象徴するものとして、この三つの体制が生み出したプロパガンダ写真では、小麦が重要な象徴であった。その反面、近代国家なるものは飛行機によって表象され、自動車が僅差で二位につけた。こうした近代的な移動手段が、過去に比類がないほどの移動可能性を促進した。重要なのは、これらの体制のプロパガンダが、移動可能性とそれが個人にもたらすはずの自由とを強調したことである。「時間－空間の圧縮」(Harvey 1990: 201-323)は、まず様々な地域に暮らす人々を統一し、またそれによって国家による統制や軍事的な物資・人員の迅速な輸送を促進することで、これらの体制に寄与した。

ところが、ヨーロッパの権威主義的国家と日本は、どのようなイメージを打ち出したかという点で鋭い対比をなした。ドイツは伝統的・元始的自己と近代的自己に同程度の重きを置いた。近代化は歴史における誇るべき進歩の印であった。ナチスがライストゥング(Leistung)すなわち「業績に関する言説」と呼ぶものによって目指したのは、二つのアイデンティティを二項対立させることなく、新ドイツなるものをかたちづくり、表象することだった(Koshar 1998: 153)。近代化をヒトラーから国民への贈り物として表象することが重要であり、他の独裁者たちも同様にふるまった。

対照的に、日本は自らの近代化を日本化しなければならなかった。近代化は敵である西洋からやってきたものだからである。例えば、駅の名前に日本の近代史における重要な地名をつけたり、戦艦や飛行機に古代の国名をつけたりした。タバコのような一般消費者向けの商品でさえ、日本の古名をつけられていた。クシュナーが記しているように「戦争プロパガンダはしばしば、進歩した近代的な日本をことさらに描いた」が、それと同時に古代天皇制の象徴など国民アイデンティティの元始性を前面に押し出し、近代化を土着的なものとして表象することが必要だった(Kushner 2006: 11)。事実としては、明治以降、天皇制は古代の天皇制とは全く異なるものだったのだが(大貫二〇〇三：一一六―一六八)。

私たちは、様々な歴史が「均質で空虚な時間」(Benjamin [1950]1968: 261)の中を行進していくものではないと認識し、またそれに加えて、似たような歴史的な力でも各国の政治・社会・経済的文脈次第で異なったかたちで表現されることにも注意しなくてはならない。ドイツと日本の重要な違いは、近代の鍵を握る次元としての移動可能性が導入されたそのやり方である。ドイツも日本もともに、新しい移動技術のもたらす「時間‐空間の圧縮」に邁進した。しかしながら、これらの変化の社会政治的およびイデオロギー的な局面は大いに異なっていた。ナチス・ドイツは、自動車、アウトバーン、そしてラジオが人々に個人の自由と平等をもたらす――総統のお蔭によって――と説得しようとした。対照的に、日本が誇ったのは、迅速な移動の様式としての列車であった。人々は列車にのせられ、戦争協力に向かって大衆を国民化する駅名のついた駅を次々と通り過ぎていった。まるで総力戦に向かって転がってゆく巨大な車輪の歯車のように。日本人は知らず知らずのうちに、「王(天皇)と祖国のために死ぬ(pro rege et patria mori)」ことに向かって、マルクスの言うファンタスマゴリカルな勢いで集団的自己の破壊へと進んでいったのである。国家は、個人に移動手段を与えようと言わなかった。だからといって、個人の自由という概念が日本人に受容されていなかったというわけではない。それどころか、国家の支配に反抗して個人的自由を信じ支持した者たちは、ひどい迫害を受け、獄中死する者もいたのである(Ohnuki-

Tierney 2002: 91–92)。

ヨーロッパの権威主義国家と異なり、日本のプロパガンダには指導者であるはずの天皇個人のイメージが不在であった。天皇制というシステムが強調されるのみであり、このシステムの価値ある古さが日本自体の価値ある古さを証明するとされた。クシュナーは日本の戦争動員に関するアメリカの研究が失敗した理由について、アメリカ人が、日本人の天皇への従属は隷属的なものであるという考えを誇張して認識していたためだったと指摘している(Kushner 2006: 20)。彼が言うように、日本で戦時プロパガンダに従事した人々にとって、「天皇についての議論は彼らの仕事とほとんど関係がなく」、「天皇はめったに姿を現さなかった」。天皇の視覚的イメージが制作されることはなかったし、「天皇」の語が歌の中で歌われることがあったとしても、それは総称としての天皇であった。これは他の権威主義体制のもとで生み出されたプロパガンダと著しい対照をなす。そこでは個人崇拝が作り上げられ、独裁者は国家そのものと同一視された。一九三四年のニュルンベルクでの党大会の際、ゲッベルスは「ドイツにヒトラーあり」と叫び、ルドルフ・ヘスは顔を狂信的な情熱で輝かせながら、「党はヒトラーである。だがヒトラーはドイツである、ドイツがヒトラーであるように！　ヒトラー！　勝利万歳(Sieg. heil)！」と叫んだ(Evans 2005: 126)。ヒトラーへのヒステリックな集団的献身としばしば呼ばれるものは、プロパガンダを含む広範で徹底的な工作によって育てられたものだったのである。したがって、集団的政治的自己の観点から見た場合、ヒトラーはドイツを表象していた。しかし日本では、天皇ではなく、古代からの天皇制が日本を表象した。

すでに述べたように、集団的自己アイデンティティは多数の特徴からなるが、そのどれか一つが特定の他者との関係で表面に浮かび上がり、それぞれが均質の「我々」の暗喩とみなされる。こうした集団的自己の象徴を理解するうえで不可欠なのは、それらが集団の他の特徴や、集団内部の異種性を覆い隠すことだ。一つの国民／国家の単一性は、ほとんど常に現実との矛盾のうえにうち建てられている。国家などの大きな政治的組織はたいてい多民族であったり、その他の面で異種混合であったりするからだ。これは時に、支配的な社会集団の側で、内側にある「他者」を排斥したり、差別によって自らの不純さを浄化したりしようとする具体的な取り組みへとつながる。日本人の場合、周縁化された集団（被差別部落民など）に対して自分たち自身のけがれを転嫁したり、西洋から社会進化論を導入して、農耕社会の優位を確立するべく、北日本で狩猟生活をしていたアイヌ民族に元始性を見出したりした（Ohnuki-Tierney 1998）。ナチス・ドイツでは、「純粋な」アーリア人種を確立するべく、ユダヤ人や「ジプシー」、同性愛者や精神障害者に自らの不浄を転移したのである（Burke [1945]1969: 406-407）。

これらの例において最も顕著な類似点は、元始的な自己の象徴が——近代化以前のものであれ以後のものであれ——実証主義的用語を使うとすれば「現実《リアル》」でないということである。人々は「我々の」土地に悠久の昔から存在してきたわけではないし、彼らは決して純血でもなく、その起源はたいてい曖昧であり、また天皇制は二六〇〇年ものあいだ存在していたのでもないなどなど、非現実性は枚挙にいとまがない。象徴によって構築された自己と歴史的現実の間には全くの乖離があり、とりわけこうした権威主義的国家の集団的自己の象徴についてその傾向は顕著である。人々は近代的な自己の象徴には比較的共感しやすいのに対して、元始的自己の象徴に対しては共感するのが難しい「はずである」。というのもそれは、実証主義的立場に立つなら、ほとんど常に全く想像上のものだからだ。にもかかわらず、このように元始的自己が呼び出されるという普遍的な現象を説明するにあたって、自己イメージにとっての美意識の重要性を挙げることができるだろう。例えば、純粋さ・潔さは多くの民族において最も重要な美的価値である。最近のケベック・ナショナリズムにおける言語の純粋さ（Handler 1988）、毛沢東のスローガンであった「今日は純粋で貧しいが、明日は純粋で力強い」、ボスニアでの民族浄化などはすべての国家建設において必要となる「純粋さの発明」（Williams 1989）の例といえよう。最も不幸な意味で記憶に残る例は、元始的なドイツ民族が、精神的な力や純粋さを持つとされた想像上のアーリア的・チュートン的過去に求められたことだ（Wolf 1999: 236）。純粋さ・清潔さを象徴表現するうえで、元始的な自己を描くことは一つの成功戦略である。なぜなら、後の歴史的発展による否定的な影響で汚されていないからだ。花々のように美しい元始の自然を、カント的な意味で転移することによって現在の集団的自己に重ねれば、集団は鼓舞される。いかなる国家においても、国民を「我々」として統一し、彼らを自己犠牲というもう一つの美的行為に向かって駆り立てることは、国家の側の戦略的な選択なのである。

第Ⅲ部

(非-)外在化——宗教的・政治的権威/権力

第五章　見えない、聞こえない日本の天皇

ここまでの章では日常的な象徴をとりあげて考察してきたが、第Ⅲ部の本章と次章では、政治家および政治制度に焦点を当てる。ギアーツは「我々が関心を寄せるカリスマ的人物が、どれほど周縁的で、暫時的で、とらえどころのない存在であるにしても……、我々が彼を、そして彼の意味することを理解しようというのであれば、我々は中心から、そして中心を支配している象徴や思考から出発しなくてはならない」と力説する(Geertz［1977］1983: 143)。

桜やバラといった象徴がコミュニケーションの中で帯びた不透明性を考えるうえで決定的な問題は、そのような不透明性がいかにして戦時中に生起したか、である。したがって、指導者たちはいかにして、自分たちの権威や権力を行使し、また顕現させたか、あるいは果たして、自分たちの権威や権力を行使し、また顕現させたか、という問いを探ることが欠かせない。マックス・ヴェーバーのよく知られた定義によれば、合法性《レジティマシー》とは権威と権力を区別するための原理であり、権威は正統なものであるが、権力は合法性を欠いているという(Weber 1947: 324-363; 392-407)。私は権力の概念を幅広く用いる。私の関心は「権力」とその機能、すなわち象徴や儀式が人々の思考やさらには行為にまでおよぼす影響に焦点を当てることではなく、むしろ、宗教的・政治的指導者および諸制度が、こうした象徴や儀式をいかにして

利用・展開するのか、また場合によってはいかにして回避するのか、という点にある。

私は哲学や芸術、美術史や関連する分野で使われてきた「対象化」ではなく、「外在化」という語を用いる。また、「物質化」や「物象化」といった語も学者たち、とりわけマルクス主義者たちによる研究と深く結びついているが(Jameson 1992: 16–17)、私は表徴《サイン》や表象《シンボル》を含む対象物《オブジェクト》として、あるいは音や発話として、考えや概念を表現することを指して「外在化」と呼ぶこととしたい。聴覚的なものは、「対象化」や「物質化」といった語からはただちに浮かんでこないということもその理由である。

この本の最終章では政治的権威や権力についてより広く論じるが、本章では日本の天皇制と天皇を紹介する。

まず、天皇制と天皇について、日本人以外の人々の持つ、天皇を一神教の「神」と同一視するステレオタイプ、いや、ひどい誤解とさえ言ってもいい見方に反証すべく、主なポイントを提示したい。クシュナーが指摘するように、アメリカ人は(そして、多くの日本人以外の人々は)日本人が「天皇に隷属的に服従している」という「誇張された考え」を持っている(Kushner 2006: 20)。私の考えでは、このように日本人にとっての天皇の重要性に関して誤った表象がなされた結果、総称としての「日本の天皇」の持つ権力を誤って評価することにつながっている。私の試みは、天皇制および天皇の基本的な性質を理解することの重要性を示すものである。その際、個々の天皇のあいだには大きな差異があったことは認めつつも、それについて論じることは本書の枠組みを超えるものとしたい。以下で紹介する様々な次元についての説明のより完全なものは、それぞれのテーマに関して発表した以下の論考——明治以前の天皇と天皇制(Ohnuki-Tierney 2005)、日本人の宗教性と天皇(Ohnuki-Tierney 1991b)、明治憲法成立時における天皇の再定義（大貫二〇〇三：一一六―一六八）、即位の儀（大貫二〇〇二ａ）を参考にされたい。

明治以前の天皇制

第三章で論じたように、水稲耕作が日本に導入されてから六世紀たった四世紀末、稲作農業を政治経済的基盤としつつ天皇制が発展した。そして天皇制を基盤として、米を象徴的中心とする農耕民的宇宙観が発展した。初期の天皇を含む古代の農業指導者たちは、魔術的かつ宗教的な指導者であった。すなわち、彼らは呪術師《シャーマン》であり、その政治的権力の拠りどころであったのが、超自然的な力に懇願して米の豊作を確保できる能力だった。かくて年一回行われる収穫の儀式は、地域の政治指導者を正統化し、彼の象徴的再生を確実なものにして、その政治権力を強化するという目的に資するものだったのである（村上一九七七：四―六を参照）。こうした理由から多くの学者が、天皇は何よりもまず、稲魂《いなだま》の主宰者であると考えている。歴史上の様々な時期に他の儀式が付け加えられたが、天皇が主宰する中心的な儀式が確立されたのは古代においてであった。年一回行われる稲の収穫の儀式である新嘗祭《にいなめさい》は、新たな天皇が即位した時には大嘗祭《おおなめさい》となるが、それは今日でも依然として続いている。

ジョゼフ・キタガワは王朝文化について、「日本の歴史において、王権が八世紀ほどの高みに達したことは後にも先にもなかった」と述べている（Kitagawa 1990: 140）。ヨーロッパにおける支配のパターンとは対照的に、日本では「戦う王」が現れるかわりに、中世以降、天皇と武士のあいだで役割が分割された。朝廷の豪華な生活様式と開花したハイ・カルチャーは存続したものの、その財政力は弱まり、武士の保護に頼るようになった。三人の天皇（正親町《おおぎまち》、後陽成《ごようぜい》、後水尾《ごみずのお》）と三人の武士（信長、秀吉、家康）のあいだでは複雑な交渉が行われ（藤井二〇一一）、最終的に後者の勝利へと至った。日本では一一八五年から一八六八年の間、武家による軍事政権に権力が集中し、天皇および朝廷は背景に追いやられた（詳細はOhnuki-Tierney 2002を参照）。しかしながら武家による政権は、天皇制を完全に撤廃することはなく、米作に関連した儀式の司宰をあえて自ら担うこともなかった。この役割は厳密に天皇のためにとりおかれるべきものだった。武士たちが儀式に参加する時には、彼らは頭を覆って不敬とならないようにした（Ohnuki-Tierney 1991b: 209–210）。つまり、武士が握っていたのは政治的・軍事的権力であり、宗教的・象徴的な力は引き続き天皇とともにあった（藤井二〇一一）。

将軍たちが神格化を要求したといういくつかの劇的な実例から、天皇の権力が制限されていたこと、日本人の宗教性が流動的であったことがうかがえる。一五九〇年に史上初めて日本統一に成功した関白豊臣秀吉も、江戸幕府を開いた徳川家康も、それぞれの遺言の中で自らの神格化を天皇に要請し、どちらも下賜されたが、彼等の死後、神号を決定する段階では後陽成天皇は秀吉の望みをはね、家康の場合は朝廷抜きで決定された。それぞれ、後陽成天皇在位中の一五九九年、後水尾天皇在位中の一六一七年のことであった（藤井二〇一一：二六六―二七〇、三三三―三三七；井上一九五三；同一九六三：二五八―二五九）。将軍――普通の人間――が神の地位を得ることができ、それに半ば神である天皇が承認を与えたことから、日本人の流動的な宗教性と宗教的ヒエラルキー、また天皇の権力が制限されていたことが明らかである（詳細についてはOhnuki-Tierney 1991bを参照）。

日本人は常に、天皇は人間であると考えてきたが、このことは民間説話のうちに示されている。例えば、桜町天皇（在位一七三五―一七四七）は親王であった時、ソバの味を覚えた。天皇は稲の公式の守護者であるので、彼はひとたび天皇になると、米に劣るとみなされていたその他の穀物をもはや食べることができなくなった。また彼は灸療法を受けることもできなかった。体外の物が、その「玉体」に触れることはあってはならなかったからだ（宮田一九八九）。桜町天皇は皇位を退くと、ソバを心ゆくまで食べたり、灸療法を受けたりできるようになって、非常に喜んだと言われている（津村［一九一七］一九七〇：六一五）。この説話が明らかにしているように、親王はふつうの人間で、それが神に近い天皇となるのだが、再び普通の人間に戻ることができるのである。

明治期につくり直された天皇制

ペリー提督が一八五三年に来日し、一八五四年に再訪したことは、日本がもはやその孤立を保つことはできなくなったことを警告していた。大半の研究者（例えば村上一九七七：四五）が主張しているように、一八六八年の「復古」は、日本の古代天皇制の復活ではなく、下級の侍が倒幕のために用いた単なる建前にすぎなかった。倒幕の理由は、日本が西洋に植民地化されていない唯一の東アジアの国家であったのに、幕府がそうした状況を忘却していたからだった。国内的には、日本はおよそ二六〇の藩に分割されており、それぞれの藩は独立していて、互いに競い合っていた。日本は近代的な中央集権国家とはなっていなかった。

新政府の首脳部の政治家たちは西欧諸国に行き、憲法起草のために、数多くの外国の専門家に意見を聞いた。明治維新の喫緊の目的は主権を確保し、西洋の植民地主義から国家を防衛することであったから、主権は天皇にあるべきか、それとも国家機関にあるべきか、ということが重要な問題となった。彼らは外国人アドバイザーたちと相談し、プロイセンの立憲君主制のモデルに倣って、主権は天皇にあるべきという点で合意した[1](江村校注一九八九：四八二—四八四；稲田一九六〇：五八九；Mitani 1988: 55–59)。

一八八九年の大日本帝国憲法には、次のように書かれている。

第一条　大日本帝国ハ万世一系ノ天皇之ヲ統治ス
第三条　天皇ハ神聖ニシテ侵スヘカラス
第四条　天皇ハ国ノ元首ニシテ統治権ヲ総攬シ此ノ憲法ノ条規ニ依リ之ヲ行フ
第五条　天皇ハ帝国議会ノ協賛ヲ以テ立法権ヲ行フ
第六条　天皇ハ法律ヲ裁可シ其ノ公布及執行ヲ命ス
第十一条　天皇ハ陸海軍ヲ統帥ス

明治憲法は天皇を立憲君主として定め、無制限の力をそなえた天皇主権を認めた。しかし、同時にこの憲法は、天皇の直接統治という考え方を否定している。政治的な責任の所在は、国家機関の内にあった。ここでいう国家機関とは内閣と、貴族院および衆議院の両院よりなっていた。これらの機関は互いに独立して機能した。

実際問題として考えた場合、憲法の第四条、第五条および第一一条において記述されている天皇の政治的・軍事的役割は、実のところ意味のないものだったということが明らかになる。つまり、それらの条文は天皇に何の権力を与えるものでもなかった。こうした天皇の無力化を容易にしたのが、第三条の言葉の選び方だった。三谷太一郎が説明しているように、「神聖ニシテ侵スヘカラス」という表現の「真の意味」は、政治を超越した地位に天皇を置くことによって、あらゆる政治的責任を天皇から取り去ることにあるのである（Mitani 1988）。制度的に言えば、憲法発布に先立つ一八八五年一二月に出された政府の宣言により、政府が発布した法律や法令はいずれも総理大臣と各省の大臣が共同で署名することになっていた。このことによって天皇を政治への能動的関与から除外することは成し遂げられた（Beasley［1989］1996: 648–649）。

天皇は、あらゆる政治上の役割を剝ぎ取られた状態で、陸軍と海軍の統率者に任命された。現実に天皇に対して直接の責任を負っていた陸軍大臣および海軍大臣は、自分たちの提案を内閣や議会に通す必要もなく、天皇に直接アクセスすることができた（江村校注一九八九：四九一―四九二：Mitani 1988: 60–61）。一二世紀以来、戦争は武士たちの役目であった。いまや、新たに創造された神権政治のもとで、天皇はこの最高司令官というまったく新しい、なじみのない役割に投げこまれたのだ。このような矛盾を克服するために国家が試みたことは、天皇は軍人だったという神話を復活させることだった。伝説上の初代天皇で、あらゆる蛮族を征服したとされる神武天皇がその証左とされた。当時制作された一枚の掛け軸には、下に明治天皇、上に弓持つ武士としての神武天皇があわせて載せられている。これは天皇制のそもそもの始まりから、軍事的な役割が天皇に属するものであったと立証するためのものであった。この掛け軸は、限られた部数のみ国民のあいだで流通した。

このように明治憲法は、国の政策を支配するための法的基盤を、官僚や軍将校に対して与えるものであり、天皇は事実上排除されていた。(2) 意思決定過程の厳格な管理は、明治天皇がごく温厚な性格だったことによっても助長された。政府の最中枢に属していた者たちは、天皇を簡単に操作できる「掌中の玉《ぎょく》」と呼んだ(井上一九五三：二二、二二五―二二六)。「玉」という言葉は、玉体、玉音、玉座のように天皇の敬称である。明治天皇が扱いやすかったというだけでなく、明治の天皇制は新政府の指導者たちが自分たちの政策を詰めこむことのできる、空の容れものだった。第二次世界大戦が勃発した主要な構造的原因は、このような法構成のうちにあった。これによって、東条英機始めその他の軍将校が権力を掌握することが可能になったのである。(3)

第一条に記された、太古から永遠の未来まで続く(万世一系の)皇統について、明治憲法起草の際に相談役として雇われたドイツの法学者カール・フリードリヒ・ヘルマン・ロエスレル(一八三四―一八九四)は、その宣言にはいかなる歴史的・法的な意味も存在しないと指摘していた(稲田一九六〇：二四八)。この表現を憲法に組み入れることに、外国人アドバイザーの誰もが反対した。だが日本側の憲法起草者は主張を曲げず、この表現は神権政治にもとづく天皇制の基礎的な枠組みとなり、国家はこの神話を国民に植えつけるために腐心した。皇統の始まりを寿ぐ儀式(紀元節)は、一八七二年になって初めて年に一度執り行われるようになったにすぎなかったが(村上一九七七：八〇―八一)、一九四〇年には皇紀二六〇〇年奉祝典が盛大に催された。

神話にもとづく神権政治は、ある天皇から次の天皇へと皇霊が受け継がれるとする憲法第一条によってさらに下支えされた。エルンスト・カントロヴィチによる理論的分析を利用するなら(Kantorowicz

[1957]1981: 7)、皇霊によって、「政治的身体《ボディ・ポリティック》」の継続を保証しつつ、その一方で天皇「個人の身体《ボディ・ナチュラル》」をなしで済ませられるものとしたわけである。要するに、憲法の焦点は天皇制というシステムであり、個々の天皇ではない。同じことは、天皇が憲法発布前に先祖に対して宣誓する告文《こうもん》でも述べられている(里見一九七一：一六〇―一六七：長尾[一九八七]一九九五：八四〇)。告文は、天皇から皇霊への報告で始まる。皇霊は歴代の天皇に宿っていたもので、いまや即位する天皇に宿ることになる(村上一九七七：一四四―一四五。詳細は大貫二〇〇三を参照)。

七二〇年に成立した『日本書紀』の中で、初代天皇とされている神武天皇が、天皇家の祖先の霊のために儀式を執り行うくだりがある(岡田[一九八五]一九九七)。しかしながら、天皇の守護神を祀る八神殿《はっしんでん》は慶長のころから江戸末期まで宮廷の外で祀られており、一八六九年(明治二年)に神祇官内の仮神殿に鎮斎された。皇霊は一八七一年には、皇居の中にある天照大神の祀られている賢所《かしこどころ》へと移された。一八七七年には、政府は皇后と他の皇族の魂もそこへ加え、一九〇〇年に皇霊殿という名称が正式に採用された(福山[一九八五]一九九七)。春と秋に皇霊のためにおこなわれる儀式である皇霊祭という行事は、一九〇八年に法制化され、一九二七年に改定された(岡田[一九八五]一九九七)。皇霊は現人神《あらひとがみ》として他のあらゆる神々の上に奉られた。ただし、日本人の宗教性には全能の神という概念がないので、天皇はキリスト教の全能神とはことなっている。

要約すれば、世界中のほとんどの国家や帝国において近代化の努力が熱をおびていた――とりわけ、長い「鎖国」の後で遅れを大急ぎで取り戻さねばならなかった日本はそうだった――時代に、明治憲法は天皇制という神話を歴史と置き換えたのだった。皇霊はそのために作り直され、日本の神々の最高位に置かれた。大日本帝国憲法は、天皇を国家神道の高位司祭とする神権政治をうち建てた。この憲法は史上初めて、女性による天皇の皇位継承の禁止を法文化さえした。(4)

したがって明治憲法は、ローレンス・トライブが『見えない憲法』の中で提出した命題(Tribe 2008)の最適の例といえるかもしれない。トライブが論ずるところでは、アメリカの書かれている法則は、我々が持つ合理主義的な想像力が生んだ作り事なのだ。「いずれのテクストが合衆国の眼に見える憲法として受け入れられるべきかを我々に告げるのは、見えない憲法なのである」(Tribe 2008: 7 強調は原文)。そして、書かれた憲法は「広大で深遠な――そして一番重要なことだが、眼に見えない――海の中を漂っている。この広大な海は、数々の主張、定理、回復された記憶、そして想像された経験からできあがっており、全体としての憲法によって、我々はその海の様相を垣間見ることのできる位置に置かれる」(Tribe 2008: 9)。明治憲法という書かれたテクストが、いかにして様々なバージョンの見えない憲法を生みだしてきたか。このことは、近代の三天皇(明治・大正・昭和)を比較し、自らの統治について書かれた法体系を彼らがどのように実現したかを比較することによって明らかになる。

孝明天皇が亡くなった後、明治天皇は一四歳で皇位に就いた。女官たちの中で甘やかされて育ってきた彼は、体が弱かった。一八六四年七月に長州出身の武士たちが「維新」を押しつけようと皇居に大砲を撃ちこんだ時、この天皇は轟音で気絶したという。新政府の設計者たちは女官らを排除し、この紅顔の天皇の男性化に取りかかり、彼は乗馬のような活動を楽しむようになった(大貫二〇〇三：一二五―一二六。明治天皇に関する非常に詳細な記述は Keene 2002 を参照)。

大正天皇は一九一五年に皇位に就いたが、彼の治世は一五年足らずしか続かなかった(政府によって流布された大正天皇のイメージを修正する試みはディキンソン二〇〇九を参照）。一九二一年一一月二五日に国民に対し告示された『天皇陛下御容体書』という公式の発表は、露骨であるばかりか冷酷でさえある。明治憲法による天皇は神聖であるという想定を、政府がいわば忘却していることが明瞭に示されている。

天皇陛下には御降誕後三週目を出でざるに脳膜炎様の御疾患に罹《かか》らせられ、御幼年時代に重症の百日咳、腸チフス、胸膜炎の御大患を御経過あらせられ、その為《た》めに、御心身の発達に於《おい》て、幾分遅れさせらるゝ所ありしが、内外の政務に日夜、大御心を悩ませられ給《たま》ひし為め、近年に至り、目下の御身体の御模様において御変りあらせられざるも、御脳力漸次御衰へさせられ、殊《こと》に御発語の御障害あらせらるゝ為め、御意志の御表現甚《はなは》だ御困難に拝し奉《たてまつ》るは、まことに恐懼《きょうく》に堪へざる所なり。

（猪瀬一九八六：三〇―三一）

むろん敬語で溢れてはいるものの、この発表は大正天皇を容赦なく退け、なぜ皇太子裕仁が彼の職務を引き継がねばならないかを説明している。裕仁は一九二一年に二〇歳で摂政となり、一九二六年に天皇の位に就いた。

なかんずく原武史が示唆していることであるが、一九二一年に裕仁が摂政になった時期に、日本の天皇制は深甚な変化をとげ、「国体」が、天皇個人の姿によって、さらによく見えるものとなった（原二〇〇二：一三七）。裕仁は天皇となり、明治以来同一の憲法からまったく異なった「見えない憲法」が生みだされた。色川大吉が指摘するように、昭和天皇は「軍国主義者や政治家が簡単に操ることはできなかった（Irokawa 1995: 75）。なぜなら、彼は将校や政治指導者たちと個人的に親しかったからだ」。彼の治世は、ヨーロッパで独裁の勃興した時期と重なっていた。当時日本政府は、民衆の意識の内で天皇制を強化する必要があると感じていた。この目的のために、政府は、国民の人気が高かった明治天皇を復活させるべく、彼の訪れた場所を「聖蹟」に指定し、通常、彼の訪問の次第を詳述した巨大な石碑を建てた。

裕仁は皇太子時代から国民の前によく姿を現した。彼はヨーロッパを旅行し、天皇になってからは満洲国（満洲と内モンゴルにかけて存在した日本の傀儡国家）を旅しているが、こうした旅行はいずれも映画フィルムに収められ、国民に公開されている。昭和天皇は、しばしば皇后を伴い、定期的に公の場に姿を現すようになった。天皇は眼に見える存在になったが、群れをなして「万歳」を叫ぶ国民からは、一定の距離をとった。「万歳」というのは、英国や合衆国における習慣に倣って明治期に考案された慣例的な敬礼である（猪瀬一九八六：四九八―五〇〇）。一九四〇年一一月一〇日から一四日に、皇紀二六〇〇年を祝う史上最大規模のスペクタクルが催された――つまり帝国憲法第一条を、まさに上演してみせたわけである。天皇と皇后の参加は皇居の外苑に二人が姿を現すことだけに限定された（藤井［一九八四］一九九六：Ruoff 2001）。軍司令官という天皇の役割が強調され、白馬に乗った昭和天皇は、神の如き軍隊指揮官という偶像的イメージとなった。(5) とはいえ、このイメージは日本国内よりも海外でより多く流布したようである。

一九二五年に開始されたラジオ放送は日本中へ広がったが、昭和天皇は演説を行わず、大本営が代わって独占していた。日本が降伏して一九四五年八月一五日に彼の「玉音」が放送された時こそが、日本人が昭和天皇の声、さらにいえば天皇というものの声を聞いたほとんど最初だった。

日本人の宗教性

天皇の基本的性格を理解するうえで、日本人の宗教性の三つの根源的な特徴を指摘しなければならない。一つめは、それが世俗とのあいだで流動的であることだ。小沢浩が強調するように、人と神々は連続体を構成しており、先に述べたように人神——神となった人——という概念が、重要な歴史的変化を経てきたとはいえ、日本人の宗教性の中心をなす(小沢一九八七)。小松和彦は神となった天皇や将軍、市井の人々の事例——例えば増田敬太郎巡査(一八九五年佐賀県高串でコレラの流行への対処に全力を尽くし死去。死後に神社に祀られた)——を挙げている(小松二〇〇八：一二一—一二三、一三八—一四六)。二つめとして、日本の宗教において神が流動的な性質を持っていることは、日本人が様々な外国宗教を簡単に受け入れることにつながった。六世紀に中国および朝鮮を経由してインドから仏教が導入された時、天皇家を含むエリートたちは熱心にそれを受容した。人間が菩薩になるという仏教を基礎づける原理は、日本人の宗教性と矛盾することはなかった。ジョゼフ・キタガワによれば、「おそらく、当時日本にいた人々はたいてい、仏を単にもう一つの神だと考えていただろう」(Kitagawa 1990: 136)。公式的にも、神が仏や菩薩の顕現であるという本地垂迹説《ほんじすいじゃく》として知られる理論を主張することによって、日本人は両方の宗教を調和させようと試みている。同様に、徳川時代の日本人、特にエリート層は儒教を採りいれた。また、西洋の諸宗教の眼から見れば驚きかもしれないが、明治政府は「非宗教の国家神道」を創り、日本国民は誰もが、「その人の個人的な宗教と関係なく国家神道をかたく守るべきであるとしたのだ」(Kitagawa 1990: 161)。現在も日本人の大部分が、少なくとも名目上は仏教と神道の「信者」である。

日本人が宗教に対してとる姿勢は、きわめて実際的なものである。神々や仏に対して、病気からの回復、自然災害からの保護、入学試験やビジネスでの成功などが祈願されることが多い(大貫一九八五：二〇六)。こうした理由から、S・N・アイゼンシュタットは日本人の宗教は非軸性だとし(Eisenstadt 1996)、ジョゼフ・キタガワは日本の文明を「折衷主義的」として描きだした(Kitagawa 1990)。また他の論者は、「多層的」ないし「融解的」という言葉を用いる(大貫一九八五)。重要な点は、キリスト教やユダヤ教、イスラム教のような全能の神という概念は、常になじみのないものだったということだ。日本人は天皇を神とか「現人神」とか呼ぶが、この神は、これらの宗教における「ゴッド」と翻訳されるべきではない(6)。

日本人の宗教性に関して、天皇の性格に直接関係してくる三つめの重要な前提が、魂こそが神々を規定し、同定するものであるという発想である。神道の根底にあるのが、眼に見えない魂が様々な事物——岩や桜の花びらや樹木——に宿る、という考え方である。ただし宿るといっても一時的なことにとどまるのだが(大貫一九九五b)。これらの事物は御神体と呼ばれるが、物体化された身体というわけではなく、むしろ神の魂の宿る場所なのだ。例えばある神が岩に宿った時、人々は藁でできた縄(しめなわ)を、これまでは何の変哲もない岩だったものの周りに巻き、神聖なものとする(大貫一九九五b)。

だが神の魂は見えないままにとどまる。河合隼雄は「空虚な中心」が民間神道の基本主題であることを示し、『古事記』の中に、三柱の重要な神々が三組登場することを指摘する。この三組のいずれも、三柱のうちもっとも重要な存在が最初に名前で紹介されるのだが、神話の語りが進展するにつれて、この最も重要な神の存在は薄くなり、空虚となってゆく。他方、その他の二柱の神々の活動はしっかりと記述され（河合一九八二：三〇―四四）、それによって眼に見えない神の述語的要素としての役割を果たす。[7]

重要な神々が眼に見えないという点は、天照大神の性格づけにもよく表れている。世界に光を与え、穀物とりわけ米（稲）に暖かさをもたらすこの女神は、農耕民としての日本人の神々のうちで最も重要な神といっていい。[8] 伊勢神宮で、天照大神は内宮に祀られており、見ることができない。ここで磯崎新が強調するのが、女神を「隠す」ことの重要性である（磯崎一九九五）。参拝者は神社に来ると、柏手《かしわで》を打って見えない女神を迎え入れ、彼女があたかも人のかたちで存在するかのように語りかけ、食べものなど日常的なものを捧げなくてはならない。

神の本質としての魂という概念や、神霊は隠されなければならないという考え方があるため、外在化という概念を日本の文脈に適用することは難しくなる。岩は、外在化された神性なのではない。岩は神の一時的な宿にすぎない。魂は形をもたず、眼に見えず、声も聞こえない。事実、神社の建築も、神々をかたどった木彫りのイメージも、九世紀になってから仏教のプレッシャーのもとで始まったに過ぎない（伊藤二〇一一：五一、八四：影山一九七八も参照）。どの神社でも、参拝者たちはそこに祀られている神を呼びよせるべく柏手を打ち、沈黙のうちに祈る。このような信仰と実践が今日も続いている。

古代では、人々は死とは魂が体から離れることと考えていた。少なくとも第二次世界大戦の終わりまで、魂という考え方は決定的なものとして残っていたため、日本人のアイデンティティは大和魂によって規定され、その魂は他の民族がもち得ないとされた。中国文明が五世紀から六世紀に日本を覆って以降、日本人は自分たちの際だったアイデンティティを保つため「和魂漢才」という表現を使った。一九世紀末、日本が軍国化の道に乗り出した時に国家《ステイト》が強調し始めたことは、日本人に固有のものは自分たちの魂なのだ、ということだった。この魂によって、日本人は躊躇なく死に向き合うことができる、というのだった。

コスモポリタンな知識人でありながら次第にナショナリスティックになっていった新渡戸稲造は、英語で記した有名な著書 *Bushido: The Soul of Japan* の中で愛国主義と忠誠心を擁護した。巻頭の一文で、新渡戸は日本人の魂と桜の花とを、どちらも日本土着のものとして同一視している(大貫二〇〇三：一九〇—一九四)。一九世紀末以来、この象徴上の同一視は国家によって利用展開され、大和魂を持つとされる日本の兵士たちは、ためらうことなく死に臨み、桜の花びらのように美しいが短い一生を終えて散るべきであるという意味が付与され、死が奨励された。自分自身を殺すのではなく敵を殺すよう命令されたドイツ人とは著しい対照をなしていた。

結論として、日本の天皇は数多くの神々を祀る日本の「神殿」の中の一柱の神にすぎず、彼の神性は、一神教の至上の神のような強い力は持っていなかった。日本における魂についての考え方は、必然的に皇霊の外在化を妨げるのである。

外在化されない天皇

日本が近代に突入すると、明治政府の役人たちは、天皇を名目上の指導者として利用するためには、国民に天皇の存在を意識させなければならないことに気づいた。一一世紀以来天皇が将軍たちの陰に隠れてきた後で、これは一つの難題であった。以下に論じるのは、国家がこの課題を達成しようと骨を折って編み出した方策の数々である。

「公に姿を現した」天皇

明治時代初期、社会はいまだ騒然としていた。「維新」に反対する旧武士階級の者たちがまだ多数存在しており、また新政府の諸政策によって国民のあいだに不安も生じていた。そうした政策の例として、一八八三年に導入された国民皆兵制度があった。また、封建的な土地所有制度の総解体によって、生活の糧を失った旧武士階級の人々の怒りを買ったが、その怒りは激しくまた根強いものであった。さらに、納税の形態を米から貨幣へと変えたことが農民を怒らせた（多木一九八八：七五—七七）。

政府は、実物の天皇が姿を現すことを通じて民衆の心をつかむ必要があると感じた（多木一九八八：七五—八〇）。明治以前の伝統では、天皇が一般の人々の前に姿を現すということはなかった。古代の日本では、天皇が丘や山に登って国土を見下ろし、この行為によって、彼は自分の領土の支配者であることを主張することができた。この儀式は「国見」「望国《くにみ》」として知られ（折口［一九三二］一九七六：特に一六五—一六七、一七六—一七九）、農暦の儀式を支配することと並んで、古代日本における天皇の政治的・儀式的権力を体現するものであった（宮田一九九二）。天皇が国土を眼差すというこの習慣は、天皇が自分の臣民らの活動を参観する「天覧」としてその後も続けられた。例えば、『日本紀略』（黒板・国史大系編修会編一九六五ａ）は、八六一年や八六七年に天皇が相撲を見たことを記録しているが、それは今日に至るまで天覧相撲として続いている[9]。

天皇が公に姿をあらわすという伝統が存在しない中で、国家は巡幸という戦略を編み出した。巡幸のモデルはイギリス君主制だったが、その行程は江戸時代に将軍の命で行われた参勤交代の行列において定まっていた。参勤交代の行列は、大名らが自らの富と権力を示す、あるいは示すことを強いられる場となっていた。明治時代、一八七二年(明治五年)の行幸を皮切りに、天皇は日本の広い範囲にわたって六回政府から送り出されている(多木一九八八：七五―八二。巡幸の完全な一覧表は、佐々木一九八四：二一八を参照)。こうした巡幸の際、天皇は、天皇の象徴の一つである鳳凰を上に掲げ御簾《みす》でおおわれた鳳輦《ほうれん》に乗っていた。天皇が国民を直接見たり、彼らに見られたりすることはなかったが、彼がそこにいることは明らかだった。それと反対に明治一〇年代の巡幸では天皇は「生身《なまみ》」で民衆の前にあらわれた。

多木浩二は、明治天皇の行列がスペクタクルではなかったという点を強調する。それは一六世紀ヨーロッパの君主たちによる旅行とは正反対のものとして発展した。つまり、凝った儀式によって、君主の権力を誇示し、民衆に印象づけるという意図はなかったのである[10](多木一九八八：八二、八四)。

軍事化の加速に伴い、「天覧」は兵隊の視察にまで拡張された。だが天皇が一般人を視察することはなかった。一八九〇年には、海軍と陸軍が合同で組織した大規模演習の際、最高司令官の役割を持つとされていた明治天皇がひどい雨の中兵士たちを指揮した。この事例は、日本人全体の範例として重要な伝説になった。つまり日本人は、天候その他の状況に妨げられて、己の義務を達成しないということはあってはならない、ということになったのである(羽賀二〇〇二：一二三―一二四)。

明らかに、天覧は天皇個人が公衆の面前に姿を現すこととして理解されてはならない。それはむしろ、天皇が、選ばれた人々ないしは人民の特定の活動を見ることなのである。

朝廷儀式

それまで日本の朝廷儀式は農耕に関する催事であり、稲の成長サイクルと連動していた。しかも、一つとして公の場で行われるものはなかった。今日でも収穫の儀式は、新たな天皇が即位する儀式として機能しており、皇居の中で催される。最も決定的な部分は、天皇が前代の皇霊を受け取る瞬間であるが、これはかつても今も秘儀であり、ただ天皇ひとりがその場に居合わせる。御魂鎮《みたましずめ》と呼ばれるこの儀式の中で、前代の皇霊が新しい天皇の身体に入る(11)(松前一九七四：九六―九七。この儀式の詳細については、大貫二〇〇二を参照)。

明治時代の初め、政府はドイツ人アドバイザーであったローレンツ・フォン・シュタインの提案に従い、それまで天皇を主宰者として皇居で執り行われる儀式が二つ存在していたところに、一一の新たな儀式を追加した(宮地一九八八)。そして日本中の神社が、皇居で行われる儀式にあわせて、同じ儀式をそれぞれに行うよう命ぜられた。村上重良によれば、これらの儀式には二つのカテゴリーがあったという(村上一九七七：七五)。一つは八世紀の『古事記』『日本書紀』の神話的歴史に関わるもので、もう一つは皇霊に関するものである(島薗二〇一〇：九八―一〇五も参照)。前者は、神話的歴史に描かれている、日本という国の起源を祝福するものである。すなわち、天照大神の孫(天孫)の降臨した時の様子を伝える物語であり、後者は、伝説の神武天皇の即位に対する祝福から始まるものであった(村上一九七七：七五―八六)。明治期に追加された儀式のうち、皇霊に関わるものは非常に数が多かった。こうした儀式を皇居と地域の神社とで連動させて実施することによって、政府は国民に天皇制の重要性を認識させようとした。一方、天皇個人の誕生日を祝う儀式は、その始まりは七七五年にまで遡るものの、明治になるまで長らく行われることはなかった。それが明治時代に再開されたのは、伝統的な習慣の復活というよりも、ヨーロッパの国々における、君主や政治指導者の誕生日を祝う習慣にならったものであった。

肖像画／写真

肖像画という考え方は中国から日本に到来した。中国では、秦の始皇帝(紀元前二五九―二一〇)に始まって、過去の偉大な人物を讃えるために肖像画がつくられた。清王朝の最も強力な二人の皇帝――康熙帝(在位一六六一―一七二二)と乾隆帝(在位一七三五―一七九五)――の肖像画はよく知られている。日本人はこの中国の習慣を八世紀の初めに知ったものの、それを採り入れなかった(宮地一九八八：二)。日本人は亡くなった人の肖像がその人の魂をこの世に繋ぎとめ、死者が他界で安らぎを得るのを妨げてしまうと信じていたのだ。一一世紀の半ば、日本人は死者の肖像画を制作するようになったが、それは死後ずいぶん経ってから描かれるもので、しかも身体的特徴の点で死者に似せてはならないとされていた(宮島一九九六：二、五)。

一一世紀末になると、肖像画という習慣はより受容されるようになった。聖徳太子(五七四―六二二)を描いた初めての「肖像画」が一〇六五年に誕生した。ただし、二人の子どもの付き人を従えているこの皇子の最も有名な絵は、彼の本当の肖像とは認められていない(林[一九八六]一九九四：五七七)。鎌倉時代(一一八五―一三三三)には、高僧を描いた肖像画が出現した(大塚二〇一三：一六八―一七六)。一三世紀の「公家列影図」はよく知られた重要文化財であり、そこには全部で五七人の藤原家の貴族たちが描かれている。上級の武士たちを描いた肖像画は、一五世紀に現れ始めた。その嚆矢となったのは、肥前（現在の佐賀県・長崎県）の大名であった松浦義《まつらよろし》を描いた一四三八年作成の肖像画である（宮島一九九四：三九、二六〇）。しかし天皇を肖像画で描くことに対しては、きわめて強い抵抗が生じた（宮島一九九四：三七―三八）。肖像画に描かれた最初の天皇は、一一五六年に亡くなった鳥羽天皇であった。依頼したのは鳥羽天皇の四男である後白河天皇で、この作品は一一七四年、つまり、鳥羽天皇が亡くなってから一八年後に公開されている。後醍醐天皇（在位一三一八―一三三九）のよく知られた肖像画では、天皇が密教の僧侶の身なりをして描かれている（網野一九八九：一八四―一八五）。要約すれば、日本では肖像画の伝統は絶えず抑圧され、採り入れられた後でも、描かれた人々の顔かたちに似ていてはならなかった。天皇はめったに描かれず、描かれる際にも、その権力の外在化としてではなかった。

しかしながら、明治時代には、日本は国際政治圏に参入しており、天皇の肖像画を制作する外部の圧力が高まった。外交上のしきたりとして、国家元首の写真の交換が求められたのだ。アメリカ合衆国やその他の国々に外交上の使命を帯びて訪れた右大臣の岩倉具視は、その必要に迫られた。明治初期には、政府の役人の中にはまだ天皇の図像《イメージ》が出回るのを渋る者たちもいた。一八七二年、元香港造幣局局長で大阪造幣局の局長になっていたトーマス・ウィリアム・キンダーは天皇の顔を日本の通貨に載せるようにと進言した（大森［一九八四］一九九六）。国家元首の顔が硬貨や通貨に描かれるのは、ギリシャ・ローマ時代以来続いていることであり、支配者のイメージを見ることで、国民の眼には彼がより偉大に映るようになる、とキンダーは説明した。大蔵大輔《たいふ》であった井上馨と、有名な企業経営者で大蔵省の役人でもあった渋沢栄一の二人は、キンダーの主張の要点をすぐさま理解した。しかしながら正院（太政官職制の最高官庁。明治一〇年廃止）は、市井の人々の手が触れることで天皇の肖像が汚されることになるから、この提案は冒瀆的であるとして拒絶した（鈴木一九九三：二二）。それに加えて、日本人はお金を道徳的に汚れたものであり、物理的にも汚ならしいものであると見なしてきた（猪瀬一九八六：四四三；大貫一九八五）。今日でもなお、紙幣や貨幣を触ったあと手を洗う習慣が残っている。とはいえ、通貨に天皇の図像をあしらおうという考えは、消え去ったわけではなかった。一八七八年、大蔵省はオーストリア人のライムント・フォン・シュティルフリート男爵にその仕事を手がけてもらうべく、彼を雇い入れようと計画した。その際、彼の経歴を十分に調べていなかったのだが、その経歴の中に、一八七一年に天皇の写真を二枚撮影したという事件も含まれていた。天皇が横浜港を訪れた時のことで、シュティルフリートは写真の複製を売ってひと儲けしようとしたのである。写真のネガは政府に没収され、シュティルフリートを雇い入れる案はご破算になった。

それ以降、政府の公式の政策は体系的とは言い難いものにとどまり続けた。一八七四年に議会を通過したある法律は、東京で天皇の写真を販売することを禁じていたが、その他の地域では販売が認められていた。一八七八年のべつの法律では、外国人を除いて、天皇の写真を配布することが禁止された。一八八〇年には、天皇や皇后、皇太子に対する不敬な行動を罰する法律が通過したが、その不敬な行動の中には、撮った写真を無礼なしかたで利用することも含まれていた（この沿革の詳細については、猪瀬一九八六：特に四七二―四七六を参照）。

明治天皇は写真を撮られることを好まず、治世の初期に三枚だけ撮らせていた。一枚目の写真が撮られたのは一八七二年のことで、天皇は神道の神主の装いで写っており、口ひげはない。二枚目は一八七三年撮影のもので、天皇はそこでフランスに倣ってつくられた軍服に身を包み、口ひげとあごひげを誇示している（猪瀬一九八六：四二四―四八四）。これらの写真は公式のものとして用いるには古すぎたり、他の点で適切でなかったりしたが、天皇は新しい写真を撮影することを拒み続けていた。宮内大臣の土方久元は、エドアルド・キヨッソーネに天皇の肖像画作成を依頼することで、この状況を解決してみせた。このイタリア人画家は、通貨のデザインを手伝うべく、大蔵省によって招かれていたのである。コンテを使って銅板や石板に描く、卓越した技能を持つこの肖像画家は、この名誉を非常に喜んだ。一八八八年一月一四日、天皇を観察するため、キヨッソーネは天皇が弥生神社を訪問した後の晩餐へ招待を受けた。キヨッソーネは隣室に座っていたが、「竜顔」と呼ばれる天皇の顔を見ている（中国由来の象徴では、竜は帝王を意味する）。キヨッソーネはそのあと天皇の軍服を借り、その軍服に身を包んだ自分の写真を撮ってもらった。細部を可能なかぎり忠実に再現するためであったが、顔は自分のものを記憶の中の天皇の顔にすげかえるのである。その結果、大きな銅板にコンテで描かれた天皇の肖像画が完成したが、キヨッソーネ自身の写真がモデルになったという事実は隠されていた。その絵を見た人の多くが天皇の顔や背格好が西洋風に見えると言った。しかし皇室の役人たちは、天皇の表情には威厳と、また同時に国民に対する思いやりが見られる、と満足した（大蔵省印刷局記念館編一九九七：七、三六、五二）。この肖像画の写真が多数撮られ、最良のものは「天皇の写真」として利用された（猪瀬一九八六：四二八―四二九：鈴木一九九三：一二三）。

この偽写真が作成された経緯の全体はまったく秘密にされておらず、『明治天皇紀』（宮内庁編［一九三三〕一九七二：七―八）に詳述されている。天皇に侍従として仕えた栗原廣太は、「下付」された写真は天皇を撮ったものではなかったと書いている（栗原一九五三：二二一）。天皇の軍服を着たキヨッソーネの写真と、それをもとに制作された公式の「御真影《ごしんえい》」とが比較のために並んで掲載されている出版物も、日本にはしばしば存在している（例えば、大蔵省印刷局記念館編一九九七：三六；佐々木二〇〇二）。天皇と違って皇后は自分の写真を撮らせることに前向きであり、一八八九年六月一四日には、ふたりの写真家が彼女の公式写真を撮影している（宮内庁編〔一九三三〕一九七二：二八七）。

明治二〇年代には、国内の社会不安がきわめて深刻になっていた。政府の役人らは、天皇の存在はもう十分に国民に知られたので、本人が危険を冒して巡幸せずとも、写真（「御真影」ないし前述の「御写真」）で代用することができると決定した（多木一九八八：八二―八三）。大日本帝国憲法が発布された一八八九年以後、この天皇の代わりの「写真」とされるものと本物の皇后の写真とが国民に「下付」された。それは、神聖な最高司令官である天皇に対する尊敬の念を生じさせるためだった。写真は特別に申し出た教育機関に与えられた。これは政府にとって、天皇中心の社会をつくっていくうえで重要な手段であった。小学校の校長たちは競って写真の複製の依頼を出し、天皇に対する最大の敬意を表明すべく依頼文を練った。公立・私立問わず、あらゆるレベルのほとんどの学校が天皇と皇后の「御真影」の複製を入手している（多木一九八八：一一三―一三八；山本二〇〇二）。もっとも、こうした実践が小学校にまで浸透したのは、一八九七年頃になってからのことだったが（猪瀬一九八六：四七〇）。丸山眞男（一九六一：三二）は、東京大学で教鞭をとっていたエミール・レーデラーの『日本‐ヨーロッパ（*Japan-Europa*）』に言及して、多くの学校長が、火事の際、炎に包まれている「御真影」を救いだそうとして焼け死んだことをレーデラーが驚きをもって記録していることに触れている。丸山は、これは一九二三年の震災直後のことと推察している。天皇中心のイデオロギーの強化が成功した結果、校長など公職につく個人が、写真の救出に失敗した場合の結果を恐れるようになっていたことが、レーデラーの観察から分かる。

しかしながら、御真影の「下付」によって「天皇の視覚化」は起こらなかった。校長たちの態度とは別に、御真影を生徒たちやその他の人々がまともに見ることにはならなかった。というのも、それは神社をかたどった木造の施設(奉安殿)に奉納されており、扉は特定の儀式の時期だけ、天皇と皇后を国民に「見せる」ために開かれたからだ。学校では、そうした施設は、生徒たちが集まる校庭の隅の方に建てられた。民衆にとって、天皇は見えない存在のままだった。したがって、彼の写真が本当の写真でないことも、問題ではなかった。キーンは、「明治天皇の銅像は一体さえ建てられることはなかった。彼の同時代人であった君主たち、例えばヴィクトリア女王は、石やブロンズの姿で永遠の命を得ることに異論はなかったのだが」と指摘している(Keene 2002: 586)。明治天皇の銅像が制作されたのは死後になってからで(栗原一九五三：二二五―二二六)、その複製は今もいくつかの場所、例えば彼が埋葬されている京都の伏見桃山陵などに建てられている。こうした死後に制作された銅像は明治天皇の権力を誇示するためのものではなく、大正天皇や昭和天皇よりもはるかに好まれ称賛された明治天皇の遺産を利用して、天皇中心のイデオロギーを国民に植えつけるためのものだった。クシュナーによれば、「昭和天皇が戦時中の日本で及ぼした影響を完全に否定することはできないが、それは文脈の中において理解しなければならない。……プロパガンダの製作者たちは自分たちが生み出すプロパガンダの内容に集中していたが、天皇がその中に登場することはめったになかった」(Kushner 2006: 20)。天皇のイメージを公にはさらさないという習慣は継続している。今日に至ってさえ、「公的空間に展示された天皇の公式的写真を見ることはめったにない」(Ruoff 2001: 131)。

錦　絵

明治の「復古」、すなわち明治維新は尋常ならざる出来事であったため、明治天皇の即位や彼の行動は、よく売れる錦絵のテーマになった。そこには、民衆のあいだで増大する天皇への関心が反映していた。「東幸」として知られる一八六八年の歴史上最大の事件は、天皇と側近たちが七九四年以来御所の置かれていた京都を離れ、一四五七年に基礎が築かれ三〇〇年にわたって将軍が住んできた江戸城に入城することになったという出来事である。このときの行列を記念した一枚の有名な錦絵が存在するが、それが制作されたのは東幸が行われる二カ月前のことだった。この経緯が証明しているとおり、こうした芸術作品は政治的事件の現実的な描写という意味を持っていなかった。最も重要なことは、ここでも天皇が視覚的に表象されなかったということだ。天皇が乗る車の屋根につけられた鳳凰や、行列の丹念な描写が、眼に見えない天皇の述語的要素となっていた(多木一九八八：一九―二六)。加えて、錦絵というジャンルでは場面や出来事を記すことが慣例であるにもかかわらず、この行列を描いた錦絵には、東幸であると示すタイトルが付けられることはなかった(多木一九八八：九五)。場面それ自体を見れば、鑑賞者はそれが何の事件か分かるはずだと考えられているわけである。一八八八年頃から、天皇自身も錦絵の中に姿を現すようになった(多木一九八八：九四)が、天皇は間接的にのみ描かれた。例えば、天皇の少年時代を描いた一場面の中では年配の男性が描かれている(多木一九八八：一一)。鑑賞者は、この男性が天皇だと推定するはずである。というのも、女官その他の付き人たちの名前は、錦絵の中で明記されており、彼らの存在がその人物が天皇であることを示唆しているからだ(多木一九八八：九五)。天皇と皇后の存在よりも、二人の図像は肖像画という意味を持ってはいなかった。天皇と皇后が描かれる時、二人の「天覧」した行事のほうがモチーフである。例えば、楊州周延《ようしゅうちかのぶ》が一八八六年に制作した錦絵、「チャリネ大曲馬御遊覧之図」の中、右側に描かれた天皇・皇后はこのイタリアのサーカス一座による曲芸を観賞している(多木一九八八：九七)。多くの錦絵に相撲を観賞する天皇の姿が描かれているが、ここでもやはり、それらは肖像画ではない。

ただし、天皇と皇后の不在や置き換えは、彼らが特別扱いされたのではなく、様々な形態の芸術や文学で、直接の表象を避ける「見立て」とよばれる伝統によって、置きかえその他の技術が用いられた(12)(多木一九八八：特に一一、一五)。

切手と通貨

一八四〇年に世界で初めて郵便切手を発行したイギリス政府の例に倣い、日本政府も一八七一年に切手の発行を開始した(山口一九九三)。イギリスの君主やヒトラーが肖像を切手にしたのとは違って、天皇のイメージは切手や貨幣に使われなかった。そのかわりに、天皇制の初期の発展において中心的な役割を果たした伝説や歴史的人物をとりあげた想像上の場面を用いることによって、憲法第一条に記されたような天皇制とその元始性が表象され、表現された。おそらくはその古代的性格を強調するためであったと思われるが、日本の天皇制を表象するために選ばれた象徴は、日本が中国の皇帝制を輸入した際に中国からもたらされたものが大半を占めた。最初の切手にあしらわれたのは、中国で皇帝の象徴とされる竜の図像であったが、このデザインは翌年には変更になり、切手の四つの角に桜の花、そして中心または中央上部に花びらが一六枚の菊の花(菊花紋)が描かれた。桜の花は、様々なしかたで利用され続けた(日本郵便切手商協同組合カタログ編集委員会編二〇〇三：特に一六一—一七〇)。菊の花はもともと奈良時代に中国から伝来し、長寿をもたらすと信じられたことから皇族を含む貴族に愛された。花びらが一六枚の菊の花は一八八九年に正式に皇室の紋章となった。それ以来、あらゆる切手や紙幣や貨幣のデザインの一部に菊が使われるようになった。

天皇個人を直接に表象することを避けるという傾向は、記念切手の場合に最も顕著である。最初の記念切手は一八九四年に明治天皇と皇后の「銀婚式」の折に発行された。「銀婚式」という概念は西洋から採り入れられたものである。それは二枚一組の切手で、一枚は赤、もう一枚は青、でそれぞれ三×二cmと大変小さく、すべてが同じデザインで、雌雄の鶴が菊花紋の両側にあしらわれている。鶴のシンボリズムもまた中国から渡来したものだったが、中国では鶴だけがヒマラヤを飛んで越えることができると信じられ、長寿と繁栄の象徴となっていた。日本では、亀と併せて、鶴は長寿や婚姻の調和の象徴となった。他の記念切手には、中国からもたらされた霊獣や、天皇即位の儀式の際の特別なかぶりもの、また儀式の行われた紫宸殿などをデザインしたものがあった。昭和天皇の時も、彼の即位を記念して発行された切手には鳳凰が、彼の即位二〇年を記念した切手には麒麟《きりん》(中国の神話的動物)が使われた。さらに、これらの切手のいずれにも、どの天皇を記念したものなのかは記されていない(13)。

軍国主義の進行とともに、政府が第二次世界大戦は天皇の名によって戦われなければならないと決定すると、天皇制の古代的性格を確認することが喫緊の必要となった。一九四〇年には、二六〇〇年遡るという天皇制の神話的起源を記念する四枚組の切手が発行された（内藤二〇〇四：七八；日本郵便切手商協同組合カタログ編集委員会編二〇〇三：六）。そのうちの一枚には、伝説上の初代天皇・神武の即位式がおこなわれたとされる橿原神宮の絵が使われた。もっとも、この神宮は一八八九年に建てられたものだったのだが。他の切手も、神武をめぐる神話上の場面を表現していた。

肖像を避ける方針は通貨にもみられる。初めての紙幣はキヨッソーネがデザインし、一八七二年に発行されたが、そこには竜と鳳凰が描かれていた。肖像を使った初の紙幣は一八八一年から八三年にかけて発行されており、そこに描かれたのは伝説上の神功皇后の顔だった[14]。キヨッソーネによって描かれたため、彼女はヨーロッパ風の風貌になっている（日本貨幣商協同組合一九六七：一七二―一七三；大橋一九五七：一八―一九；ボナンザ編集部編一九八四：一五一―一五四）。神功皇后は、一九〇八年、一九一四年、一九二四年、一九三七年の切手に登場した（日本郵便切手商協同組合カタログ編集委員会編二〇〇三：特に一六五―一六七）。政府は一八八七年、あらゆる紙幣に菊花紋、および認定された伝説的・歴史的人物七名のいずれかの像が描かれなければならないことを法令で定めたが、そこには天皇は含まれていなかった[15]。

聴覚的な非-外在化

ヒトラーやその他の欧州の独裁者たちとも違って、日本の天皇は国民に直接語りかけるということはしなかった。一八七二年、明治天皇は最初の鉄道が開通した時に少数の人々の前で布告を読みあげている。また一九二一年に、皇太子裕仁は、日比谷公園に集まった三万四〇〇〇人の前で布告を読みあげた。

裕仁の天皇としての在位中、政府は公的な儀式の数を増やしたが、それは学生や女性、植民地の住民といった、それまで天皇となじみの薄かった人々のためのものということになっていたが、天皇はその場で発言するわけではなかった（原二〇〇二：一三七―一四一）。ラジオが天皇制イデオロギーのプロパガンダの主要な媒体となった時、国民が聞いたのは「陛下のお声」ではなく、人々が「万歳」を叫ぶ声と、政府による天皇についての声明であった。換言すれば、行進、うち振られる日の丸の旗の波、そして「万歳」の叫びが、不在の天皇および天皇制の述語的要素であったのだ。

天皇のイメージや言葉の非‐外在化は、古代の存在論に起源がある。折口信夫によれば、言葉に宿る魂、すなわち言霊《ことだま》の信仰は奈良時代の少し前からあるが、万葉集の時代に広く行きわたったという(16)（折口［一九四三］一九七六：一三四―一三五；［一九二四］一九八三；［一九二七］一九八三）。言霊の力は言葉を発すること――言挙《こしあ》げと呼ばれる行為――によって明らかにされる。この行為は、神々を呼び覚まし、神の助けを得るためにまじないを唱えるという意味のものであり、これが言葉の魂を解き放つという。解き放たれた言霊が災難をもたらさぬよう、言挙げは最もふさわしい場合においてのみなされなければならない。H・マック・ホートンは万葉集に載せられた詩歌を網羅的に調べ、言霊が現れる詩歌を八首、言挙げが現れるものを一〇首見つけている（Horton 2012）。

言霊や言挙げの信仰が究極的に根差しているのは、西田幾多郎（一九六五b：六）が「形なきものの形を見、声なきものの声を聞く」と特徴づけた存在論である。西田によれば、

我々に直接にして最も具体的な世界、即ち真の私といふものの居る世界といふのは、所謂物体の

世界といふものでもなければ、意識の世界といふものでもない。我々は直接に広義に於ける行為の世界、或は表現の世界に住んで居るのである、我々は具体的に歴史人としてあるのである。（西田一九六五ｂ：二六五―二六六）

西田はこの存在論が、西洋ではなくアジアに特有のものだとしているが（西田一九六五ｂ：六）、ホートンは、アーネスト・カシェール、ウォルター・J・オン、ロイ・アンドリュー・ミラーらが、他の文化にもきわめて近い信仰があると指摘していたことに注意している（Horton 2012: 272）。事実、カシェールの「言葉と名前は、何かを指し示したり表したりするのではない。それらは行為なのである。しかし、言語の神話的‐魔術的な力は、発せられた音の内にこそ真に現れる」という見解は、上に引用した西田の見解とほとんど一致している。

言霊の信仰を、とうの昔に忘れられた古代の言いぐさとして退けるのは簡単だ。しかし、代名詞（主語）を避ける述語的用法の論理が今でも現代日本の日常的な話法を強く支配している限りにおいて、日本において話し言葉はいまだ注意して取り扱われるものであり、したがって、弁論は政治的なものであれそれ以外のものであれ、いまだ欧米諸国ほど重要視されない、と考えることができるかもしれない。天皇の視覚的イメージと彼の政治演説の不在は、この文脈において捉えられるべきである。

天皇に対する国民の態度

人々の天皇についての見方はきわめて多様なものであった。例えば、京都は七九四年から一八六八年まで天皇が座した場所であり、古い時代の御所はまだそこに残っていた。すでに首都が東京に移った後でさえ、明治、大正、昭和の三天皇の即位式はすべて京都で行われた。一九八九年、平成天皇の即位式が初めて東京で行われた。京都の人々、とりわけ何代にもわたって京都に住み続けてきた人々は、天皇や天皇制に対して親しみを持っているように思われる。政治的・知的エリートたちや彼らの子孫も、天皇と天皇制に対する親近感を持っていたのではないかと想像できる。だが他の多くの日本人にとって、幕府の陰に数世紀にわたって隠れていた天皇は遠い存在であった。しかし明治維新は非常に大きい出来事だったので、人々の好奇心をかき立てた。一八六一年生まれで天草出身のある漁師は、一八七七年の西南戦争の頃、村の女性たちが天皇とはどんな格好をしているのだろうと話し合い、天皇は狂言の中に出てくる金の冠をかぶった貴族のようであるに違いないと考えていたようすを伝えている（色川［一九七〇］一九九七：二八九）。「明治の人間」たち――とりわけ東京や横浜で暮らしていた人々は、自らをそのように認識していた――は、明治天皇に対して好意を抱いていたが、天皇はどんな年齢の女性も好むと噂していたという(17)。

明治初期は、国民は天皇に畏敬の念を抱くというよりも、何らかの親近感を持っていた。鈴木正幸が『東京日日新聞』から引用しているところによると、天皇の巡幸の間、女性たちは道端で赤ん坊の世話をし、農夫たちは地べたに座り足を伸ばして休んでいたという（鈴木一九九三：二二）。一八七二年の鉄道開通の式典で、E・W・グリフィスが目撃して驚いたのは、「平服を着た四人の日本人商人が、皇帝の前だというのに四つんばいに平伏しないで、立ったままでミカドと言葉をかわした」ことだった（羽賀二〇〇二：一一四）。東京に住む者の中には、初期の錦絵に見られるように、天皇が無力な存在であると考える者もいた。その錦絵では、天皇は小さな赤子として描写されており、威厳ある服装で描かれた政治家が赤子に対し、「そこにいなさい」と言っているのである（南一九六七：一一八）。彼らが天皇に対して「掌中の玉」という言い方をしていたことを画面に出しているようだ。

明治も初期を過ぎると、政府は、天皇に対する国民の姿勢や行動に関して厳しい統制を課すようになった。そのことは、前に述べた、天皇への不敬な態度を禁止する一八八〇年の法律が出たことによって示唆される。この法律は人民に、頭を下げるか、跪《ひざまず》くかして、天皇に対する最大級の敬意をもってふるまうよう指示した。そのため、天皇が通り過ぎる時に人民が彼を見ることが不可能になった（猪瀬一九八六：四六九―四七〇：鈴木一九九三：二〇）。この布告によって、天皇は遠い存在になったのである。

しかし、国民が天皇の見た目に関して抱いていた関心や好奇心は存続したようだ。新たに導入された写真技術によって商業上の利益が見込まれていたために、天皇のイメージが秘密裡に流通する事態につながった（猪瀬一九八六：四七六）。キヨッソーネによる天皇・皇后の「御真影」でさえ、絵葉書として一時流通していた[18]。

著名な社会主義者木下尚江は、小学生だった一八八〇年（明治一三年）に長野県で天皇の行列を見物したという。たくさんの人が集まっていたが、まさに天皇が通りすぎる時に、教師が彼らに敬礼するように言った。そのため天皇を見ることができなかった群衆は、天皇の馬車が通ったあとの砂利をわれ先にと拾い集めた。その砂利が家内安全・五穀豊穣を確保してくれると信じていたのだ(猪瀬一九八六：四六九―四七〇)。この逸話が示唆しているると思われるのは、国民が天皇に事実興奮し、その顔を見ようと必死だったということだ。そうするかわりに、彼らは砂利で満足するしかなかったわけだが、砂利には重要な象徴的意味があり、家族の安全と農業の生産性を保証してくれた――つまり、それこそが明治天皇以前の天皇の役割であった。

最も重要なことは、この出来事が明らかに示すとおり、天皇は稲作を含めた人々の生活の安寧を保証することができる力を持った魔術的-宗教的な存在、であり続けたということである。国家の元首としての、あるいは司令官としての彼の新しい役割は、国民の考え及ばぬところであった。

日本人にとって天皇が常に普通の人間であったということに疑いの余地はない。政府が大正天皇の病の悪化について何ら隠そうとしないなかで、国民の間には、彼が大臣から手渡された公式文書を丸めて望遠鏡のように覗くに及んで、大臣たちが皇太子にその公務を引き継がせた、という噂が広まっていた。かなり後になっても、日本人は「のろい」人を指して大正天皇と呼ぶことがあったという。もし天皇自身が神聖だとみなされていたなら、このような言い方は冒瀆だっただろう。こうしたコメントは政治的動機に基づいて発せられたものでもなければ、天皇制に反対するリベラルによって広められたものでもなかった。むしろ、これらの逸話が簡潔に表現しているのは、普通の日本人の態度なのだ。つまり天皇は人間であり、全能ではないが特別な力を獲得することによって、半ば神聖な存在になるという考え方である。唯一現存している、一九二六年の大正天皇の葬儀を撮った映像フィルムが、パリのアルベール・

カーン博物館に所蔵されている。このフィルムの中で、通り過ぎる車を眺めている人々は行列に並んでいるが、一人として跪く者はなく、またみんな普通の服装をしている。そこには畏敬の念、さらには悲しみさえも伴なっていないように見える。

無のシニフィアンとしての天皇、その政治的含意

明治政府は、天皇を提示／表象する仕方について、首尾一貫してはいなかった。しかしながら、公式の表象に関する限り、天皇は無のシニフィアンに留まった。政体の観点からすれば、このことは政治的指導者の有効性、あるいはその不在についての興味深い問いを投げかける。次に紹介する第二次世界大戦期の話はこの問いに対して何らかの示唆をもたらすだろう。

著名な小説家有島武郎は、彼が牢獄と呼ぶ軍隊に入隊した日のことを次のように回想していた。彼は心の中で国家とは何かと問い続け、それは無であると認識し、自分が従うよう強いられている命令は、この無が命じたものだと考えた（丸山一九六一：一〇五）。言い換えれば、兵士を含む国民にとって、ヒトラーのような独裁者は存在しなかったのだ。存在していたのは、姿を持たず、声も聞こえない天皇だけだった。特攻隊員のひとり佐々木八郎は、一九四二年三月四日付の日記で、彼が多摩川の土手に座って読書をしていた時、本の上を這っていた小さな蜘蛛のことについて書いている。いたずら心から、彼が自分のタバコを蜘蛛の正面に置いたり、近づけたり、上に持っていったりすると、蜘蛛は熱さから逃げまどった。蜘蛛は熱がどこから来るのかも分からず、しばらくすると別に火に触れたわけでもないのに

脚を縮め、動かなくなった。佐々木は、日本人はちょうどこの蜘蛛のようなものであると悟る。蜘蛛のように、何が起こっているのか理解することができず、戦争が引き起こしたどうすることもできない状況からの出口を探し求めているのだ、と(大貫二〇〇六：九五―九六)。

一九四六年に丸山眞男は周知のとおり、何層にも重なった見えない網、つまりは日本の超国家主義《ウルトラナショナリズム》が、国民の上を覆ったとする比喩を用いた(丸山一九四六：二)。別の論文で彼が力説したのは、視覚的イメージの重要性であった(丸山一九六一：二六―二九)。彼はまた、例えばネルーが誰かとか、彼が何を意味するかということを我々が概念化する時に、イメージが持つ力について説いた。ただし丸山は、この観察を眼に見えず声の聞こえない天皇に結びつけはしなかったが。色川は、「天皇制は精神構造としては不可視の巨大な暗箱である。日本人は知識人も大衆も、その四隅の見えない暗箱にいつのまにか入りこんで、なぜ自分たちがこれほどまでに苦しまなければならないのかを知ることもできず、詠嘆しつつ死んでいった」という(色川[一九七〇]一九九七：二八一)。色川のいう暗箱は、マルクスのいうカメラ・オブスクラである。それは光学的な転倒、つまりイデオロギー的な歪みを生じさせるものである。

第二次世界大戦を経験した日本人に対してインタビューを行ったクック夫妻によれば、日本人は「天皇のために」戦ったはずであるにもかかわらず、自分の戦争体験を説明する時に天皇に言及する者はほとんどいなかったという(Cook and Cook 1992: 16)。日本人が「無」のために、「暗箱」のために、あるいは「何層にも重なった見えない網」のために戦うことを強いられたということは、戦後に関しても重大な示唆を持っている。ドイツ人は、多くが自分たちの集団的な責任、とりわけ反ユダヤ主義についての責任を認めながらも、ヒトラーやナチスの中に罪の所在を見出すことができた。日本人にとっては、罪人を特定することは、はるかに困難なことであった。東条英機は、戦争が終わる前に総理大臣職を解かれており、その際に血が流れることもなかった。だが、天皇が戦争犯罪に関して無罪であると決定し、天皇制を維持したのは、アメリカの占領軍であって、日本人自身ではなかった。その後に起こったのは、昭和天皇の戦争責任と天皇制の存置についての論争であったが、論争は年月とともに、また昭和天皇の死とともに弱まった。

結論

数世紀にわたって、幕府が武士階級と国政を統御し、天皇は稲の成長に対する象徴的な力を掌握する時代が続いた後で、一八八九年の明治憲法が、天皇を外在化できない皇霊によって規定し、彼に神性を与えた。しかし、同じ憲法の枠内で、実際には権力を持たなかったとしても、名目上は政治指導者あるいは軍隊の最高の指揮官という役割を与えられていた。日本人の宗教性には全能の神という概念が存在しなかったが、政府は人々に天皇を神的なものとして崇めるよう命じた。天皇の視覚イメージが一切存在しないという点に関して、畏敬の対象として差し出された「御真影」が本当の写真であるかどうかという点はさほど重要ではない。いずれにしても写真が人々にまともに見られることはなかったからである。政府の指導者たちが、天皇が人々によって見られたり声を聞かれたりすることがないようにとり計らったのは、事実「戦前の日本の社会的言説の側で、彼の存在論的な違いを構築し維持しようとしたことの一環」と解釈することができる(Orbaugh 2007: 407)。すなわち、国家は天皇が政治的指導者であるための手段を全て奪ったうえで、神殿の神々の一人としての、あるいは実際のところシャーマンとしての彼の宗教的アイデンティティを保った。彼の軍事的指導者としての役割は、そこに名目上付け加えられたものに過ぎなかった。

明治政府の首脳たちは、外国人アドバイザーたちの反対に逆らってでも天皇制の構造を大日本帝国憲法に包摂し、そうすることで天皇制を打ち建て、強化することを望んだ。しかしながら、視覚的イメージとして、また祝賀の式典を通じて外在化されたのは、天皇制というシステムの象徴のみであった。天皇個人を提示することは、彼らの政治的方針に適さなかった。国家は、天皇の「自然的身体《ボディ・ナチュラル》」すなわち天皇個人が外在化されることがないよう多大なる努力をはらう一方で、「政治的身体《ボディ・ポリティック》」すなわち天皇制を打ち建てようと奮闘していた。こうした企図の中心に、天皇制が過去二六〇〇年にわたって存在してきたという神話の創出があった。

天皇制は象徴によって表象された。例えば、一六枚の花弁を持つ菊花紋（天皇家の紋章）や鳳凰（中国から採り入れられた皇帝の象徴）、そして二六〇〇年前の天皇制の起源を表すその他の様々な象徴、また例えば橿原神宮が日本を表す象徴であった。

天皇および天皇制についての公式的な構築や表象とは裏腹に、国家は本当のところ天皇を人間として理解していることを露わにし続けていた。このことが透けて見えたのは、大正天皇の健康問題に関する発表においてであった。この見方を国民も共有していた。

明治政府は、西洋の脅威に対抗し近代化するという喫緊の必要性に直面するその一方で、文化的伝統という罠のうちに捕らえられていた。想像上の古代天皇制を復活させ、天皇を皇霊と同一のものと見なすことで日本を強化しようと試みたが、そのために天皇をさらに外在化の困難な存在とした。一方で、最高司令官という軍事的・政治的指導者としての彼の公式の役割によって、真の政治的・軍事的指導者の出現は妨げられてしまった。政府の指導者たちは完全に古代以来の天皇制を構築した。それは世界中で近代化の車輪が高速で回転していた時代の真っ最中であり、とりわけ日本は、近代化と軍事化をなんとかやってのけ、おどろくべき成功を収めていた史実の裏面であった。

伝統と近代の狭間にあった致命的な罠を簡潔に象徴するのが、日本の軍事的失態である。日本は戦時中早い時期に零戦を製造し、戦争が空中において戦われるであろうことを知っていたが、一方で、多大なる財政的・心理的エネルギーを戦艦大和の建造に費やした。それは、日本の海軍が日露戦争中にロシアの戦艦を撃破し、そのことによって西洋の国家に戦争で勝った初めてのアジアの国家となった記憶があったからに他ならない。日本海軍の誇りであった大和は、一つの戦果もあげることなく、そこに閉じ込められた二七〇〇人以上の男たちとともに海の底に沈んだ(鈴木[一九八七]一九九五)。

第六章　宗教的・政治的権威／権力の（非－）外在化

最終章となる本章は、日本の天皇を視覚的・聴覚的な無のシニフィアンとして取り上げた前章と対をなすものである。本章では、宗教的・政治的権威や権力の問題に焦点を当て、それをより広範な理論的、民族誌的／歴史的文脈のもとで起きる知覚的とりわけ視覚的・聴覚的な外在化との関係を考察する。[1] 具体的に言えば、外在化は政治的指導者が権力を行使するために必然的なことなのだろうか、それは宗教的指導者にとっても同様なのだろうか、ということである。コミュニケーションの不透明性を創り出すのに、外在化、あるいは外在化の欠如（非－外在化）はどう関わっているのか、それを追究することが最終目的である。

まず諸宗教についての短い考察から始める。続いて、比較のためにヨーロッパの君主と独裁者について論じる。本章の焦点は、宗教と政治における外在化および非－外在化にあるため、私はイメージと発話、およびその不在に的を絞り、それを政治的・宗教的権威や権力の外在化との関連において論じることにする。

愛や魂、精神といった見えないものを、象徴によって外在化して表現しようとする長い伝統がある。序章でも触れたが、アレッサンドロ・ノーヴァは、「人は形象によって、見ることが叶わないものを表象できるのだろうか？」という問いに導かれて、風の芸術的表象の様々な例を検討したが、その手始めがサンドロ・ボッティチェッリの「ヴィーナスの誕生」であった(Nova 2011: 195)。この絵の中で風の効果はそよ風に吹かれてなびく衣服によって描かれている。フィリップ・デスコラは、種々の文化を例に取りあげ、幅広い視覚的外在化の様式があることを示す(Descola 2010)。例えば、アラスカのユピク族は、人間の顔――ほとんどの存在に共通する主体性を表現する――と、動物の顔――種としてのアイデンティティを示す――を組み合わせて、動物たちの内的存在を表象するという(Descola 2010: 61)。また、オーストラリア中部の砂漠に住む先住民族たちによる点描画的な絵画では、ドリームタイム(彼らの天地創造の時間)におけるトーテム祖は、その旅の途中で彼らが残した痕跡によってのみ表象される(Descola 2010: 139)。同様に、ギアーツは、著書『事後的に』の中で、象が去った後で初めてインドの聖人が「ここに象がいた」と宣言するのと同じように、我々が事実や意味やパターンについて知るのは、それらが起こってしまった後からなのだと強調している(Geertz 1995: 167)。

宗教的・政治的権威や権力がいかにして外在化されるか、またされないかを検討することで、この章で外在化の問題をさらに探求していきたい。

宗教的権力／権威とその(非－)外在化

歴史を通じて様々な社会で、つまりローマでも中世日本でも、宗教的指導者たちは政治的権力を求め、獲得してきた(2)。反対に、極めて大きな権力を持つ政治的指導者たちは、自分たちの政治的地位を下支えしたり高めたりするために、宗教的権力を求めてきた。政治的地位というものは、それ単独では、指導者たち自身の目から見て十分な権力を生みださなかったからである。政治的指導者たちの中には、自らを神格化することを試み、神の地位にまで己を上昇させることを求めるものもいた——この現象は、人類学で「神聖な王権」と呼ばれるものである。もともとはジェームズ・G・フレイザーが発展させた「神聖な王権」という概念は(Frazer [1890, 1911-1915]1963: 15)、A・M・ホカートによってより詳しく仕上げられたが(Hocart [1927]1969; [1936]1970)、今も人類学において持続的な関心の対象であり続け、新フレイザー派、新ホカート派、新デュモン派などはみな、この議論に加わっている。(3) フレイザーが焦点を合わせたのは、司祭でもあった政治的指導者たちであり、彼らは場合によっては神《ゴッド》であると考えられていた。フレイザーが挙げている例には、古今を問わず多くの社会が含まれている。「初期のバビロニアの王たちは、……彼らが生きているうちから神であると主張されていた」。「エジプトの王たちは生きているうちに神格化され」、「偉大な太陽神ラーと同一視された」。エジプト人は「ファラオはいずれもホルス神が具現化したものである」と信じていた(Frazer [1890, 1911-1915]1963: 417-419)。ニーナ・トゥマルキンも指摘しているように、政治的指導者の神格化はエジプトに起源を持ち、アレクサンドロス大王によってヘレニズム世界にもたらされた(Tumarkin 1997: 1)。七九年、ローマ皇帝ウェスパシアヌスは死の床で、自分は神になりつつあると宣言している。同様に、ローマ皇帝の神格化こそ、彼らの持つ権力を理解するうえでの鍵を握っているとサイモン・プライスも考えている。彼によれば、ユリウス・カエサルの神格化は、後代の皇帝の神格化にモデルを提供した点で、決定的な出来事だったという(4)(Price 1987: 56, 71)。

宗教的人物や権力の外在化の問題は、長らく学術的論争の主題とされてきた。ビルジット・メイヤーとディック・ハーリマンは、(こうした論争において)単に「脱物質化から再物質化へ」と進むのではなく、「物質性自体の意味を書き直すような省察の努力」が必要であると呼びかけている(Meyer and Houtman 2012: 8)。メイヤーは、南ガーナにおいて、現代の大衆のキリスト教美意識における絵画の力が非常に強調されていることに注意を向けている(Meyer 2008)。

まず指摘したいのは、非-外在化は外在化を否定する意図的な行為であり、したがって外在化の裏側でこそあれ、単なるその不在ではない、ということである。マーティン・ジェイの観察によれば、キリスト教に長らく存在した「視覚的な伝統」のもとでは、「書かれたテキストに邪魔されず、神的なものを媒介なしに見ること」の重要性が強調されてきた(Jay 1994: 21-82)。「偶像崇拝的な視覚中心主義」が中世キリスト教を支配し、視覚を「最も高貴な感覚」に押し上げたのである。身体性の意味について、持続的に探求してきたキャロライン・ウォーカー・バイナムは、著書『キリスト教における物質性』の中で、中世後期のヨーロッパにおいて、遺骨のイメージが持っていた重要性を指摘している(Bynum 2011)。

宗教改革も、部分的には視覚的なもの《ヴィジュアリティ》に対する闘争であった。ヤン・カルヴァンは視覚的な表象に対し「毒気のある敵意」を示し、「文字通りの『聖書』の言葉への回帰」を主張した。この「宗教改革における聖像《イコン》恐怖症的な強迫」はイギリスで強化され、清教徒たちがあらゆる種類のイメージを打ち砕き、複雑な儀式を拒絶した時に最高潮に達したのである(Jay 1994: 42-43)。ジェイはこの過程を「眼の脱魔術化」と呼び、視覚表現の衰退を示唆した(Jay 1994: 211-262)。ブルーノ・ラトゥールが提起する

「聖像打破の欲望《イコノクラッシュ》」の基本的問題は、「真実と虚偽とのあいだの、人間が作った中間物に介在されない純粋な世界と、不純だが魅力的な人造の媒介物でできた汚らわしい世界とのあいだの、絶対的な――相対的でない――区別の起源を探し求めているところにある。「イメージなしですませることができさえすれば！」という人々がいる。「そうすれば、神への、自然への、真実への、科学へのアクセスはずっと速く、ずっと純粋で、ずっとよいものになるのに！」と」（Latour 2002: 1-3）。キリスト・処女マリア・様々な聖人の像をめぐる闘争や「遺物」をめぐる論争があったという事実そのものが明らかにするのは、キリスト教の信仰と実践にとって、宗教的な力の視覚的表象がいかに中心的であったか、ということである。

にもかかわらず、最も強力な神性が背景に退き、外在化されないことが頻繁にあることもたびたび指摘されている。フランソワ・ベスフルグは芸術における永遠なるものの歴史に関する慎重な研究の中で、教会の権威が芸術描写に対して許容したものと、許容しなかったものとの歴史を詳述している（Bœspflug 2008）。そこでは、三位一体なる神は「超越的で表象不可能」な存在であり、キリスト教には様々な変種があるが、そのいずれにおいても極めて顕著なことは、神は眼に見える領域を超えたところにとどまってきたということだ。イエスやマリア、聖人たちは、眼に見えるかたちにされ、人間と見えない神のあいだを仲介する。ジェームズ・ビリングトンは次のように表現している。

三位一体は、人間の視覚化能力を超えた神秘であるため、『旧約聖書』においては、サラとアブラハムの前に現れた三人の天使という、象徴的ないし預言的なかたちでしか表現されなかった。父なる神は決して描かれることはなかった。というのも、誰も差し向かいで神を見た者などいなかったからだ。また、聖霊も初期の聖像表現《イコノグラフィ》においては表象されなかった。後になって、〔聖霊を表現する〕白い鳩という象徴が西欧からロシアに入ってきた時、鳩は食べてはいけないものとして、さらに畏敬の対象とみなされるようになったのである。(Billington [1966]1970: 30)

「神の声」や「神からの呼びかけ」といった表現も比喩的なものにとどまっている。それは音声を欠いた発話であり、神の概念化において聴覚的な外在化を避けることも重要であったことを示唆している。

ドイツにおいてダゲレオタイプ(銀板写真)の発明に対して強い否定的な反応が生じたことは、神の外在化にたいする禁忌《タブー》の重要性を証明している。『ライプツィヒ報知(*Leipziger Stadtanzeiger*)』は、この「フランスの悪魔的技術」への反対を強く表明した。「はかない映像を定着しようとするのは、……不可能な願望であるが、さらにそうした望みを抱くこと自体、すでに神に対する冒瀆である。人間は神の似姿として創造されたのであり、神の姿は、人間の作ったいかなる機械によっても再現できない」(Benjamin [1931]1968: 241)。ヴァルター・ベンヤミンは、このような見方を「滑稽なステレオタイプ」と呼び、『ライプツィヒ報知』を国粋主義的な小新聞と見なしている。

近代でも、ムッソリーニのイタリアにおけるカトリック教会や、レーニンとスターリンのソヴィエト連邦におけるロシア正教会が、秘跡に関わる物品を最重要とみなし続けた。ドイツでは、プロテスタントが聖像やその他の形式の宗教的外在化を廃止したが、キリストのイメージがすべて放棄されたわけではなかった。また、ナチス政権下――私が注目するのは、この時期の政治的権力の外在化である――において、人口の三分の一はカトリックであった。

ユダヤ教では当初、神は友人であり、支配者であり、最高司令官であり、神の力強い行為は眼で見られ、歓迎された。その後、神は「茫漠としているが、惹きつける力を持った不可視の中に」引き退がった。「それは姿を持たない、声も聞き取れないものであり、だとすればその声は、婉曲表現という静かなる沈黙から来るものであった」。そしてヘブライ語の文書に記されたその名前は「発音することが完全に禁じられた」ものとなったこと、また、あらゆる視覚的表象は、像を彫ることを禁じた第二戒の侵犯であるとされるようになったことを、リチャード・ヤコブソンは指摘する(Jacobson 1978: 138; de Certeau [1975]1988: 339-342も参照)。信者たちは、発音してはならず、説明することもできない「名前」を仄めかすことでしか、神を語ることが許されないのである。神学的な説明によれば、「神は、人が想像しうるいかなる事物よりも大きい」。そして、「アイン(ayin)」、つまり「無」の観念は「神を超える神、すなわち我々が「神」と呼ぶものより、より近くにありながらより遠い力」を示唆しており、「存在そのものを超越する存在の充実」を象徴している(Matt [1990]1995: 67, 93)。ヤコブソンが説明しているように、「神の不在が神の記憶」の代役となり、神が文書に換えられ、「至聖所の歴史は、神の不在が増大していく歴史である」(Jacobson 1978: 138, 146)。

ユダヤ教における神の非‐外在化は、もともとユダヤ教に備わったものでもなければ、時とともに生じた自然な発展というわけでもなかった。むしろ、ヤコブソンが記しているように、それは歴史的諸変化の結果であった。初めに、司祭と預言者という二分法が打ち建てられた。その後預言は行われなくなったが、その理由は預言というものは断続的で不確かだから、固定され確かである書かれた言葉よりも効果が薄い、というものであった(Jacobson 1978: 140)。『列王記』の成立時(紀元前五六〇年ごろ)と『歴代誌』の成立時(紀元前三〇〇年ごろ)の間のある時期、書かれた文書(『聖書』)は、学者が『原申命記』と呼ぶ一冊の書から五冊の書『モーセ五書』へと変化した(Jacobson 1978: 140)。預言に対して最初に致命的な打撃が加えられたのは、『五書』中の『申命記』が「モーセの律法」であるということが公にされた直後であった(Jacobson 1978: 140)。R・J・ツヴィ・ヴェルブロウスキーは、退いた神という問題に関して重要な考察を加えている。

……一部の宗教では、預言者と神学者らが魔術に対する戦争を仕掛け、宗教という純金を、迷信という金くずから純化して取り出そうと試みた。宗教を人類学的な言語やイメージ、概念装置を持つとして非難するのは、無神論者ではなかった。この問題と格闘した神学の哲学者たちは、神のあらゆる積極的《ポジティブ》な属性を否定し、「存在《ビーイング》」とか「現存《イグジスタンス》」といった用語でさえ適切なのか(というのも、こうした概念もまた我々の人間的な経験に由来しているからだ)と疑うまでに至った。そしてありうる解決策を、否定神学(theologia negativa)や、果ては〈絶対的存在〉が〈絶対無〉(または〈空虚〉)と等しい故、神は〈偉大な無〉であるとした神秘主義の語法の中にまで探し求めたのである。(Werblowsky 1985: 5)

実際、この発展は歴史的なものであり、そこでは神学の哲学者たちは、「異教徒たち」に出会い、自分たちの宗教をさらにはっきりと特徴づけるよう駆り立てられたという現実的な歴史的文脈において、実践主体《エージェント》として活動していたのだ。Ｓ・Ｊ・タンバイアは、イェヘズケル・カウフマンをひきながら、ＹＨＷＨ（ヤハウェ）の一神教崇拝を説明している。「ＹＨＷＨはイスラエルの「生きる神」であり、木や石で制作したイメージというかたちで崇拝される異教徒の神々と対比された」（Tambiah 1990: 6）。

七世紀以降アラビアから広範囲に広がったイスラム教では、キリスト教より厳しく、神聖と世俗とを問わずイメージの禁止が実施された（Goody 1993: 101）。イスラム教はその歴史的変化の一切を通じて（Graham 1983: 54–55）、「唯一の神」の肯定、そしてその「象徴経済」における「スパルタ的厳格さ」を持った「聖像否定的性格」によって特徴づけられている（Graham 1983: 69, 70; Goody 1993: 101–119; Noyes 2013: 59–92, 165–178）。別言すれば、神は聴覚的なシニフィアンでも、視覚的なシニフィアンでも表象されることがなく、無のシニフィアンによって表象されるのである。もっとも、シルヴィア・ネフが指摘するように、近代においてはイメージが増殖しているのだが（Naef 1996, 2004）。

強力な神を外在化することに対する禁忌《タブー》は、一神教に限られた話ではなく、他の多くの宗教にも見られる。例えば、ヒンドゥー教の神々の図像的表象であるアヴァターは有名だが、デヴィッド・Ａ・ネイピアは空虚の表象に注目する。「空っぽの枠組みは、可能なことと不可能なことの全てを意味しており、一部のヒンドゥー教徒にとっては〈至高の空虚〉としての〈女神〉を表すものだった。この空虚は、それを囲む枠によって明確に示される」（Napier 1992: xv）。一九〇〇年ごろラジャスターンで発見されたブロンズ像「空虚としての女神」の写真につけたキャプションで、ネイピアは「人の形をした枠組みが、象徴的文脈を定義する。つまりその中では、イメージの全体性はそれが不在であることによって表象されるのだ」と書いている（Napier 1992: xiv）。この枠組みには手や耳、頭があり、その内部の空虚の述語となっている。

無のシニフィアンとしての至高の神性《ディアティ》は、いわゆる大宗教に限ったことではない。南サハリンのアイヌは、聖なるものを外在化することに対する禁忌《タブー》を重視する。最高神は、山を住まいとする熊である。熊はアイヌの人々に対し、己を捕らえることを許し、人々に自らの肉を与える(自己贈与)。この肉は、アイヌたちが最も大事にした食物だった。儀式は、狩人が子熊を捕らえるところから始まる。この子熊は、狩人が危険を冒して巣穴に入って捕らえるか、あるいは初春に子熊が母親と一緒に巣穴から出てきた時に捕らえる。この子熊を神の孫と呼び、一年半にわたり育てた後、共同体は儀式を行い、その際に熊の肉の御馳走にあずかる。この儀式は単に宗教的な観点からのみ解釈されてきたが、ブラニスワフ・ピウスツキが指摘したように、最も重要な政治的儀式でもある(Piłsudski 1915)。他集落の人々が招かれ、主催者は熊の神に対する捧げものを誇示することによって、自らの政治的権力を示す。熊の魂は故郷へと旅立てるように肉体から解き放たれ、山に送り返される。その際、熊はアイヌからの贈りもの――熊の神が与えた肉に対する返礼――とともに旅立つ。神を外在的に表象することを禁じるアイヌの禁忌にしたがい、熊の頭と皮は、長老たちによって山の聖なる場所へと運ばれる(Ohnuki-Tierney 1974: 90-96; 1981a: 76, 84-85; Piłsudski 1915)。

重要な神を外在化することに対する禁忌の原則に従って、熊の皮を利用したり、彫り物の熊を作ったりすることは厳格に禁じられていた(5)(Ohnuki-Tierney 1974: 36-38)。聴覚的な外在化に対する禁忌ゆえに、祈りの中で熊を「カムイ(神一般を指す語)」または「祖父」とのみ呼ぶ。また、自分たちが子熊から育てた熊を「孫」と呼ぶ(Ohnuki-Tierney 1981a: 83; Piłsudski 1915)が、「イソ・カムイ(熊の神 iso kamui)」とも呼ぶこともできる。同様に、最も強力な海の二神、チェペッテ・カムイ(Čepehte kamuy)とチョーハイクー(Čohaykuh)については、その最高の聖性ゆえに、誰であれ——特に、常に漁が禁じられている女性には——その名を囁く以上の声で発音することを禁じられていた。この神々のいずれかについて語る時、前置きとして「沖にましますます長老神よ(Poporo un kamuy hence utah)」と唱えてからでなければならない(Ohnuki-Tierney 1974: 101-102)。このような実践は、権力を持つ長老たちに対しても拡大適用され、彼らに対してもテクノニミ、つまり呼びかけの際に、男性の年長者のことを、名前を使わずに、誰々の「祖父」と呼ぶのである。

政治の指導者と、その外在化——イメージとスピーチ

ジャン＝ジャック・ルソーがかつて指摘したように、「いかに強い人間でも、常に主君であることができるほど強くはない。もし彼が自分の権力を権利に、従属を義務に変えることがなければ」(Rousseau [1762, 1755] 1967: 10)。さらに義務は、支配者の企図への自発的参加に転換されねばならない。このプロセスにおいて、権力は様々な形態で表象され、象徴や記念碑、そしてパレードを含む儀式といった表象が利用展開されることになる。政治的指導者としての君主たちは、自らの権力を外在化しようと腐心した。こうした外在化は近代の独裁者にとってはさらに重要だった。彼らには、自身の地位を確かなものにするための、神的権力も政治的身体《ボディ・ポリティック》も欠けていたからだ。

政治的権威および権力の外在化を理解するうえで、エルンスト・カントロヴィチによる「王の二つの

身体」という有名な分析道具は、有効な問題発見手段となってくれる(Kantorowicz［1957］1981)。彼の図式においては、個々の君主や皇帝の「自然的身体《ボディ・ナチュラル》」は、君主制といった「政治的身体《ボディ・ポリティック》」から区別される。君主個人の権威や権力が、死や退位、簒奪によって終結するものであるのに対して、後者は君主個人を超越するものだ。個人である君主や皇帝が逝去しても、制度が持つ正統性や継続性は政治的身体によって保証される。第二に、国家と体制と支配者の区別もまた重要である。クロフォード・ヤングは、このことを鋭く表現している――「支配者の立場は本質的に不安定なものだ。国家を、まして体制を暗殺することはできないが、支配者を暗殺することはできるのである」(Young 1994: 41)。結果として、支配者は権力を外在化したり誇示したりして、自らの権力を維持しようと尽力しなければならなくなる。このことは、制度が後ろ盾になっている君主にも当てはまることを、以下で見ていくことになる。

君主たち

中世ヨーロッパでは、王や王妃(女王)は、現世に神の力を導入する回路であった。エルンスト・カントロヴィチは、ヤン・ド・パリの「王の権力は神に由来する」という言葉を引用している(Kantorowicz［1957］1981: 330)。「王たちをお造りになったのは神である(dieu fait les rois)」から、王は特別な力を受け取っているのである。例えば、イギリスとフランスの君主たちは中世初期以来、神的な治癒力を授かっていた(Bloch［1961］1989)。ヨーゼフ＝マリー・ド・メーストル――彼は通例「狂信的君主主義者」とされるが、アイザイア・バーリンは、彼を「超近代的」であると特徴づけている(Berlin［1959］1992: 96)――が論じるところでは、様々な形態の主権はすべて「創造主の意志の直接的帰結である(Dieu qui est l'auteur de la souveraineté)」とされる(de Maistre [1870]1996: 57 ラテン語は Berlin [1959]1992: 118 に引用されている)。主権者たちは神から授けられたとする聖なる権力を様々なしかたで顕示しようとしたが、実は彼らは全くの世俗的な政治指導者であって、その権力は戦争を通して敵や競争相手から獲得され、また守られねばならないものだった。これが戦士王の伝統につながるわけである。

　スペイン史を研究する歴史家たちは、スペインの君主たちの非-神的な性質を指摘している。ジョン・エリオットが強調しているように、中世のスペインの君主たちは、神から授かった治癒力を持ちあわせていなかった。カスティーリャでは、一三七九年以来戴冠式が行われていなかったし、また一六世紀末には、スペインの王たちは「公式の玉座や王笏、王冠」を持たなかったのである(Elliott 1985: 148-150)。T・F・ルイスが、論文「神聖ならざる君主制」の中で強調するように、アルフォンソ一一世(在位一三一二—五〇)は、王が治癒力を持たないこと、そして法——西ゴート由来の『フエロ・フズゴ(Fuero juzgo)』(法典の名称)およびローマの影響を受けた『七部法典《パルティダス》』のどちらも——が神聖な王権という思想に対立することを宣言していた(Ruiz 1985: 128-133)。実際、西ゴート法は、ゴート族の血筋と優れた人格を持つ者であれば、誰しも王権が開かれたものであると規定していた。ルイスはスペイン君主制における戦士王の伝統を強調し、「個人の権力が最も剝き出しの、かつ究極的なかたちで現れる」のは、「個人的な暴力行為」においてである、と結論づける(Ruiz 1985: 132 強調は筆者)。

　外在化に関する宗教と政体の複雑な関係が目立って現れているのはイギリスの即位式である。その中で、王ないし女王はカンタベリー大主教に聖油を塗られる。儀式のこの部分は神聖なものとみなされ天蓋で隠されるため、一般の人々に見られたり写真を撮られたり、ましてやテレビで放送されたりすることはない。それは宗教的な力が政治的な力を授与し、「候補者」をイギリスの統治者へと変貌させる極めて重要な瞬間である。日本の天皇の皇位継承の儀式にも同様の場面がある——皇位を継承する新天皇が逝去した前代の天皇から皇霊を受け取る真《ま》床《どこ》覆衾《おふすま》は、一人で行われる秘儀として隠されたままである（大貫二〇〇二：四三—四四）。

　イギリスの君主と日本の天皇との顕著な違いは、イギリスの君主は、ひとたび政治的人物になれば、彼／彼女のイメージは公的に——特に写真の到来以降、肖像画や切手、貨幣や紙幣などにおいて——極めて重要な意味を持つことである。対照的に、日本の天皇は完全にあるいは部分的に見えないままである。

　ヨーロッパの君主制は、いくつかの顕著な特徴を共有していたと結論づけて差し支えないだろう。ヨーロッパの君主たちは、制度的な体制によって下支えされていたにもかかわらず、自らの権力を政治的目的のために外在化しなくてはならなかった。というのも、彼らは神によって選ばれているとはいえ、神そのものではなかったからだ。彼らは必然的に戦士王だったのである。例えば、以下で紹介するスペインのフェリペ四世やフランスのルイ一四世のように、後代の独裁者たちに負けず劣らず熱心に自らを外在化しようと骨折った者もいたのである。

近代の独裁者たち

　近代初期の君主たちとは対照的に、近代の独裁者たちには制度的な権威の裏付けがない。また、彼らは神から神的な権力を授かっているわけでもないし、まして彼ら自身が神的な存在であるわけでもない。

しかしながら両者はともに、政治やそれを超えた領域において、巨大な権力を追求し、獲得してきた。彼らはそれぞれ個人的に権力を摑んで維持しなければならず、そのためにあからさまな外在化が必須条件であった。したがって、権力の外在化に関しては、制度的な伝統を持った政治的指導者と、それを持たない指導者との間に違いはない。君主たちも独裁者たちも、権力を強烈に誇示する努力をしなければならなかった。彼らの努力は、自分たちのメッセージが臣民によって理解されるという間違った前提に立っていたのだが。

ボリシェヴィキによる革命以前、ロシアの皇帝は「神の生けるイコン」であり、それは「正教帝国の全体」が「天界のイコンであるのと同様である」とされた(Billington [1966] 1970: 35)。革命後、レーニンが亡くなると、彼の人物像の周辺に「政治的宗教」が打ち建てられることとなった。公共空間の「赤のコーナー」には、キリストとマリアのイコンに代わって、レーニンの絵が置かれ、共産主義体制がキリスト教の象徴体系を効果的に取り入れたことを裏付けていた(Billington [1966] 1970: 36)。レーニンはプロレタリアートのための殉教者として描かれ、彼の死は人類の罪を贖ったキリストの死にも比せられた。レーニンの葬式では、キリストの復活を象徴するヤシの枝が列柱ホールを埋めつくし、キリストを想起させる追悼の辞が述べられた(Tumarkin 1997: 84, 139, 167)。スターリンはこの伝統を保持したのみならず、それを強化し、彼自身、一九三〇年代後半にはソヴィエト連邦の大衆生活の一部となり、人々にとって見慣れたものになっていた(Bonnell 1997: 157–158)。

ナチス・ドイツにおいて、ヒトラーがとった公的な立場は、宗教から完全に縁を切るというものだった。ドイツ人の三分の二はプロテスタントであり、(聖書の)テクストに基づいた信仰を支持し、像やイコンのうちに聖なるものを視覚的に表象することに反対していた。しかしながら、ジョージ・モッセが記述しているように、ナチス・ドイツの「政治的教団《カルト》」は「公共の祭り」を広範に利用しており、これらの祭りの中ではドイツ的敬虔主義がキリスト教的な愛や兄弟愛と融合していた。つまりキリスト教の典礼が、ナチスの政治的儀式と結合したのである(Mosse 1975: 74-81; また Gajek 1990: 3 も参照)。ヒトラーとドイツを同一視することによって、ヒトラーは民族《フォルク》の父となり、またその延長上に父なる神となったのだった。ナチスはヒトラーを称揚するためにキリスト教を定期的に利用した。それが最も壮観なかたちで実行されたのがニュルンベルク党大会だった。映画『意志の勝利』冒頭で効果的に描かれているのは、ヒトラーが雲を抜けて天から降りてくるところである。またおそらく一九三〇年代のものと思われるある有名なポスターでは、ヒトラーの頭上に鷲が舞い、背後に天国の光が差している。この場面は明らかに、キリストが洗礼者ヨハネによって洗礼を受けた時に鳩が舞い降りるという場面を仄めかしている。ポスターの下部には、「ドイツ万歳(Es lebe Deutschland)!」と書かれている(Bytwerk 2007a: no. 10)。

イタリアではムッソリーニが、キリストは自分の庇護者で、神が自分の活動を見守っていると強調した(Falasca-Zamponi 1997: 65)。自分の宮殿を、ピウス一一世を象った巨大な浅浮彫りで飾った上に、マリアの前に跪く彼自身の姿をあわせて描き、一方で「集団的調和の典礼」を創り出すという計画であった(Gentile 1996: 126, 80)。

こうした実例を前に、この現象が何らかの宗教と理解されるべきか否か、学者間で議論がある。ジャン=ジャック・ルソーは「市民宗教《シヴィル》」という概念を提案し(Rousseau [1762, 1755] 1967: 136-147)、そのほかにも、「政治的宗教」「世俗宗教」や「公民の宗教《シヴィック》」を好んで用いる者もおり(Billington [1966]1970: 35-37; Gentile 1996; Kolakowski 2006; Linz 2000; Service 2007)、彼らはこの現象が伝統的な既成宗教のいわば代替物として、近代化や世俗化に呼応するものと理解しようと試みている。スタンリー・ペインにとって、それは「政治的宗教」というよりも「伝統的宗教の政治化」である(Payne 2005: 163)。こうした独裁者たちによる宗教の政治的利用や、体制による指導者の神格化の試みには、彼等の権力を最大化する意図があった。一九三〇年代のホカートのよく知られた見解は、この点において極めて適切である。「近代ヨーロッパは、信仰と行為の混沌を離れて絶対主義へと赴いたローマ帝国の経験を、たんに繰り返したにすぎない。つまり、皇帝たちの確固たる神性を、政党政治の泥沼よりもよいものとして再び迎え入れたのであった」(Hocart [1936]1970: 101)。ギアーツによれば、「完全に脱神話化された世界というのは、完全に脱政治化された世界である。……二〇世紀の……「政治神学」なる研究は、ここかしこでそのかすかな努力は見られるものの、まだ大成されていない。が、存在している。いかに多くの凡庸なものが入り込んできていても、尋常ならざるものは近代政治からまだ排除されていない。権力はいまだに〔人を〕酩酊させるばかりでなく、いまだに〔人を〕高揚させるものなのである」(Geertz [1977]1983: 143)。

政治演説

近代技術によってラジオや映画、レコード、またずっと後にはテレビを通した拡散が可能になると、政治的指導者による演説という形で権力を聴覚的に外在化することがとりわけ重要となった。ヒトラーの弁論は、ナチスの時代を生きた人々の耳に、ドイツの共和国軍(Reichswehr)や国防軍(Wehrmacht)の行ったグース・ステップ(膝を曲げないで足を高く上げて歩く行進)の靴音と同じくらい忘れられていない。宣伝大臣ヨゼフ・ゲッベルスは、日記の中で「弁論家としてのヒトラー総統」という表現を使っている(Goebbels 1973)。ドイツ政府が「国民ラジオ」と呼ばれたラジオを配布したその目的は、ヒトラーの演説を放送することであった。また、ムッソリーニはヴェネツィア宮殿のバルコニーに立ち、広場に集まった大勢の聴衆に対して演説した(Falasca-Zamponi 1997: 84-85, 97)。両者とも、人々に働きかけ、人心に自分の権力とイデオロギーを刻み込むための決定的な手段として、弁論を利用したのだ。

視覚的イメージ

古代からビル・クリントンに至るまでの政治指導者を扱った研究の中で、セルジョ・ベルテッリは「専制的性格の強い社会において、指導性を発揮するには、預言者が眼に見え、物理的に現前していることが要求される。そして、彼のカリスマ性がはっきりと現れるためには、特別な彼特有の記号によって、彼が彼であることを直ちにまた物理的に確認できるようにすることが必要となる」と力説する(Bertelli 2001: xvi-xvii)。支配者の権力を外在化する最も簡便な方法は、自分自身のイメージを利用することである。自分のイメージを見せびらかすために複製し、それを利用展開した指導者のリストは長大なものだが、それはおそらく、ファラオの権力を外在化する四体の座像をアブ・シンベル神殿に造らせたエジプトのラムセス二世(在位紀元前一二七九―一二一三)に始まるであろう。硬貨に支配者の頭部を描く習慣は、通常、ペルシアのダレイオス一世(在位紀元前五二二―四八六)が始めたとされ、ペルシアの太守マザイオスがそれに続いた。もっとも、A・B・ボズワースの指摘によれば、実際に繰り返し利用されたのはマケドニアのアレクサンドロス大王(紀元前三五六―三二三)であったという(Bosworth 1996: 59; Smith 1989: 38も参照)。マイケル・H・クロフォードは、この起源をユリウス・カエサル(紀元前一〇〇―四四)にみている(Crawford 1996: 360)。(6)

通貨によく使われるのは、亡くなった国家指導者の肖像である。例えば、レーニンがロシアの、毛沢東が中国の紙幣に描かれたのは死後のことであり、同様にアメリカ合衆国の紙幣や切手に描かれる肖像は、亡くなってから長い年月が経った大統領のものだけである。これらの事例において、過去の偉大な指導者たちは国家の偉大さを象徴すると考えられ、イメージは彼らに対する敬意の一形態を表象する。一方で、存命の国家指導者の肖像が描かれることもあり、例えばイギリスでは在位中の王や女王の肖像が通貨や切手に使われている。指導者の肖像とともに、王冠のような君主制の象徴や、鉤十字のような体制の象徴をつける場合もある。

マスメディアの誕生以前ですら、自身の権力をプロパガンダ化しようとした君主たちがいた。神聖ローマ皇帝マクシミリアン一世(一四五九―一五一九)は、慎重に制作され統制された公的な像を、文書とイメージの両面で利用・展開した(Silver 2008)が、スペインのフェリペ四世(在位一六二一―六五)も同様だった(Burke [1992]1999: 180–181)。エリオットの主張によれば、フェリペ四世のためにオリバーレス伯爵が実行したプロパガンダを手本として、ルイ一四世が支配者の政治的権力を壮大な儀式によって賛美する儀礼にまで発展させたという(Elliott 1985: 171)。ピーター・バークによれば、タペストリーやメダル、印刷されたテクスト、儀式、建築、国家の肖像画、非固定式の立像などは、ルイ一四世が尋常ならざる熱意をもって推進した印象操作の手段だった(Burke [1992]1999: 15–37)。この王には三〇〇点の肖像画と、七〇〇点の様々な彫刻が現存している。また、パリの公共広場に設置するため、馬に乗った彼の像二〇体の制作が命じられたという。

図 17 ヒトラーが少女から花束を受け取る図柄の切手（Calvin University, German Propaganda Archives. https://www.bytwerk.com/gpa/stamps.htm）

第四章で詳述したように、ボリシェヴィキ革命は、その後の政治体制によって近代の政治プロパガンダ機構が徹底的に利用されるための活性剤となった。プロパガンダにおける指導者のイメージの利用は、自身は公衆の賛美を喚起しようとしなかったレーニンが亡くなった後に始まった。レーニンは死後、プロレタリアートの偉大なる指導者ヴォーシチ崇拝における中心的人物となったのである。イタリアのファシストは「イル・ドゥーチェ」を用い、ナチスの用いた「フューラー」は「ヴォーシチ」を踏襲していた（Smith 1989: 122）。レーニンの肖像は五〇〇ルーブル紙幣と一〇〇〇ルーブル紙幣に描かれ、レーニンとスターリンのどちらもが切手に使われた（Smith 1989: 194）、また数多くの視覚芸術に描かれたりした（Plamper 2001）。ただ、郵便切手や通貨はソ連における主要なメディアとはならなかったが。

ヒトラーは個人崇拝を非難したが、にもかかわらず多数の「ヒトラーの顔のついた切手」が登場した。これらの切手には、帽子をかぶったり、かぶっていなかったり、異なるポーズをとったヒトラーの顔の様々なイメージがプリントされ、別々の色や名称がつけられた。ナチスが権力を掌握すると、毎年四月二〇日のヒトラーの誕生日を記念して新しい切手が発行された（Welch 2007; Scott B271）。また、ヒトラーを「民族の父」として表象するために、ヒトラーが少女から花束を受け取っている切手が一九四〇年に発行された(Welch 2007; Scott #170)(**図17**)。切手はプロパガンダの重要な現場であり、一九三三年四月一二日から一九四五年四月一〇日の間に、三三四種の異なるテーマの切手が発行された(Lauritzen 1988: 62)。こうした切手のデザインが象徴しているのは、例えば近代性(フォルクスワーゲン、アウトバーン、飛行機、産業労働者)、農業(ローマの鷲の両側に描かれた、たわわに実った小麦、そして農業労働者)、そして元始性(アルプス、古代ローマを祖と主張するためのローマの鷲)。ドイツはソ連ほどポスターに頼らず、またヒトラーの立像も建てられなかった。硬貨や通貨の主要なモチーフはヒトラーその人よりも、鉤十字やローマの鷲であった。

ファシスト・イタリアにおいては、シモネッタ・ファラスカ＝ザンポーニが描写するように、ムッソリーニが露骨に視覚化された。「宣伝が、かつて見えなかったものを見えるようにし、同時に観衆を生み出した。このプロセスの中で、ムッソリーニはより多くの人々の関心を惹くようになった。姿を見せ、パフォーマンスをすることで、ムッソリーニの人格は誇張され、彼という人物への興味が増した」。イル・ドゥーチェはポストカードを盛んに利用し、そこに彼は「様々な装いやポーズ、文脈や状況のもとで登場した」(Falasca-Zamponi 1997: 49)。マリア・ディ・ベラも、イル・ドゥーチェが自分自身を大理石像とし、それをまた巨大な絵画に描かせて人々に伝えた様子を報告している(Di Bella 2004: 42–43)。

指導者の姿《イメージ》の表現を通じてその権力を外在化する実践は、第二次世界大戦後も続けられた。中華人民共和国や北朝鮮のよく知られた例に加えて、一九七六年から一九七九年に「中央アフリカ共和国皇帝」だったジャン＝ベデル・ボカサや、トルクメニスタンの初代大統領で、外国のメディアがしばしば

「全体主義的で抑圧的な独裁者」と呼んだサパルムラト・ニヤゾフがそうした実践者に含まれる。権力を外在化する強迫観念にかられていたニヤゾフは、金メッキでできた彼自身の悪名高い立像を巨大な「中立のアーチ」の頂上に建てた。この像は二四時間かけて三六〇度回転し、常に太陽の方を向くようになっている。

政治的儀式

クレオパトラの時代から現代のほとんどの社会にまで、儀式や象徴は政治的なものであり、政体の演劇的な一側面であるとみられてきた。ルイ一四世が宮廷行事を非常に強調したとすれば、マクシミリアン・ロベスピエールはさらにスペクタクルを強調した。彼がテュイルリー宮殿で行った「最高存在の祭典」はルイ一四世のスペクタクルの儀式的壮麗さを凌ぐもので、国民が演じ見物する真の政治的儀式であって、これにあわせてフランス全土で数々の式典が実施された。フランソワ・フュレの考えでは、ロベスピエールこそ初めて近代的「政治宗教」の大規模な儀式を取り入れた者である(Furet [1988] 1996: 148)。上述したフェリペ四世の他にも、スコットランド、アイルランド、イングランドを統治したチャールズ二世(在位一六六〇—一八五)も、儀式にとり憑かれていた(Keay 2008)。

君主制におけるスペクタクルのモデルは、数々の近代の指導者によって踏襲されてきた。近代の独裁者たち——そこにはレーニン、スターリン、ヒトラー、ムッソリーニ、フランコ、毛沢東、そして金日成が含まれる——の間にみられる顕著な相似性は、彼らが各々、これまで論じてきたところの政治的儀式、イメージ、演説によって、自己の権力を外在化しようと奮闘した点にある。こうした外在化はいずれも、残忍なまでの激しさで、近代技術を利用し尽くしながら行われたのだった。

政治的権力を表象する一形態としての儀式に、学者たちも多大なる注意を向けてきた。社会の団結を促進し、社会構造を維持したり向上させたりするとされる儀式の機能は、マキアヴェッリやルソーからデュルケームまでの多くの思想家や、また今日の多くの文化人類学者の関心を呼んできた。ただし、デヴィッド・カーツァーが詳細に述べているように、議論は複雑である。カーツァーは「象徴体系こそが諸国民を作り上げている」のであり、「近代産業社会において、儀式は政治の欠くことのできない一部分である」と論じる(Kertzer 1988; 1996)。カーツァーは儀式に巨大な力を見出す(Kertzer 1988: 87)。「儀式は、単に政治的な秩序を象徴的な地平へと投影するだけでなく、政治的秩序の特定の見方を広めるのだ」。象徴や儀式の力は、それが感情に訴えるところにあると論じる学者たちもいる。ヴィクター・ターナーは、象徴が持つ「喚起する力」こそが人々を行動に駆り立て(例えば Turner 1969: 42-43)、儀式は「強い感情的な刺激」があるからこそ「強制されたものを望ましいものに定期的に転換するメカニズム」になっていると考える(Turner 1967: 30)。

「イタリア・ファシストの自己」についての研究においてマベル・ベレジンは、「儀式は、イデオロギー的企図において団結の媒体――感情のコミュニティをつくり出すもの」であり、「巨大な国民国家の時代において非リベラルのイデオロギーを特徴づけた公的／私的自己の融合を、公の場で劇的に表現するうえで役立った」と結論づけた(Berezin 1997: 246)。リサ・ウェディーンによれば、シリアのハーフィズ・アル・アサド大統領(在任一九七一年二月二二日―二〇〇〇年六月一〇日)は、パレードや彼自身のイメージなどの政治的象徴に取り憑かれていたという(Wedeen 1999)。彼の支配の象徴的な次元は、「支配のメカニズムとして純然たる抑圧に頼る必要を減らす」のに役立っていたと彼女は示唆する。言い換えれば、象徴や儀式は抑圧を和らげ、それによってアサドの権力を効果的に高めたということである。

象徴や儀式がおしなべて積極的な役割を果たすという想定に懐疑的な学者たちもいる。ジョン・エリオットは、スペインは「一七世紀の国家の新しいプロパガンダの源泉」であり、絵画や新しい宮殿、説教師、戯曲、演劇などを生み出したが、それらは「完全に逆効果で、それらプロパガンダが促進しようと意図していた大義を損なうことがあった」と考える。政治的権威を誇示することは、政治的権力維持のための盤石の戦略ではない、と彼は注意を促す(Elliott 1985: 146, 158-159, 168-170)。

儀式の研究はしばしば、所与の儀式がその目的を達するよう「機能した」のか、それとも失敗したのか、またどうしてそうなったのかという問いを立て損ねてしまう。しかし、カーツァーは、イタリア共産党の民族-歴史学的分析を用いて、いかにして象徴が政治的な効能を維持できなくなるのか、あるいは新しい象徴による置き換えや古い象徴の再定義によって成功するのか、高度に理論的な分析を提供している(Kertzer 1996)。儀式の失敗についての文化人類学的研究のまた別の例として、マーサ・カプランによるものがある。カプランは、クーリー船の遭難を追悼して建てられた記念碑の除幕にあたっての「稀有な儀式」が、国民建設の企てにおいてフィジー人とインド系フィジー人を団結させることに失敗した経緯を論じている。記念碑は、一八八四年に座礁した「シリア号」――労働者をフィジーのプランテーションへと運ぶクーリー船であった――に乗っていたインド人たちを助けようと泳いでいったフィジー人たちを記念するものだった。フィジー人とインド系フィジー人の団結による「国民」建設のためのこの儀式が失敗したのは、「フィジー人首長たちとイギリス人植民地支配者たちの権力は、先住民族の忠誠、および貴族的な首長の権利という物語に依存して」おり、フィジー人首長と植民者であるイギリス人による儀礼の中でこうした物語が上演されたからであった(Kaplan 2001: 125)。

政治的パフォーマンスは政治権力の行使や誇示の手段ではあるが、その効果は断定しがたいものがある。象徴コミュニケーションは決して無色透明ではない。マスメディアの到来以前には、人口規模の小さい社会でさえ、誰もが儀式に対して同程度のアクセスを持っているわけではなかった(Burke [1992] 1999)。例えばルイ一四世によるヴェルサイユ宮殿での壮大な儀式は、実際に政治的にも王宮と近しいものだけが目撃した――それはフランスの人口の極めてわずかな部分であった。

マスメディアの発展とともに、空間的な制約は急速に消滅した。マスメディアが生んだのは「時間－空間の圧縮」――つまり、空間的時間的な世界の「圧縮の圧倒的な感覚」である。それは啓蒙主義時代に始まったが、ポストモダニティとともに頂点に達した(Harvey 1990: 240)。ラジオと映画、そして今はテレビとサイバー技術によって、政治的指導者たちが技術的装置を通じて人々に働きかけることが可能になった。視覚や聴覚に訴えかける政治的儀式や象徴が、政治プロパガンダの重要で強力な媒体となった。にもかかわらず、象徴や儀式を通じて、そしてまたマスメディア経由で、送られるメッセージは、意図された通りに理解されることも、受け手の間で同じように理解されることも稀である。政治的指導者や国家の視点からすれば明快なメッセージであっても、意図通りに国民がそれを理解する保証はない。その反面、このことは政治的空間において大きな危険となる。国民がメッセージを認識しないがゆえにこそ、しばしば彼らの側の犠牲を引き起こしてしまうのだ。権威主義やファシズム、植民地支配、その他の政治体制のもとで、イデオロギーはいかにして流布し、さらには見たところ人々に容認されるようになるのか？ このことを完全に理解するために検討しなければならないのは、コミュニケーションの不透明性、すなわち、個人の間の意思のやりとりや儀式、マスメディアによるプロパガンダなどの文脈において生じる誤解や意思疎通の失敗である。

一九二八年、ベンヤミンは広告の影響力の重大さに注意を喚起した。「今日、最も真に迫り、最も商業的な事物の核心に届く視線は広告である。それは思索が動いていた空間を破壊し、ただ「物」で私たちの眉間を直撃する」(Benjamin [1928] 1986: 85)。彼は以下のように結論付ける。「何が、結局のところ、広告を批評よりもすぐれたものにしているのだろう？ 電光掲示板を動いていく赤い文字の語っている内容ではない。そうではなくて、それを反射してアスファルトの上で燃えている水たまりなのだ」(Benjamin [1928] 1986: 85–86 強調は筆者)。「眉間を直撃する」という表現でベンヤミンが意味したのは、人々がネオンの赤い文字の内容に反応しているのではなく、広告がメッセージを理解し熟考する機会を奪っているのだということだ。「複製技術時代の芸術作品」の中でベンヤミンは、模倣能力は真正性やアウラではなく、「事物を空間的にも人間的にも「より近く」に持ってきたいという、現代の大衆の欲望」を要請したのだと指摘している(Benjamin [1936] 1968: 223)。

ブラニステヌ・マリノフスキーをこの文脈で持ち出すことは意外に思われるかもしれないが、彼はヘレナ・ルービンシュタインやエリザベス・アーデンの化粧品の広告とトロブリアンド島の美のまじないとの共通点に注意を向けることで、このことを私たちに思い出させてくれたのである。彼の考えでは、ヒトラーやムッソリーニのような強力な指導者たちは、主に演説の力を行動の力と組み合わせることで影響力を得た……。現代の社会主義的な国家……は広告の様々な力を極度に発展させた。政治プロパガンダと呼ばれるそれは、巨大な広告エージェンシーとなり、そこではただの口頭の声明が、外国人であると国民であると問わず催眠にかけ、何か非常に素晴らしいものが達成されたと信じるに至らせてしまうのである。(Malinowski [1935]1965: 237-238)

マイケル・タウシグは、マリノフスキーが見出した並行性を批判してベンヤミンに言及している。「それはマリノフスキーが考えていたようにレトリックの普遍的特質の問題ではなく、神話的な力がモダニティにおいて、またモダニティによって、再生されたという問題なのである。モダニティが、都市のアスファルトの上のネオンサインと水たまりで火を生み出しているのだ」(Taussig 1993: 279)。「広告はここに、視覚的な無意識を最大限に搾取しようと切望しながら、現実を拡大し、ぐらつかせ、固定する。すると拡大され刺激を強めた現実が、私たちの両目の間を撃ち抜き、感受している自己の揺らめきを飲み込むように内破する」(Taussig 1993: 30)。

私の考えでは、政治的儀式や象徴がプロパガンダとなるためには、三つの歴史的展開が前提条件となる。第一に、「大衆の国民化」(Mosse 1975)が達成されていること。ロベスピエールの最高存在の祭典でさえ、ヒトラーのプロパガンダに遠く及ばなかったのは、後者があらゆる場所にいる国民《フォルク》に訴えかけることができたからである。飛行機や列車、ラジオ、自動車といった近代の技術的成果を使用することを通じて、人々がそれまでに「ドイツ人」として国民化されていたのである。第二に、プロパガンダの大量生産を可能にする技術が社会にあること。第三に、マスメディアが存在すること。マスメディアは世界中のいたるところで政治に革命的な影響をもたらした。

レーニンやスターリン、ヒトラー、ムッソリーニらは、近代のマスメディアが視覚的誇示やサウンドバイト(繰り返し放送するための抜粋テープ)にとってどれほど重要であるかを理解し、それを効果的に使って、大衆を視覚的・聴覚的プロパガンダの催眠にかけた。それは驚くほどのものだった。ムッソリーニのためにファシスト儀式を設計したガエターノ・ガブリエーレ・ダンヌンツィオ(ガエターノ・ラパニェッタ)は才能ある詩人で小説家であったが、モッセは「ドラマ化」が「近代の大衆政治にとって決定的に重要であった」と認識していた(Mosse 1987: 90)。またスティーブン・ヘラー(Heller 2008)はオルダス・ハクスリーの考えを引きながら、独裁者を国民に売り込む技術を「ブランド設定」と呼ぶ。

新デュルケーム学派の機能主義的アプローチにはいくつかの問題がある。第一に、それが共時的であること――つまり、儀式が行われる時点の解釈にとどまるということ。また、象徴や儀式が積極的に機能するという前提に立っており、その根拠は示されない。群衆の喝采と、演説の真の効果を結び付けるには、しかるべき証拠が必要である。政治演説がどれほど強力なものであろうと、また儀式がどれだけ強力なものに見えようと、それだけでは社会に変化をもたらし得ない。いくつもの歴史的な力学が働いていなければ、それらが効果をあげることはできない。

プロパガンダの影響を判断する確かな方法の一つは、十分な時間を経てから評価検討することである。ブローデル派の歴史変化は長い時間をかけて判断すべきという伝統(ロング・デュレ)を踏襲するモナ・オズーフは、『革命祭典――フランス革命における祭りと祭典行列』の中でこう指摘する。

しかし、革命歴霜月《ブリュメール》に、この驚くべき祭典のシステムは消滅したが、にもかかわらず、システムによって神聖化された新しい価値は、その時消滅しはしなかった。権利、自由、祖国などが革命の祝祭によって一つに繋ぎ止められ、近代的で世俗的でリベラルな世界の幕開けを告げていた。それらはすぐにバラバラにはならなかったのだ。……その点において、革命の祭典が失敗したなどと、どうして言うことができようか。革命の祭典は、自らの目的、つまり新しい時代の幕開けになったのだ。(Ozouf [1976] 1994: 282)

オズーフの研究は、儀式と象徴の研究を歴史的なものとして扱い、象徴の構造を長い時間にわたって追っていく方法を示した点で重要である。

ほとんどの象徴や儀式の解釈を基礎づけていた新デュルケーム学派の機能主義とは抜本的に袂を分かって、クリフォード・ギアーツは『ヌガラ』の中で、一九世紀のバリの宮廷儀式がバリ人の社会的不平等や地位の誇りに対する執着を公的に演劇化したものであると提示した。王は「神聖」だったのではなく、シヴァ神のために演技しなければならない統治者であった(Geertz 1980: 104-106)。彼は政治的アクターだったのである。しかし宮廷政治の推進力である宮廷儀式は、「政治的目的のための手段ではなくて「目的そのもの」であった。したがって王は、彼の宮廷と彼自身を「より近いところにいる神」に変化させながら、チェスの「キング」のように、権力利用の複雑な現実からかけ離れた存在となったのである。彼は、記号《サイン》の記号として、純粋な記号となった(Geertz 1980: 132-133)。したがって「権力が祭儀に仕えたのであり、祭儀が権力に仕えたのではない」(Geertz 1980: 13 強調は筆者)。儀式のこうした非機能主義的な解釈の流れは、ピーター・バークがルイ一四世に関して述べた見解にも通底する(Burke [1992]1999: 5)。バークは、ルイ一四世の様々な表象は彼の栄光を増すものであって、彼の臣民を説得するためではなかったと考えている。

ここまでに提示してきた議論や実例によって、ギアーツの『ヌガラ』の様な例は重要であるが、一般的なパターンとして、政治的指導者の権威や権力の外在化が、彼らの権力を彼ら自身に保証し、あるいは人民の説得を可能にするうえで重要であったことを示している。外在化の問題は各々の宗教によって違い、多くが当該宗教の性質に依存する。仏教や神道と違って、キリスト教やイスラム教やユダヤ教などの宗教では、外在化は強烈で時に暴力的な論争の中心であって、そこでの主要な問いは、人間的媒介、つまり人間の手によって作られた像《イコン》を介さずに〈最高存在〉と直接コミュニケーションができるか、ということである。人が外在化を拒絶するにせよ求めるにせよ、この問題に対してここまで強烈な焦点があてられていること自体、無のシニフィアンとしての最高の神が非常に力強い存在感を持っていること、したがって決してコミュニケーション上の不透明性を生まないということを示唆している。その点で、眼に見えず、声も聞こえないかつての日本の天皇とは著しい対照をなすわけである。

おわりに

本書の執筆は困難だった。ここで考察した理論的問いと文化・社会的資料は非常に広い範囲に及び、私自身の限りある能力にとって一つの挑戦であった。とりあげた主題のそれぞれについて、決定的かつオリジナルな仕事をしたとは思っていない。私が目指していたのは、政治空間（スペース）での象徴コミュニケーションを理解するうえで、いまだ完全には検討されていない事柄に意識を向けることであった。私は比較的視野を得るために、日本とドイツその他の社会の比較を行うという大胆かつ危険な道をとることにした。他の諸文化や諸社会の専門家たちから見れば、私のとりあげた資料は乏しいものかもしれない。だが、ごく予備段階の比較からですら、理論的問題についても日本文化に関しても、ただ一つの文化だけに注目していたのでは得られなかったような興味深い洞察を得ることができた。

本書の主な命題は、コミュニケーションの不透明性を一般の社会人は気づいていないということであった。コミュニケーションの不透明性を生み出すにあたって、様々なタイプの象徴――意味の多様なものもあれば、一つの意味しかもたないものもある――や、無の（つまり外在化されない）シニフィアン、そして美意識のいずれもが、ことごとく因子として関わっている。一見して無垢な日常的象徴がいかにして政治的目的に用いられるのか分析するにあたって、私は政治的指導者や組織に焦点を当て、彼らの宗教的・政治的権力がいかに表象されるのかを検討してきた。コミュニケーションの不透明性は、時に意図的に、また時には意図せずして生み出されるが、意味の変化を覆い隠したり、危機的な状況の理解を妨げたりすることがあるという点で、個々人にとっても社会にとっても有害なものとなり得る。象徴は、隔絶され社会政治的な潮流の影響を受けない儀式という範囲の中でだけ作用するのではない。地政学的プロセスの欠くことのできない重要な一部として、平時であれ戦時であれ、諸個人や諸国民、また国際社会に由々しき影響をもたらし得るのだ。ただ、象徴の持つ力は複雑で、またしばしば間接的なものである。そこで私は、政治的空間における日常的な事物を使った象徴がいかに作用するか、また、それら事物の美がいかにして愛国心の概念のような崇高さを表すものへと変換されるかを理解することが重要かつ急務であることを示してきた。このような一見して無害な象徴が現代社会で果たす重要な、また時として危険な役割を理解できるようにするためである。

第I部では、集団的自己の象徴——桜、バラ、米といった——を通じて、いかに多義性や美意識がコミュニケーションの不透明性に寄与してきたかを描き出した。例えば、特攻隊のパイロットたちやほとんどの日本人は、飛行機の機体側面に描かれた桜の花びらがパイロット自身の死を表象していること、あるいはプロパガンダで繰り返された「美しい桜の花びらのごとく短く咲いて散る」という表現が、若い兵士たち一人一人の死を意味していることに気づかなかった。当時のドイツ人がヒトラーに対して進んでバラを差し出した時、バラは労働者のあいだで愛と団結を表していたが、彼らが完全には気づいていなかったのは、バラや自分たちの行為が、ナチスのプロパガンダ機構に利用され、実のところ全ドイツ人の父としてのヒトラーのイメージを高めていたことであった。コミュニケーションの不透明性は単一の意味しか持たない象徴においてさえ作用することがある。「自己としての米」が覆い隠していたのは、全日本人を表す単一の表象と、表象されない現実――農業を営まない者たちであり、その多くが周縁化されていた――との間の著しい乖離であった。そのような乖離は、排除されている者たちがそのことに気づきもしないような審美的全体化の中で起きていた。単一の表象は、多様性を否定することによって純粋さを獲得する。これが常套手段だったことは、ドイツでは、自己というものが本来もっている不純さがユダヤ人や「ジプシー」やその他の「望ましからぬ」社会集団に転移されたことにもみられる。

より広い範囲の比較を試みた第Ⅱ部・第Ⅲ部では、集団的アイデンティティ、および血筋や国土、自然といった多地域に偏在する象徴、またナチスと日本の軍事政権のプロパガンダに見られた特定の象徴を分析した。日本人とナチス時代のドイツ人について、二つの国が目のくらむような近代化に直面し、そこから自分たちのアイデンティティを守る必要を感じた時に、いかに集団的自己の属性がそれぞれに表象されたかを検証するためであった。

ナチスは自己の表象と提示において、伝統と近代性の比重がどちらかに偏らないよう意識的に取り組んだが、日本は伝統にはるかに大きな比重を置いた。近代化は西洋化と同じ範疇にあることから、日本の国家は日本独自の伝統を創造することを余儀なくされた。一八八九年に制定された大日本帝国憲法によって天皇制をつくり直し、天皇制は過去二六〇〇年にわたって存在してきたという神話を広めることに努力した。

本書の比較論の枠組みは、宗教的・政治的権力の複雑な諸側面について熟慮するきっかけとしての役目を果たすことをねらっている。外在化の問題を分析するにあたって、いくつかの対称軸が有用であった。①宗教的 対 政治的権力、②「王の二つの身体」(Kantorowicz [1957]: 1981)、すなわち、制度的身体

対 君主／政治指導者個人の身体、③外在化の文化的伝統 対 非‐外在化、である。「宗教」として言及される信仰や伝統は非常に幅広く、また概念的にも現実的にも宗教を政体から分離することは難しいが、にもかかわらず、大まかな一般化は可能である。政治的指導者たち――フェリペ四世やルイ一四世のような「制度的身体」を備えた君主たちでさえ――象徴や儀式を盛んに用いて外在化を展開することによって、権力を手に入れ、高めようとする。ただし、その効果は必ずしも保証されないが。

ここから示唆されるのは、政治的権力の外在化は、それを実践したヨーロッパの君主と独裁者とに共通して必要だったということである。対照的に、最も強力な宗教的存在はしばしば視覚的・聴覚的に無のシニフィアンであり、特に少なくとも名目上は一神教である「大宗教」においてそうである。この原則は、いくつかの多神教においても見られ、そこでは日本やアイヌの神々のように、最も神聖なる存在の姿は見られることもなければ、言葉で言及されることもない。

日本の天皇が目に見えず、声も聞こえないということの意味は、レーニンやスターリン、ヒトラーやムッソリーニといった近代の独裁者たちがイメージや重要な演説をあからさまに誇示したこととの比較においてでなければ、ここまでくっきりと浮き彫りにならなかったであろう。しかし、無のシニフィアンとしての日本の天皇は、単にアリストテレス式の二分法のもう一方の対極にあるのではなく、日本の宗教性と存在論から導き出されている。そこでは、述語の論理が主語（主体）の存在を否定するのだ。

比較論のアプローチから、異文化間の共通点も浮かび上がってくる。日本の桜の花と同様にドイツのバラも、文化的ナショナリズム、ついで政治的ナショナリズムにおいて、自然美がいかに集団的自己の崇高さを表すものへと転換されるかの例である。美しい花がしばしば「人殺しの花」へと変えられてしまうことは、日本やヨーロッパの研究でほとんど指摘されない論点である。これらの花がそれぞれの文化で占める中心的な位置にもかかわらず。象徴が死をもたらすものに変わった時でさえ、政治的空間で利用される様々な花と同様、美意識が人々の警戒心を解いてしまうのだ。

本書にとりあげた例は、過去のものだが、ここでなされた発見は、今日においてもなお意義あるものである。不幸なことだが、独裁者は今も世界の各所に存在しており、私たちは政治指導者によるプロパガンダの攻撃を浴びている。そして、その攻撃はますます増殖するマスメディアによって拡大されており、またしばしば不透明で人を惑わせるものである。アマゾンでパクス・アメリカーナを分析したショーン・ミッチェルのエスノグラフィは、「不透明だが暴力的に遍在する合衆国の権力」を明らかにしている(Mitchell 2010: 101)。また、ベアトリス・ジューレイギーは、グローバルな覇権パラダイムを「緑の中の青」と呼び、青は市民的・法的安全をめぐる理想的な平和秩序を、緑は軍事力の「必要悪」を象徴するという(Jauregui 2010)。明治の日本人は集団的自己を規定するための伝統として天皇制を選んだ。しかしその後、第二次世界大戦になってから、連合軍は天皇制を利用して、天皇を神《ゴッド》として熱狂的に崇める日本人というステレオタイプを構築し、強化した。天皇のために、日本人は最後の一人まで戦おうとしている、というのである。これによって、一九四五年八月六日と九日の二つの原爆投下が正当化された。その時点で、日本の国土の七五%がすでに絨毯爆撃を受けていた。東京では一〇万人が殺され、広島と長崎では二〇万人以上が死んでいった。人々は殺され、焼かれ、飢え死にさせられていたが、それはベルリンやケルンや、その他の地と同じことだった(Buruma 2013)。日本人は眼に見えない、声も聞こえない天皇のために戦って死ぬべく決意を固めているなどと、どうして信じることができようか?

しかし、（連合国軍が）天皇と日本人についてのステレオタイプを利用して日本を破壊し、戦争に勝利したことで、土地所有制度についての劇的な変化が可能となった。土地制度改革によって、それまでの日本社会の中にあった経済的格差と階級構造が大きく変化し、その後に新しい教育システムやその他多くの平等をもたらす社会的政治的制度が導入された。

しかしながら、数えきれないほどの民間人の殺害を含む大量破壊を、その後に民主化が導入されたからといって、正当化できるものだろうか？　日本のケースは、世界のどんな国にも使えるモデルの始まりと考えられるべきだろうか？　パクス・アメリカーナの基本的な想定と、アメリカ合衆国が果たしている世界の警察官としての役割とを、見直す時が来ているのではないだろうか？　ルース・ベネディクトが『菊と刀』の最後に書いたことは誇張ではあり得ない。「アメリカ合衆国にできないこと――いかなる外から来た国にもできないこと――とは、自由で民主的な日本を命令によって創造することである。そんな方法は、どんな被支配国でも成功したことはないのだ」（Benedict 1946: 314-315）。ベネディクトは正当にも、一九四五年以降に日本で起こったことについて、日本人の果たした主導的役割を認めたのだ。ジョン・ケリーが情熱を込めて論じるように、パクス・アメリカーナは、その手段と限界の観点から精査されなければならない。それは、平和と民主主義をもたらす方法として、「正当化はされるかもしれないが、正しくはない」のではないか、と（Kelly 2010）。

注

序　章

(1)　フレドリック・ジェイムスンは、「ポストモダン」は「真にモダンなものがとった形態以外のなにものでもない」ことを認めている(Jameson [1991]1993: 59)。リオタールの考えるところでは、ポストモダニズムとは「疑いなくモダンの一部である。……このように理解されたポストモダニズムは、モダニズムの最終段階ではなく、生まれつつある状態にあるのだ。そしてこの状態は常に存在する」(Lyotard [1979]1989: 79)。

(2)　私の見方は、例えばラカンの「シニフィエのシニフィアンからの絶えまない滑り出し」(Lacan [1966]1977: 154)といったような、ポスト構造主義者や脱構築派の提示とは根本的に異なる。メコネサンスという術語を有名にしたラカンは、その言葉を、自己あるいは「主体」を生産する、鏡の中に映る自分の像を他者の像と「誤認すること」の意味で用いていた。ラカンはアンリ・ワロンの観察を発展させ、自己性の起源を「鏡像段階」に根づくものとした。ラカンの考えは、「客観的に」割り当てられた意味を受容せず、自分自身のイメージ(自己)を鏡に映し、読みとるというものである(Roudinesco [1993]1997: 110–112)。ラカンのメコネサンスはある所与の文脈における個人の行為のうちにあるものであり、より大きな社会・文化的文脈は参照されることがない。

また、私が用いている解釈枠組みは、デリダのいう意味の脱構築とも異なる。意味の脱構築は「無限の含意と、シニフィアンによるシニフィアンの無規定な参照」を得ることで、他のテクストへと差異化すなわち延期(la différance 差延)し、意味の閉塞に反駁してゆくことである(Derrida [1967]1978: 25)。デリダの「テクストの外は存在しない(il n'y a pas de hors-texte)」([1967]1976: 158, および163も参照)という命題があるが、私のいうコミュニケーションの不透明性は、そのようにテクスト(意義)の外部にある現実を否定するものではない。また、コミュニケーションの不透明性はゲーデル(Friedrich 1979: 121を参照)や、脱構築派のいう意味での不確定性とも異なる。脱構築派の中には、それをあらゆるテクストの全面的な不確定性と考え、原作者や原テクストが持つ締めつけや「暴君的な」志向からの完全な自由を認めるものもいる。

そのほかにも関連するような概念が存在するが、それらはすべて私のコミュニケーションの不透明性という概念とは根本的に違うものである。例えば、エンプソンの言う、文学的表現の結果として生ずる曖昧性(ambiguity)。もともとはフロイトにより提示された重層決定(overdetermination)。文学における受容理論(特にドイツにおける)。ド・セルトーによって発展させられたラカンの「現実界(le réel)」(de Certeau and Robin 1976)。ド・セルトーのいう「不確定なもの(indeterminate)」(de Certeau [1984]1988: 199)は、ここで言う概念とは関係がない。

(3) 私のコミュニケーションの不透明性の指摘は、体制が意識的に不透明さを操作するコミュニケーションの存在を否定するものではない。例えばキュビックによると一九七〇年代、ポーランド国家は意図的に私が本書で言う曖昧さを創りだし、庶民が国の宣言を理解できないようにした。コミュニケーションの曖昧さが、ポーランド国家が生きのこることを可能にした道具であった(Kubik 1994: 250-251)。

(4) それゆえ、私は芸術一般に関する議論を論述から除外した。例えば、美学が持つ資本主義との関係(Adorno [1970]1997)、「過剰なエネルギー」(つまり「呪われた部分 la part maudite」)との関係(Bataille [1967][1989]1991)、あるいはまた、美学を戦争を含む暴力のために利用すること(Marinetti 1909)、などはこの本の主題と直接関係がないからである。

(5) クレンディンネンは、アステカ族の花の戦争は巨大な儀式的パフォーマンスであり、「スペクタクルを競う政治(politics of competitive spectacle)」——一九世紀バリ島の宮廷儀式について述べるさいクリフォード・ギアーツが用いた表現——であると解釈している(Clendinnen 2010: 14-15, 23)。

(6) 「ゼロ音素」(Jacobson and Lotz 1949: 155; Jacobson, Fant, and Halle 1967: 39)、「非-アイコン的記号」(Goodnough 1957: 169)、「空虚な象徴」(Goodman 1968)、そして「隠された」あるいは「隠蔽タイプ(cryptotypic)」のカテゴリー(Needham 1972: 128-129)といった、音声学レベルにおける無のシニフィアンについては、Ohnuki-Tierney 1981b, 1993c, 1994a

において論じている。バルトはいくつかの術語や概念を提案しているが、これらは私が用いる「無のシニフィアン」とはまったく異なるものである。バルトの最初の本『零度のエクリチュール（*Le Degré zéro de l'écriture*）』（Barthes [1953]1967）において、彼は零度のエクリチュールという概念を導入する。この概念はマラルメの印刷による失書症（typographical agraphia）に負うところが大きいのだが、普通のレトリカルな沈黙といった以上のものである。零度のエクリチュールとは言語の慣習からの完全な自由を表現している（Barthes [1953]1967: 76）。バルトが思いを巡らすのは、コミュニケーションの困難／不透明性よりも、話者の創意のほうである。一九八二年には、バルトは「第三の意味」（という概念）を提示する。それは構造的に位置づけられることがなく、「鈍い意味」としてシニフィエなきシニフィアンを指し示す（Barthes 1982 [1991]: 44, 55）。

もし我々が象徴やシニフィアンの概念を行動（behaviors）にまで拡張してゆくなら、他の多くの現象が含みこまれることになる。話すことのエスノグラフィーという文脈における沈黙については、Bauman 1983; Tannen and Saville-Troike 1985を参照。別の観点からは、Foucault [1976]1990: 例えば二七頁参照。私が用いる概念は文学（例えばBecket [1953]1989）や哲学（例えばマルティン・ハイデッガーや西田幾多郎、ジャン・ポール・サルトル）における「無」や「空虚」にくらべ、はるかに制限されたものである。

第一章

（1） 幹の一定部分は木版画に利用される。明治初期には多くの家庭に、桜の木で作られた火鉢、お盆、お茶碗があった（水上一九八二：一四）。花びらはお茶に浮かべられたり、塩漬けにされたりすることもある。葉は塩漬けにされてお菓子を包むのに使われる。

（2） これは、水を掬《すく》う（掬《むす》ぶ）ことで達成される。水の中に魂はとらえられており、水を飲むことで、魂はからだへと入るのである（折口［一九四三］一九七六：二五四）。

（3） のちに、皇族の守護神となる太陽の女神（天照大神）とは異なる。

（4） タカミムスビノカミの系譜を、ツングースの影響、および稲作民である東南アジア諸民族が持つ太陽崇拝までたどる学者もいる（松前一九七四：九三―九四）。

（5） 例えば神崎一九八九：七七；西山一九八五：二一〇

―二一：和歌森一九七五：一七九―一八一：山田一九七七：一一六―一二二といった学者たちが、こうした解釈をとっている。和歌森(一九七五)が指摘するべつの例では、クラという語が呪術者(シャーマン)の座を示すのに用いられている。この語源解釈は十分な証拠にもとづいていないとして批判する学者もある(例えば斎藤一九七九)。

(6) Cranston 1993: 254, 312, 327, 384, 405, 460, 479, 539, 544, 602, 607, 610, 626, 718.

(7) 「桜」という語は四〇回現れる(池田編一九八七：二二七―二二八)が、加えて「花」という、これも桜の花を指す語は、数多く用いられている。したがって「桜」の語のほうが、四〇回(木之下一九七四によれば四二回)言及される梅の花よりも回数でまさっている。

(8) 『古事記』については倉野・武田校注一九五八：一三一―一三三を、『日本書紀』については坂本ほか編一九六七：一五四―一五五を参照。この女神の名前に含まれる「サクヤ」を桜と解し、山田(一九七七：一二一―一二二)、桜井(一九七四：二五)などは、この女神を桜の花と考えるが、斎藤(一九七九：三九―四二)はこの解釈に反対する。

(9) 例としてはつぎのようなものがある。少女について光源氏が考えていることと散った花との、尼僧による類比(山岸校注一九五八：二〇四)。古い桜の木について述べる老人(山岸校注一九五八：二〇四)。

(10) 例えば第二巻八四番(窪田[一九六〇]一九六八：二一八―二一九：高木一九七九：五八)、第二巻九二番(窪田[一九六〇]一九六八：二二八―二三〇：高木一九七九：一八)、第二巻一一三番(窪田[一九六〇]一九六八：二五六―二五八)。

(11) 例えば第二巻七一番(窪田[一九六〇]一九六八：二〇一―二〇二：高木一九七九：一三四)、第二巻七三番(窪田[一九六〇]一九六八：二〇二―二〇三：高木一九七九：一三二)、第二巻七七番(窪田[一九六〇]一九六八：二〇八―二一一：高木一九七九：一三三)、第二巻一一二番(窪田[一九六〇]一九六八：二五五―二五六)。

(12) 歌の例は、新井[一九三九]一九六六：二二四、四六〇、六九一、七七四。

(13) 例えば、有名な『菅原伝授手習鑑』では、三人兄弟の名前が梅、松、桜にちなんで付けられている(戸板ほか編一九六八：一三九―二三三)。兄弟で喧嘩になり、お互いに米袋をぶつけようとする中、桜の枝を思いがけず折ってしまう。これは桜という語を名前に持つ弟(桜丸)が、のちに自殺することを予告している(榎本一九七五：一八一；戸板文・吉田写真一九八一：一八)。ほかの、『妹背《いもせ》山婦女庭訓《やまおんなていきん》』では、花をつけた桜の枝が流れに浮かび下っていく場面があるが、それは恋人たちが一緒にはなれないという、やがてくる悲劇を示す記号になっている(戸板文・吉田写真一九八一：四六)。

(14) 能は平安時代に、観阿弥(一三三三―八四)によって「猿楽」としてはじめられ、つづく鎌倉時代に観阿弥の子世阿弥(一三六三?―一四四三?)によって、上演芸術のもっとも洗練された形態へと発展させられた。上級武士がその保護者(パトロン)となった。高度に洗練された仏教的な哲学・形而上学を基礎に持つ能は、以来ずっと日本の高度に発達した文化の証明として重要であった(Ohnuki-Tierney 1987: 89, 169–170)。

(15) 国立能楽堂の奥山けい子氏に一九九六年四月五日に確認していただいたところ、『胡蝶』『春鶯囀』『春庭花』『春庭楽』『萬歳楽』『嵐山』『右近』『小塩』『鞍馬天狗』『高野物狂』『西行桜』『桜川』『志賀』『須磨源氏』『墨染桜』『草紙洗小町』『泰山府君』『忠度』『田村』『道成寺』『二人静』『三山』『熊野(湯谷)』『吉野静』『吉野天人』がそうした演目である。

(16) 坂口安吾(1997)の有名な短編は、桜の花と狂気との結びつきや、ひとの本当の自己(アイデンティティ)が桜によって暴露されるということにもとづいている。すなわち、美しく若い女性を装った老女の鬼の本性が、満開の桜の花のもとで暴かれるのだ。

(17) 自己を永久に喪失してしまうこともまた、桜の花と結びつけられている。それは世阿弥による能『三《みつ》山《やま》』のうちにあらわれている(世阿弥一九三五b)。桜子という女性は恋人の愛を得るが、その結果、彼女が競った相手である月によって彼女の再生が邪魔されることになる。月は彼女の花びらを吹きとばし、彼女が生まれ変わることはできなくなるのである。

(18) 滝川一九七一：一四一。これらの桜の木は、四月・五月に花が咲いた後、撤去された(斎藤正二一九七九：一一七)。桜の木を植える伝統は歌舞伎に起源を持つという。それは一七四一年から一七四九年のことで、当時仲之町で昼に満開に咲いていた桜の木を、二代目市川團十郎は浮世のはかない喜びの比喩として用いたのである。二代目團十郎は有名な歌舞伎役者で、そこで助六という人気の歌舞伎の登場人物を演じていた。しかし、舞台上のセッティングの中の桜は、青竹の柵の中にある夜桜であるという説もある。

(19) 桜の花などを「人工物で」表現することは、長い伝統がある。『万葉集』にはすでに、柳などの木の幹で稲をつくり表現しているのが見られる（折口［一九二八］一九八二：四九〇—四九一；山田一九八二：三八）。

(20) 桜はいわゆる三大歌舞伎、すなわち『仮名手本忠臣蔵』『義経千本桜』『菅原伝授手習鑑』の、主要モチーフとなっている。桜が象徴として重要であるほかの演目は、『籠釣瓶花街酔醒』『祇園祭礼信仰記』『江戸桜清水清玄』『元禄風花見踊』『曾我綉俠御所染』『若木花容彩四季』『新薄雪物語』『助六由縁江戸桜』『道成寺二人鐘入』『日吉丸稚桜』『京鹿子娘道成寺』『道成寺思恋曲者』『六歌仙容彩』『楼門五三桐』『桜姫東文章』『青砥稿花紅彩画』である（最後の二つをのぞき、一九九六年四月五日に秋元実氏に確認していただいたものである）。花見の有名な場面については、戸板文・吉田写真（一九八一：四〇）、渡辺（一九八九：一七九）、吉田写真・服部監修（一九九一：二一九）を参照されたい。戸板（一九六九）は、『新薄雪物語』と『鏡山旧錦絵』の花見の場面が、歌舞伎の中でもっとも有名な二つの桜の場面であると考えている。明治時代中期までは、『鏡山旧錦絵』序幕の「初瀬寺花見の場」が、決定的な場面であった。その場面で観客は、花見のさいに経験するような陽気さと感覚の飽和状態を感じるよう誘惑されるのである。明治中期以降は、この場面はよくカットされた（戸板一九六九：二二七）。

(21) 知名度ではおとる歌人たちが、桜の美しさを賛美している場合、おそらくそれは宮廷生活にたいする反体制的な姿勢として解釈されるかもしれない。和歌森（一九七五：一七二—一七三）と斎藤（一九七七：四一—四五）は、桜の花の農耕との結びつきを否定し、桜の花を王権や都市貴族の象徴とみなしている。

(22) その他の有名な絵には、一八二九年から一八三六年に出版された、長谷川雪旦による『江戸名所図会』がある。

(23) 例えば奈良の有名な寺である興福寺の建物は破壊されている。有名な五重塔は、それを溶かして鉄くずにしようとしていた人物に売り渡された（村上ほか編一九七〇：一〇三—一〇五、一七一—一七二；太田一九七九：一六四；佐伯一九八八：一六〇—一六二；山田［一九四二］一九九〇：四〇〇）。

(24) 東京市市長尾崎行雄によって最初に二〇〇〇本の若木が船で輸送されたが、若木の中にいた昆虫が理由で貨物は税関検査を通過しなかった。

(25) 桜の花と、「もののあはれ」という日本的エートトス、つまり消えゆくものの悲哀《ペーソス》とのつながりをつくりだしたのは、本居宣長であると考えるものもある。しかしながら私は、彼の浩瀚な『源氏物語』論の中に、桜と悲哀の精神とのシステマティックなつながりというものは、なにも見つけ出すことができなかった。彼の主要な論点は、「もののあはれ」は日本の文学作品・美術作品の本質を構築しており、仏教的世界観や儒学の教義の産物ではない、ということにある。

(26) 日露戦争において日本というごく小さな、これまで知られていなかったアジアの国が、いかにして西洋の強力な国家ロシアにたいし勝利を収めたのか、その秘密を知りたいと考える日本以外の人々にとって、新渡戸の本は一つの主要な知識源だった。新渡戸のテクストは一九四六年出版のルース・ベネディクト『菊と刀』に大きな影響を与えた。

(27) 坪内一九九九:二九、および表紙(サーカスについて)、六九、七三(競馬レースに関して)。サーカスは浅草寺でも興行された(東京都江戸東京博物館・日本放送出版協会編一九九三:一〇六)。

(28) 散る桜は、再版には描かれていない。シカゴ大学の極東図書館(Far Eastern Library)所蔵の山崎種二が寄贈した第四巻の再版本は、表紙に散る桜のデザインがあしらわれている。しかしながらその他の巻にはこのデザインはなかった。三井家寄贈のカリフォルニア大学バークレー校所蔵の五巻には、まったく桜の花びらのデザインはない。

(29) 一冊目の『小学国語読本』第一巻は一九三三年に、最終巻の第一二巻は一九三八年に出版された(海後編一九六四:五三九)。教科書の歴史についての広範な社会経済的・政治的文脈については、海後編(一九六四:六〇九―六一四)を参照。

(30) 例えば、『花咲か爺』『浦島太郎』『桃太郎』『うさぎとかめ』『鳩ぽっぽ』『お正月』。

(31) 佐々木の属していた谷田部海軍航空隊(谷田部空・茨城県)の特攻隊(昭和隊)は一九四五年四月一一日に第一次出撃の命令を受けた。午後二時過ぎに谷田部空を飛び立った数十機の零戦は、八重桜が満開の鹿屋基地に到着した。隊員中の数名は出撃前に「出撃の賦」とも言うべき詩歌を残したが、佐々木も「日のもとをあや匂はせて逝く春とともに散らなむ桜花」という短歌を詠んでいる(蝦名一九八三:一八四、一八五)。

第三章

(1) ハインリヒ・ヴェルナー(一八〇〇―三三)の曲は、

一九〇九年、日本で女子向けの学校唱歌になり、それ以来広い人気を持つ。

(2) ヘーゲルがバラを理性の比喩として用い、ゲーテがそれに賛同しなかったということに関する議論については、Löwith([1964]1991: 16-17)を参照。

(3) 『ニューヨーク・タイムズ』が一九〇六年一二月五日に伝えているところでは、ゲルシューニは中国を経由したとなっているが、一二月一五日に彼は日本経由で来たと書いている。

(4) キャプションにはこう書かれている。「一九二二年は、わたしはゴールキにいました。わたしのパパは療養所で働いていて、その療養所にウラジーミル・イリイチがいました。一度、イリイチが街へ出かけようと用意していた時、わたしは花を集めて花束をつくって、彼に持っていってあげました。イリイチは花を受け取ってわたしに尋ねました。「この花は太陽を浴びて、すくすくと育っているものなんだね?」」(アンディ・スペンサーによる英訳にもとづく)。

(5) その例の中には、V・エファノフによる一九三九年の「スターリンと、子どもたちと一緒のモロトフ」もある(Stalinka EA000008)。この絵画の中で、スターリンとモロトフは三人の子どもたちと一緒に戸外を散歩している。子どものうちの一人はモロトフに抱えられており、正面の子どもは花束を持っている。もう一つの例は、P・ゴルプによる一九四九年の「わが母国万歳、そして繁栄あれ!」である(Stalinka GR000047)。このポスターの中で、白い軍服を着たスターリンと、花を持つ幼い少年が横を向いて立っていて、その背景には広大な農業用地が広がっている。

スターリンが人民の父として描かれているものは他に多くある。プロコフィエヴィッチ・エファノフ(一九〇〇—一九七八)による絵画、「忘れえぬもの」は一九三六年に制作されたものだが、スターリンカ(Stalinka EA000002)および『夢の工場、共産主義』(Groys and Hollein eds. 2003: 146-147)の両方で見られる。この絵画は一九四一年にスターリン芸術賞を獲得した。そこに描かれているのは、若い女性が赤い花、おそらくは赤いバラを、スターリンに渡しているところである。スターリンカの説明文にはこう書かれている。「スタハノフ運動者(Stakhanovites 生産性向上運動の実践者)の、そして集団農場で顕著だった農民の会議は、三〇年代の文化的神話において重要な役割を演じた。名誉を受ける者にとって、この会合はおとぎ話のような性質を持ち、スターリンそのひとに会えるチャンスも含まれていた。一枚の絵にM・カリーニン、V・モロトフ、L・カガノヴィッチ、N・クルプスカヤ(レーニンの未亡人)が含まれている」。

(6) 様々な民族集団出身の人々が、スターリンに花を渡しているところを描いた絵画は、スターリンカ所収(Stalinka GR000026)の、V・コレツキーによる一九五〇年制作のものである。タイトルは「偉大なるスターリンはソヴィエトの諸国民の友情をしめす旗である」(Aulich and Sylvestrová 1999: 87 に再録)。ポスターの説明文によると、「スターリンは「諸国民の友情」キャンペーンを一九三五年一二月に開始した。このキャンペーンには、ソ連において諸国民と諸人種が協働することを称賛しようという意図があった」。男性、女性、子どもを含む人々からなる諸集団で、いくつかは特別の民族集団のように見えるが、こうした諸集団がともに立ち上がっており、その位置取りはあたかもなにかを聞いている、ないしステージ上のだれかを見ているかのようである。多くは、大きな花束を抱えている。

第三章

(1) 従来の考古学・歴史学では、狩猟採集から農業への変化が定住を可能にし、国家形成の土台を作ったという社会の発展のあり方が普遍的だと考える傾向が主流であったが、もっと複雑であることが最近言われている。日本でも、弥生時代以前の紀元前九世紀に農耕が始まったことが分かってきた一方で、北海道では縄文から、続縄文、擦文、アイヌ文化へと発展し、狩猟採集の縄文から農耕の弥生へと発展したというパターンは再検討されている(小林二〇〇八:三五、二〇〇)。

(2) マレビトという日本的な概念は、「よそ者としての神」という、世界中の多くの民族が外部からの力を解釈するために用いた概念にきわめて近い。この概念は、もともとはジンメルが指摘したものである(Simmel [1907]1950: 402-408. 詳細については、Ohnuki-Tierney 1987: 79, 129, 133, 134, 148 を参照)。

(3) 「宇賀の神」と呼ばれるのは稲魂であるが、これは明らかに女性神である(柳田[一九四〇]一九八二)。それは日本の宇宙創造に関与した主要な神々と密接な関わりを持っている。今日の日本人は稲魂を文字通り信じているわけではないが、この概念は、もはや農業国ではない日本で米がなお特別に重視されていることをある程度説明する。

(4) モースの「純粋贈与」(Mauss [1925]1966)、レヴ

ィ=ストロースの「一般交換」(Lévi-Strauss [1949] 1969)、マーシャル・サーリンズの「一般的互酬」を参照。それぞれ、別様に定義されている。

(5) 社会の内部で階級を定義し、また再生産するのに、食物は重要な意味を持っている。持てる階級にはパン職人が腕によりをかけてつくったパンがあり、大衆には工場で大量生産されたパンがあるのだ。ブルデューにとって、「身体が階級的嗜好を体現するものであることにまったく議論の余地はない」(Bourdieu [1979] 1984: 190)。

(6) バルトの、洞察力に満ちた、しかしロマンティックに過ぎる、日本料理一般特に米の美的要素に対する観察を参照(Barthes [1970]1982: 12–14)。

(7) それでも肉を食べ続ける人はいた。ただし、彼らは、馬肉を「桜」といい、猪の肉を「牡丹」というように、動物の肉を婉曲に植物の名をもって呼んだのである。

(8) フランス料理が宮中の接待の時の正式料理となったが、一九八九年の昭和天皇の葬儀の際には、各国からの賓客は日本料理と西洋料理のどちらかを選ぶことができた(原田一九九三:一九)。

(9) ジャガイモもサツマイモも、ともに近世のはじめに日本に紹介された。日本人はサツマイモのほうを好んだが、それはサツマイモがそれだけで食べられたからである(筑波一九六九:一一三)。正月の祝いに、餅を使わず里芋を使うことについては、坪井一九八二を参照。

(10) 筑波(一九六九:一〇六)は、多数の日本人が米を食べはじめたのは明治時代だとしている。渡辺忠世(一九八九:八三)が主張するところでは、ほとんどの日本人が米を主食として食べるようになったのは、食糧配給制度が採用された一九三九年以降にすぎないという。しかし渡辺はまた、近世には人口の九〇%が何らかの形で米を食べ、八〇%は一日三回米を食べていたと考えている。彼はさらに、残りの二〇%の人々も、二回に一回くらいは米を食べており、時々しか米を食べられなかったのは、ごく少数であったとも推測している。ロナルド・ドーアに言わせると、一九三〇年代には「白米は、日本人の誰もが有する生得の権利であると考えられるようになっていた」(Dore [1958]1978: 58–59)。東北では、武士や上級の商人をのぞき、ほとんどの人はアワとヒエしか食べなかったという学者もいる。それは一九六〇年代まで続いたのだという(大林一九七三:五—六)。

第四章

(1) 帰属の感情は、ディアスポラ集団の人々のあいだでしばしば強烈なものとなる。彼らの望郷の思いは、故郷で実際に暮らしている人々よりも強いことがある。個人が亡くなった後には、その「帰属」が生きている時と同じくらい、あるいはよりいっそう重要になる。このことは多くの民族の埋葬の慣習に見てとれる。例えば、都市再開発によってデトロイトのチャイナタウンが破壊される前に、かの地の商業組合は、チャイナタウンの住人が亡くなった時には、一時的にデトロイト市の公共墓地に埋葬し、一〇年毎に生まれ故郷の中国の村に移送することを約束した。このことは墓石にその人物に関する他の情報と一緒に中国語で刻まれた(Ohnuki-Tierney 1964)。

(2) ジャンバッティスタ・ヴィーコ(一六六八―一七四四)、ヨハン・ゴットフリート・ヘルダー(一七四四―一八〇三)、アイザイア・バーリン(一九〇九―九七)はいずれも、人間の歴史の中に、多元主義とお互いの生き方に対する尊敬とに基づいたタイプのナショナリズムを見出した。それは、他者との出会いが敵対的なものとなり、流血へとつながるナショナリズムとは異なったものである。バーリンは、フリードリヒ・シラーの「たわんだ枝」の暗喩を用いて、「傷、何らかのかたちの集団的屈辱」に由来するナショナリズムは、第三帝国(ナチス・ドイツ)における異常に攻撃的な民族精神/国民精神(Volksgeist/Nationalgeist)の場合のように、劣等感から反撃に転じると見ている(Berlin [1959]1992: 10–11, 243–251; Schwartz 1993: 218)。

(3) ホブスボームもまた歴史の時期区分の枠組みに従い、二〇世紀末においてナショナリズムは「もはや歴史的発展の主要ベクトルではない」と一九九〇年に宣言した(Hobsbawm [1990]1992: 163)。とはいえ、彼は自著の改訂版でその宣言を撤回した。他の学者たちの中には、近代性《モダニティ》がナショナリズムの前提条件であるとは考えない者もいる(Berlin [1959]1992: 243; Schwartz 1993: 218)。また他の学者たちの指摘によれば、近代性の一部としてのナショナリズムに関する単線的で普遍的な歴史的スキームは、歴史的進歩という西洋の考え方に基づいており、国民《ネイション》/国家《ステイト》、近代性、ナショナリズムといった概念を、ヨーロッパの啓蒙主義時代に構想された単線的で一方通行の社会進化論的な歴史から取り外す、あるいはプラセンジット・

デュアラの言い方を借りるなら「救う」必要があるとする(Duara 1995)。パルタ・チャタジーの主張によれば、ナショナリズムは啓蒙主義時代の歴史スキームにおけるいわゆる近代性と結びついていないのみならず、西洋のナショナリズムのパラダイムは、世界の他の地域において、ナショナリストの想像力によって――とりわけ反植民地主義のナショナリズムにおいて――疑義を呈されなければならないという(Chatterjee 1993)。タンバイアは、複数形の「多元的な近代性」を提唱し、西欧諸国で特に発展したような国民国家のナショナリズムもあれば、ヨーロッパの一部を含む世界の多くの場所に起源を持つエスノナショナリズムもあるという(Tambiah 1996a: 9; 1996b: 124; 2000)。一九世紀の初めから、ロシア人は自分たちが西洋にも東洋にも属しておらず、自分たちの社会がヘーゲル流の歴史発展ヴィジョン――中世キリスト教と封建主義の時代から啓蒙主義時代に至り、そこから自由主義国家が出現するという――に沿った進化を遂げていないと感じるようになった(Malia 1999)。これがロシアの知識人たちの「ナロードノスト(民族的独自性)」に対する執着につながり、ロシア・ロマン主義の欠くべからざる要件となった(Leighton 1985: 373; Terras ed. 1985)。ここでもまた、他者の存在が文化的ナショナリズムの発展にとって決定的であったのだ。

(4) 私が文化的ナショナリズムと呼ぶものは、ゲルナーの愛国主義《パトリオティズム》にあたり(Gellner 1983: 138)、彼のいうナショナリズム――私が政治的ナショナリズムと呼ぶもの――に先んじる。私はジェイムズ・フェントンによる以下の「愛国者《パトリオッツ》」の定義に従う。「「愛国者」という言葉は、この文脈では、何か国旗を打ち振っているような感情的な対外強硬主義者や、自分の国の利益を他の国々の利益を押しのけて主張しようとしている者のことを意味しない。自分の国を愛するがゆえに、暴政からそれを守りたいと願う者のことを意味する」(Fenton 1998: 39)。

(5) ホラティウスの時代、(少なくとも想定上は)いわゆるローマ人たちはいわゆるパルティア人たちと戦っていた。しかしそれ以降、ほとんどの国際的な情勢はずっと複雑になっている。愛国主義に関する文献でめったに指摘されることはないけれども、「画定された国の成員たちの抱く感情」という(愛国主義の)定義は、見直されなければならない。例えば、インド人もアフリカ人も(Killingray 2010)女王、すなわち大英帝国のために戦ったが、ネパールのグルカ兵もまたそうだった。最も驚くべき例は、「高砂」族である。彼らは日本の天皇のために犠牲になった(Huang 2001)。

(6) この点は、旧東ドイツ地域にある、アイゼナハのヨハン・セバスチャン・バッハ博物館で行われた展示、「血と魂——バッハとメンデルスゾーン、第三帝国における彼らの音楽」(二〇〇九年五月—一一月八日)で確認できた。

(7) 近代化を表している飛行機は、しばしばスターリンの像と並べられ、多くのポスターの題材となっている(Bonnell 1997: Figure 4.13; Stalinka EA000001, GR000013, GR000014, GR000/024, GR000041-44, GR000074, GR000094, GR000097, GR000113, GR000114, PH000139)。戦艦(例えば、巡洋艦チェルヴォナ・ウクライナ一九三三年)や戦車(一九二七年、一九三一年)も描かれた(Groys and Hollein eds. 2003: 189, 201, 208)。農業(農民と農場)は、Groys and Hollein eds.(2003)の中で複製されている数多くの絵画のテーマである——「刈手」一九二八—二九年(p. 184)、「路上の三婦人」一九三〇年頃(p. 185)、「干し草を作るひと」一九三〇年代前半(p. 186)、「集団農場に戦車を歓迎する」一九三七年(p. 187)、「パン」一九四九年(p. 225)など。一九三九年の「連邦全国農業展示会」は、Stalinka GR000053に複製がある。

(8) アンダーソンは大日本帝国のナショナリズムを「公定ナショナリズム」の一種と呼ぶ。これはシートン・ワトソンから借りてきた用語で、「国《ネイション》」と王朝帝国の意図的な結合」とアンダーソンは定義する(Anderson [1983]1991: 86, 95-99)。アンダーソンは、明治以前の日本で天皇制が政治的に強力だったと誤認——よくある誤解である——していたかもしれない。日本にはロマノフ王朝に相当するものは本当になかったのである(第六章参照)。

(9) タバコの包装のカタログは、たばこと塩の博物館から出版されている(たばこと塩の博物館編一九八五:一四七—二二七を参照)。四つのタバコの名前は、国学者・本居宣長の「敷島の大和心を人問はば朝日に匂ふ山桜花」という歌に由来する。こうしたタバコのラベルやデザインとして、桜は繰り返し現れた。タバコの包装デザインの中には、工場といった近代の象徴や、戦闘機といった軍国主義の象徴も含まれていた。日本のイメージを近代化する努力を見せるためだったかもしれないが、多くのラベルに"Cherry"といったアルファベット表記があった。とはいえ、日本人のアイデンティティが持つ元始性の象徴のほうがそれをはるかに凌いでおり、その点で切手や紙幣の場合と同じパターンに従っていた。

(10) 「薩摩」はタバコのブランド名であったが、戦艦につけられた名前の一つでもあった。薩摩とは九州の一地方を意味し、明治時代以前そこには有力な藩が存在していた。この地は明治時代の有力な政治家を数多く輩出したところである。

第五章

(1) 主権の問題に関する論議は、憲法発布後もしばらく続いた。主要な問題点は二つあった。①主権の所在——主権は天皇にあるのか、国家にあるのか。そして、②主権者の権力の制限、である。一方では穂積八束とその後継者上杉慎吉が、「天皇主権説」として知られる見解を支持した。すなわち主権の無制限の権力は天皇のうちに存在するべきだ、という見方である。美濃部達吉はそれに反対して、主権は国家のうちに存し、天皇はその機関・機構にすぎないという「天皇機関説」を主張した。天皇を主権者とする見解の支持者が最終的に勝利を収めたのは、一九三五年だった。その年、美濃部は「不敬罪」を問われ、彼は貴族院およびその他の公職を辞めなければならなくなった。同年、彼の出版物は発禁処分となった。学者や知識人、さらには官僚のあいだでさえ、美濃部の説は強く支持されていたのだが(長尾[一九八七]一九九五)。天皇の侍従は、天皇自身、自分は機関説のほうが安心できると述べていたことを、日記に書きとめている(鳥海一九八八)。一八八九年に公布された憲法を外国人アドバイザーらの手による草稿と比べると、第一条を除いては、天皇の性質に関してほとんど同一の言い回しや概念が用いられていることが分かる。

(2) ベン＝アミー・シロニーは、近代の天皇は自発的に儒学の「君子」のモデルに従っていたと考える(Shillony 2005: 119-130)。シロニーによれば、昭和天皇でさえ「君主は正当に構成された国家機関の決定は認可すべきである」という原理に忠実だったという(Shillony 1981: 36-38)。この解釈は、なお論争の余地あるものである。

(3) 彼らの支配力は、しかしながら、制限されたものであった。この事実は、外側からは天皇と東条英機がともに、最高の権力を持つ人物と見ることと著しい対照をなしている。東条が行使した権力は、ヒトラーが掌握したそれには比べるべくもないものだった。実際、東条は、流血騒ぎもなしに、内閣から退場させられている（Payne［1980］1987: 335; Shillony 1981: 67）。

（4）　これまでに一〇人の女性天皇が存在した。うち二人は二回即位しているので、実際には八人ということになる。彼女たちの治世は、二人を除いて古代であり、六世紀末から八世紀半ばのことであった（関一九八六；上田一九七一）。ヨーロッパ君主制システムにおける強力な女王たちには比べるべくもないが、明治以前には女性が皇位につくことに対する法的禁止は存在しなかった。最後の女性天皇は後桜町天皇で、彼女の在位は一七六二年から一七七〇年であった。

（5）　日本文化では、馬は神々からの神聖なメッセンジャーであると見なされ、また白という色は聖なる力を持つと考えられていた（宮田一九九四）。とはいえ、このイメージは西洋の政治的・軍事的指導者を描く肖像画の習慣にならって作られたということもあり得よう。例えば、一〇六六年のヘイスティングズの戦いにおけるウィリアム征服王や、一五世紀フランスのジャンヌ・ダルク、一七七六年にデラウェア川を渡るジョージ・ワシントン、あるいは一八一五年のワーテルローの戦いにおけるナポレオンなどの肖像画である。

（6）　日本人以外の人々が持つこの誤解の要因としてもう一つ付け加えるとすれば、「お辞儀」という日本のイメージがある。日本人のステレオタイプを形成するしかけとして、少なくとも合衆国では、お辞儀は頻繁にマスメディアに登場する。この行動の背後にある個々人の考えが問われることはめったになく、この動作は尊敬の念を意味するものと解釈されている。ヒトラーに対する敬礼とおなじように戦時の日本ではたいていの場合、お辞儀は義務であり、またそれ以外の時代では単純に習慣であった。だが、この動作が深い敬意を示すものと解釈され、また日本の神についての観念がゴッドとして解釈された時、日本の天皇は非常に強力な存在となったのである。しかし、これは大きな誤解である。

（7）　バルトは、空虚な中心という概念を、天皇制およびその政体にまで拡大し、皇居が東京の真ん中で空虚な空間を構成していると考えた（Barthes［1970］1982: 30-32）。西田幾多郎は第二次大戦中、「無の場所」という概念を用いて、天皇を政府の政治的権力と国民のあいだに存在する矛盾を越えた存在へと昇華していた（西田［一九四〇］二〇〇四）。

（8）　従来は、食糧を掌る保食神《うけもちのかみ》が天皇家の守り神であった。天照大神が天皇の祖先になったのは、天皇制が十分に構築されてからのことにすぎない。

(9) この中には、南殿前《なでん》(八六一年六月二九日)や紫宸殿前(八六七年七月二四日)での天皇の相撲観戦が含まれる(南殿と紫宸殿は、京都御所の中の最も重要な建物であった)。相撲観戦や、一八八七年四月二六日に行われたイタリア・サーカスの観賞(扇子二〇〇九:Tierney n.d. 参照)に加えて、明治天皇は外務大臣井上馨の邸宅(現在は跡地に国際文化会館が建つ)で、初めて歌舞伎を鑑賞している。この舞台芸術は、もともとは被差別民の出身者の職業であったため、天皇による鑑賞は長らくタブーであった。

(10) タカシ・フジタニは異なる解釈を与えている。彼は天皇が眼に見えるかたちで現れたことと、天皇のページェント(誇示のイベント)が「群衆」に対して与えた影響を強調する(Fujitani 1998: 197-229)。

(11) 明治以前に行われた天皇の儀式についての骨の折れる研究の中で、森田は、即位の儀式は私的なものだが、その中には公衆に開かれたものもあったことを明らかにしている(森田二〇〇六)。朝廷が民衆に告知した最初の即位式は、一七一〇年の中御門天皇のときであるが、朝廷は一定数の招待状を発行しただけである。即位式見物を許された人の数は、たいていの場合知りえないが、一七四七年の桃園天皇の即位式には、全部で三〇〇人が出席し、彼らは指定の場所に座ったという。いうまでもなく、御魂鎮《みたましずめ》の秘儀を見ることは許されなかった。

(12) 文学や視覚芸術、舞台芸術における「見立て」では、例えば「置きかえ」など様々なタイプの間接的表現が利用される。美人画の伝統では男性を「美人」として描く。例えば猿まわしは男性に限られていたが、鈴木春信の浮世絵にあるように「美人」が描かれている(講談社編一九六一:Kobayashi 1993; Ohnuki-Tierney 1987: 102)。この見立てという表現法は、幕府のもとで暮らす人々にとって便利なものとなった。というのも、一七七二年に同時代の政治的事件や役人について、視覚芸術や舞台芸術において言及することがすべて禁止されたからである(Kornicki 1977)。見立ての技法によって、芸術家たちは、例えば幕府による不正といった政治的事件について、別の時代の別の状況に見せかけて語ることができるようになった。舞台芸術の分野で、政治的な目的を持つ点でいちばん有名な例は、『忠臣蔵』の劇である。その劇では同時代に起こった事件を、数百年前の別の時代に移し換えていた(詳細な分析については、大貫二〇〇三:二二六―二三五を参照)。

検閲は一八八四年(明治一七年)まで存続したが、名目上のものにすぎなかった。明治政府が新しい規制を課したのは一八八五年である。したがって、明治初期の錦絵の中で見立てが多用されているのは、政府が検閲を実施していたためではなく、芸術的な慣習によるものであった。

(13) もう一つの慣習として、在位中の天皇には「呼称」がなく「今上」とだけ呼ばれるというものがある。「昭和天皇」は正式には諡名《おくりな》であり、在位中は「天皇」ないしは「今上天皇」とだけ呼ばれた。戦後、西洋の慣習に従い、切手には皇太子とその妻のイメージが使われるようになった。一九五九年に発行された、当時の皇太子(平成天皇)の結婚を記念した組み切手では本人のイメージが、同じく一九九三年に当時の皇太子(現在の天皇)の結婚を記念して発行された組み切手にも皇太子本人のイメージが使われた。普通の人間である皇太子と、魔術的-宗教的力を持った天皇とのあいだには厳然たる区別がある(Ohnuki-Tierney 1991b)。

(14) 神功皇后は『古事記』および『日本書紀』に登場する。彼女はシャーマンとしての皇后で、仲哀《ちゅうあい》天皇の妻であった。神功皇后は仲哀天皇とともに南九州の熊《くま》襲《そ》を征服した。また彼女は単独でも行動し、自ら軍隊を率い朝鮮半島の新羅を征服したことになっている。その後、彼女は第一五代天皇である応神天皇を出産した。

(15) 紙幣に描かれる人物には、日本武尊《やまとたけるのみこと》や、半ば神話上の存在である聖徳太子、そして様々な天皇のために戦い、彼らを助けた政治家たちが含まれている(ボナンザ編集部編一九八四:一五一—一五三、二〇四—二〇九)。一九三八年発行の紙幣には、菊花紋と四組の桜の花、そして富士山上空で光を放つ朝日が描かれている。一九三八年という年号は、紙幣の左側で昭和一三年として、右側で皇紀二五九八年として確認される。

(16) この信仰は、大和の国と呼ばれる日本は神々に祝福され、言霊が栄える国であるという考えに深く根付いており、万葉集所収の山上憶良の歌の冒頭ではっきりと表明されている(佐竹ほか編一九九九:五〇四)。

(17) 大正天皇のときに廃止されるまで、天皇は一夫多妻をならいとしており、天皇の母親——正室でないことが多かった——に関する情報は公のものだった。正室でない妻たちは「側室」と呼ばれ、元将軍家や位の高い公家といった上層階級の出身であることが多かった。明治天皇は正室とのあいだに子供がいなかったが、側室の六人の女性とのあいだに一五人の子どもがいた。

その一人が大正天皇であった。

(18) これらの葉書を入手してくれた、R・ケンジ・ティアニーに感謝したい。なお、葉書に発行の日付は書かれていなかった。

第六章

(1) 魔術と科学、宗教、そして合理性とのあいだの関係については論争がある(Tambiah 1990)。この関係は、近代性と近代化を問題にする時重要なものである。それを、「世界の脱魔術化」――もともとはフリードリヒ・シラーによって使われ、マックス・ヴェーバーによって有名になった言葉――を通しての直線的な進歩の過程と捉える学者もいる。西欧は「魔術」から脱し、それによって中世を捨てて啓蒙主義時代を駆け抜け、近代にたどり着いた、という考えである。人類学における論争は、魔術を「未開の人々《プリミティブズ》」に、宗教を「文明化された人々《シヴィライズド》」つまり西洋人に、振り分けるという間違った二分法に異議を唱えるところから始まった。もっとも、この二分法をまだ有用である考える人々もいるのだが(Thomas 1971 参照)。最も印象的な異議の一つはリーチが唱えたもので、彼は他者の信仰や実践が魔術と呼ばれ、例えばキリスト教における処女懐胎のような「我々の」信仰が「宗教的」であるとみなされるとはいかなることか、と指摘した(Leach [1966]2000)。「宗教」の研究におけるもう一つの問題は、「宗教」に対して、いかに時空を越えた定義を与えられるか、ということである。タラル・アサドの主張によれば、「宗教の普遍的な定義」は一七世紀のヨーロッパでできあがり(Asad 1983: 244; 1993: 40)、これが特権的な定義として広く採用されたが、実のところ宗教とは特定の時間・空間における一つの構築物――つまり権力の産物――であるという(Asad 1983: 252)。最小限の定義として、西洋の哲学や神学の中では、「超越」(トランセンデンス)の考え方が様々に概念化されてきた。しかし、日本人や、アブラハムの宗教を実践しないそのほか多くの諸民族にとって、それは全く異質な考え方である(Ohnuki-Tierney 1991b)。

(2) 本書の取り扱う範囲を超えるが、様々な学術分野で何が宗教の構成要素であるかについて長い論争が続いてきた。

(3) 神聖な王権に関する詳細な議論、およびそれに対する批判については、Ohnuki-Tierney 1995; 2005: 221-225 を参照。「神聖な王権」の元々の定式については、Hubert and Mauss [1898]1964; Smith [1889]

1972も参照。この論点を扱ったそれ以降の学者には、Dumont([1966]1970); de Heusch (1985); Feeley-Harnik (1985); Geertz (1980: 124–136); Sahlins (1985); Tambiah (1976); Valeri (1985); Vansina (1978: 207–209)がいる。日本の天皇制を研究する学者の中には、天皇制がフレイザー的な意味での神聖な王権であると考える者もいた。折口([一九二八]一九七五)が初めてそうした解釈を提示し、Ebersole (1989)と山折(一九九〇a:一九九〇b)が続いた。

(4) 文化人類学では、神聖なる王権のモデルの中心は暴力的な死であった。暴力的な死とは、生け贄として捧げられる動物の死か、宗教的殺人のかたちで起こるものであり、それが神聖王の再生の条件であった(Smith [1889]1972: 236–243; Hubert and Mauss [1898]1964)。しかしながらここ数十年で、この解釈に対する異議が唱えられている。例えば、ギリアン・フィーリー=ハーニクは、神聖なる王権は文化人類学者の想像の中にだけ存在したと主張した(Feeley-Harnik 1985: 276)。ベンジャミン・C・レイは、フレイザーの元々の定式化を鋭く批判し、それがもっぱらローマに近いネミ湖のディアーナに仕える祭司王殺しという古典古代の例だけに依拠しているにもかかわらず、フレイザーとその追随者たちによって普遍的なモデルにまで拡大されてしまったと論じている(Ray 1991: 22–53)。

(5) 日本政府はアイヌに強いて、熊皮や木彫りの熊を観光客に売らせた。

(6) アレクサンドリアで三三七―三六一年に鋳造されたコンスタンティウス二世の頭像についてはKantorowicz [1957]1981: Figures 1, 2, 32; Smith 1989: 46を参照。

謝　辞

この本は、これまで私が行ってきた樺太アイヌの研究から今日までの研究を、資料の点からだけでなく、とりわけ理論の面で根本的に再検討し、その上にドイツなどとの比較を加えた理論的研究である。そのため、長い年月をかける仕事となった。その間お世話になった機関、先輩、同僚は数えきれないほどである。

まず、ウィスコンシン大学にたいして、ウィリアム・ヴァイラス教授の地位を与えてくれたことに感謝の意を表したい。おかげで授業が半減し、研究に専念できる生活を得ることができた。この上もない幸運であったとしか言いようがない。

競争相手あつかいされない「外国人」研究者の段階をこえると、アメリカの学界はいかにも波風のきついところである。何度か背後から「刺され」たり、小刻みに来る「いじめ」に耐えて、今日までなんとか生き延びることができたのは、学界の卓越した学者たちが、何かと支えてくださったことが大きい。これから海外で研究者を志す日本の若い人たちの役に少しでも立つように、これらの詳細は、将来何らかのかたちで紹介したいと思っているが、ここでは、ごく少数の方たちのお名前を列記するにとどめる――Edmund Leach, Pierre Bourdieu, Stanley Tambiah, Clifford Geertz, Ernest Gellner, Tim Ingold, Eric Wolf, Sidney Mintz, Victor Turner, Terence Turner, Mac Horton, Jan Vansina。日本では網野善彦、宮田登、猪木武徳、三笠宮崇仁殿下、宮家準、色川大吉の諸氏にひとかたならずお世話になった。

さまざまの大学、研究所にお招きいただき、刺激のある研究生活を送ることができたことにも、ここで感謝の念を記したい。パリ高等研究所、コレージュ・ド・フランス社会人類学講座、アメリカ議会図書館クルーギー・センター、ハイデルベルク大学日本学部、オックスフォード大学セント・アントニー校、ベラージオ・ロックフェラー研究センター、フランス社会科学高等研究院、ミシガン大学日本研究センター、ハーバード大学人類学部、同ライシャワー日本研究所、同世界宗教研究センター、マンチェスター大学人類学部、スタンフォード高等行動科学センター、プリンストン高等研究所、オックスフォード大学日産日本研究所、国立民族学博物館、国際日本文化研究センター。

アカデミックの世界では、本の出版が何より大切であるが、駆け出しの時代に、元岩波書店社長の大塚信一氏、元プリンストン大学出版局のウォーター・リッピンコット氏が私の最初の本を出版して下さった。何という幸運か。この出発がなければ、私の大学でのキャリアは困難をきわめていたに違いない。その後も、岩波書店での幸運は続き、『ねじ曲げられた桜——美意識と軍国主義』では佐藤妙子氏に、『学徒兵の精神誌——「与えられた死」と「生」の探求』では小島潔氏にお世話になった。この本自体も、当初は小島氏が担当してくださったが、出版にあたっては岩波現代文庫編集部の吉田浩一氏が面倒を見てくださった。彼の幅広い学問の知識を活用し、最終稿を初稿より数倍良い原稿にして下さった。岩波書店の定評はこの驚くべき、学問的に高度な「編集」に基づいていることを痛感した。新たに刺激のある勉強をすることができた喜びを感じたことを記して感謝の意を表したい。

甲南小学校の藤田彰先生、甲南女子高校の石村巌先生は、私の勉学を励ましてくださったまず最初の恩師である。
　戦中、戦後の日本の悲惨な状況の中で、我が身を捨てて私たちを可愛がり育ててくれた両親の老後の世話もしなかったことは、一生の後悔である。時計の針をもどすことのできない残酷さを日々痛感している。同じく、研究に夢中になり過ぎてなんの世話もしなかった、今は亡き連れ合いにも感謝と謝意を記したい。常時心の支えになってくれた二人の息子への「ありがとう」を、この簡単な謝辞の最後の言葉とする。

二〇一九年四月

大貫恵美子

索　引

ア 行

カ 行

サ 行

タ 行

ナ 行

ハ 行

マ 行

ヤ 行

ラ 行

ワ 行

文献一覧

- 配列は執筆者名のアルファベット順に拠った．日本語文献もローマ字表記にしてアルファベット順に配列した．
- 日本語文献に関しては，特に言及のないかぎり東京で発行されたものである．他の発行地は，明らかな場合(例：University of Chicago Press のシカゴ)をのぞいて記述した．

Adorno, Theodor W. [1970]1997. *Aesthetic Theory*. Minneapolis: University of Minnesota Press.〔テオドール・W・アドルノ，2007『美の理論』新装完全版，大久保健治訳，河出書房新社〕

秋間俊夫．1972「「死者の歌」——斎明天皇の歌謡と遊部」『文学』第 40 巻 3 号．

———．1982. The Songs of the Dead: Poetry, Drama, and Ancient Rituals of Japan. *Journal of Asian Studies*. 41(3): 485-509.

秋本吉郎．1958「常陸国風土記」．秋本吉郎校注『風土記』33-92 頁，岩波書店．

Althusser, Louis. 1971. *Lenin and Philosophy*. New York: Monthly Review Press.〔ルイ・アルチュセール，1970『レーニンと哲学』西川長夫訳，京都：人文書院〕

網野善彦．1980『日本中世の民衆像——平民と職人』岩波新書．

———．1986「アジアと海の舞台を背景に」『朝日百科 日本の歴史』第 1 号，2-3 頁，朝日新聞社．

———．1987「中世の負担体系」『三浦古文化』第 41 号，1-11 頁．

———．1989『異形の王権』平凡社．

———．2000『「日本」とは何か』講談社．

網野善彦ほか編．2002『天皇と王権を考える』第 5 巻「王権と儀礼」岩波書店．

Anderson, Benedict R. O'G. [1983]1991. *Imagined Communities*. London and New York: Verso.〔ベネディクト・アンダーソン，2007『定本 想像の共同体——ナショナリズムの起源と流行』白石隆・白石さや訳，書籍工房早山〕

青木虹二．1966『百姓一揆の年次的研究』新生社．

新井無二郎．[1939]1966『評釈伊勢物語大成』大阪：湯川弘文社．

Arrizabalaga y Prado, Leonardo de. 2010. *The Emperor Elagabalus: Fact of Fiction?* Cambridge: Cambridge University Press.

Asad, Talal. 1983. Anthropological Conceptions of Religion: Reflections on Geertz. *Man*. 18: 237-259.

———. 1993. *Genealogies of Religion*. Baltimore: St. John's University Press.

Atkins, Jacqueline M. 2005. *Wearing Propaganda: Textiles on the Home Front in Japan, Britain, and the United States, 1931-1945*. New Haven, CT: Yale University Press.

Auerbach, Erich. [1946]1974. *Mimesis: The Representation of Reality in Western Literature*. Princeton University Press.〔エーリッヒ・アウエルバッハ, 1994『ミメーシス――ヨーロッパ文学における現実描写』上・下巻, 篠田一士・川村二郎訳, ちくま学芸文庫〕

Augé, Marc. [1992]1995. *Non-Places: Introduction to an Anthropology of Supermodernity*. London: Verso.

Aulich, James and Marta Sylvestrová. 1999. *Political Posters in Central and Eastern Europe, 1945-95*. Manchester, UK: Manchester University Press.

Bakhtin, Mikhail M. [1965]1984. *Rabelais and His World*. Bloomington, IN: Indiana University Press.〔ミハイル・バフチン, 2007『フランソワ・ラブレーの作品と中世・ルネサンスの民衆文化』(ミハイル・バフチン全著作第7巻)杉里直人訳, 水声社〕

———. 1981. *The Dialogic Imagination: Four Essays*. Texas: University of Texas Press.

Balfour, Sebastian and Alejandro Quiroga. 2007. *The Reinvention of Spain: Nation and Identity since Democracy*. Oxford University Press.

Barthes, Rolland. [1953] 1967. *Writing Degree Zero*. New York: Hill & Wang.〔ロラン・バルト, 2008『零度のエクリチュール』新版, 石川美子訳, みすず書房〕

———. [1970]1982. *Empire of Signs*. New York: Hill & Wang.〔ロラン・バルト, 1996『表徴の帝国』宗左近訳, ちくま学芸文庫〕

———. [1982] 1991. *The Responsibility of Forms*. New York: Hill & Wang.

Basso, Keith. 1981. "Wise Words" of the Western Apache: Metaphor and Semantic Theory. In *Language, Culture and Cognition: Anthropological Perspectives*. R.W. Casson ed. pp. 244-267. New York: Macmillan.

Bataille, Georges. [1967][1989]1991. *The Accursed Share*. New York: Zone Books.〔ジョルジュ・バタイユ, 2003『呪われた部分　有用性の限界』中山元訳, ちくま学芸文庫〕

Baudelaire, Charles. [1855]2001. *The Painter of Modern Life and Other Essays*. London: Phaidon.〔シャルル・ボードレール, 1999『ボードレール批評』第2巻, 阿部良雄訳, ちくま学芸文庫〕

———. [1857][1869]1991. *The Flowers of Evil and Paris Spleen: Poems by Charles Baudelaire*. William H. Crosby trans. Rochester, NY: BOA Editions.〔シャルル・ボードレール, 1998『ボードレール全詩集』第1巻「悪の華」, 第2巻「パリの憂鬱」阿部良雄訳, ちくま文庫〕

———. [1869]1949. *Journaux intimes: Fusées—Mon cœur mis à nu—Carnet*. Édition critique établie par Jacques Crépet et Georges Blin. Paris: Librairie José Corti. First posthumously published in 1869.〔シャルル・ボードレール, 1993『ボードレール全集』第6巻, 筑摩書房〕

Bauman, Richard. 1983. *Let Your Words Be Few: Symbolism of Speaking and Si-*

lence among Seventeenth Century Quakers. Cambridge: Cambridge University Press.

Beasley, W. G. [1989]1996. Meiji Political Institutions. In *The Cambridge History of Japan*. Vol. 5, *The Nineteenth Century*. Marius B. Jansen ed. pp. 618–673. Cambrdge: Cambrdge University Press.

Beckett, Samuel. [1952–53]1991. *Waiting for Godot*. In *A Samuel Beckett Reader*. New York: Grove Press: 367–476.〔サミュエル・ベケット，2013『ゴドーを待ちながら』安堂信也・高橋康也訳，白水 u ブックス〕

Beidelman, T. O. 1980. The Moral Imagination of the Kaguru: Some Thoughts on Trickster, Translation and Comparative Analysis. *American Ethnologist*. 7(1): 27–42.

Benedict, Ruth. 1946. *The Chrysanthemum and the Sword: Paterns of Japanese Culture*. New York: New American Library.〔ルース・ベネディクト，2005『菊と刀』長谷川松治訳，講談社学術文庫〕

Benjamin, Walter. [1928]1986. One-Way Street. In *Reflections*, Peter Demetz ed. pp. 61–94. New York: Schocken Books.〔ヴァルター・ベンヤミン，1997「一方通行路」『記憶への旅』(ベンヤミン・コレクション第 3 巻)浅井健二郎編訳，ちくま学芸文庫〕

———. [1931]1998. A Small History of Photography. *One-Way Street and Other Writings*. pp. 240–257. London: Verso. Original 1931 publication in three installments in *Literarische Welt*. VII.〔ヴァルター・ベンヤミン，1995「写真小史」『近代の意味』(ベンヤミン・コレクション第 1 巻)浅井健二郎編訳，ちくま学芸文庫〕

———. [1936]1968. The Work of Art in the Age of Mechanical Reproduction. In *Illuminations*. Hannah Arendt ed. pp. 217–251. New York: Schocken Books.〔ヴァルター・ベンヤミン，1995「複製技術時代の芸術作品」『近代の意味』(ベンヤミン・コレクション第 1 巻)浅井健二郎編訳，ちくま学芸文庫〕

———. [1950]1968. These on the Philosophy of History. In *Illuminations*. Hannah Arendt ed. pp. 253–264. New York: Schocken Books.〔ヴァルター・ベンヤミン，1994「歴史の概念について」『ボードレール他五篇 ベンヤミンの仕事 2』野村修編訳，岩波文庫〕

Benveniste, Emile. 1966. *Problems in General Linguistics*. Miami, OH: University of Miami Press

Berezin, Mabel. 1997. *Making the Fascist Self: The Political Culture of Interwar Italy*. Ithaca, NY: Cornell University Press.

Berlin, Isaiah. [1958]1969. Two Concepts of Liberty. In *Four Essays on Liberty*, 118–172. Oxford University Press.〔アイザイア・バーリン，2000「二つの自由概念」『自由論』新装版，小川晃一ほか訳，みすず書房〕

———. [1959]1992. *The Crooked Timber of Humanity*. New York: Random

House.〔バーリン，1992『理想の追求』(バーリン選集第4巻)福田歓一ほか訳，岩波書店〕

———. 1999. *The Roots of Romanticism*. Henry Hardy ed. Princeton University Press.〔アイザイア・バーリン，2010『バーリン　ロマン主義講義——美術に関するA. W. メロン講義，1965年国立美術ギャラリー，ワシントンDC』ヘンリー・ハーディ編，田中治男訳，岩波書店〕

Berque, Augustin. 1984. The Sense of Nature and Its Relation to Space in Japan. In *Interpreting Japanese Society*. J. Hendry and J. Webber eds. *Journal of the Anthropological Society of Oxford*. 15(2): 100–110.

———(オギュスタン・ベルク). 1990『日本の風景・西欧の景観——そして造景の時代』篠田勝英訳，講談社現代新書.

Bertelli, Sergio. 2001. *The King's Body*. Burr Litchfield trans. College Park: Pennsylvania State University Press. Original Italian, *Il corpo del re: Sacralità del potere nell'Europa medievale e moderna*. 1990. Florence: Gruppo Editoriale Florentino.

Billington, James H. [1966]1970. *The Icon and the Axe: An Interpretative History of Russian Culture*. New York: Random House.〔ジェームズ・H・ビリントン，2000『聖像《イコン》画と手斧——ロシア文化史試論』藤野幸雄訳，勉誠出版〕

Blacker, Carmen. 1975. *The Catalpa Bow: A Study of Shamanistic Practices in Japan*. London: George Allen & Unwin.〔C・ブラッカー，1995『あずさ弓——日本におけるシャーマン的行為』上・下巻，秋山さとこ訳，岩波書店〕

Bloch, Marc. [1961]1989. *The Royal Touch*. J. E. Anderson trans. London: Dorset Press.〔マルク・ブロック，1998『王の奇跡——王権の超自然的性格に関する研究／特にフランスとイギリスの場合』井上泰男・渡邊昌美訳，刀水書房〕

Bœspflug, François. 2008. *Dieu et ses images: Une histoire de L'Éternel dans l'art*. Montrouge: Bayard Editions.

ボナンザ編集部編. 1984『日本近代紙幣総覧』ボナンザ.

Bonnell, Victoria. 1997. *The Iconography of Power: Soviet Political Posters under Lenin and Stalin*. University of California Press.

Borneman, John. 2005a. Preface. In *Death of the Father: An Anthropology of the End of Political Authority*. John Borneman ed. pp. vi–x. New York: Berghahn.

———. 2005b. *Gottvater, Landesvater, Familienvater*. Identification and Authority in Germany. In *Death of the Father: An Anthropology of the End of Political Authority*. John Borneman ed. pp. 63–103. New York: Berghahn.

Bosworth, Albert Brian. 1996. Alexander III. *The Oxford Classical Dictionary*. 3rd ed. Simon Hornblower and Antony Spawforth eds. pp. 57–59. Oxford University Press.

Bourdieu, Pierre. [1972]1977. Outline of a Theory of Practice. Cambridge: Cambridge University Press.

———. [1975]1991. Censorship and the Imposition of Form. In *Language and Symbolic Power*. Cambridge, UK: Polity Press. pp. 135-159.
———. [1977]1991. On Symbolic Power. In *Language and Symbolic Power*. pp. 163-170.
———. [1979]1984. *Distinction: A Social Critique of the Judgement of Taste*. [Original publication in French in 1979]Harvard University Press.〔ピエール・ブルデュー，1990『ディスタンクシオン――社会的判断力批判』1・2巻，石井洋二郎訳，藤原書店〕
———. 1990. *In Other Words: Essays Toward a Reflexive Sociology*. Stanford: Stanford University Press.〔ピエール・ブルデュー，1988『構造と実践――ブルデュー自身によるブルデュー』石崎晴己訳，新評論〕
———. 1991. *Language and Symbolic Power*. Cambridge, UK: Polity Press.
Bourdieu, Pierre and Alain Darbel. [1969]1990. *The Love of Art*. Stanford University Press.〔ピエール・ブルデュー／アラン・ダルベル／ドミニク・シュナッペー，1994『美術愛好――ヨーロッパの美術館と観衆』山下雅之訳，木鐸社〕
Bourdieu, Pierre and Jean-Claude Passeron. 1977. *Reproduction in Education, Ciety and Cuture*. Thousand Oaks, CA: Sage Publication.
Bourdieu, Pierre and Loïc J. D. Wacquant. 1992. *An Invitation to Reflexive Sociology*. University of Chicago Press.〔ピエール・ブルデュー／ロイック・J・D・ヴァカン，2007『リフレクシヴ・ソシオロジーへの招待――ブルデュー，社会学を語る』水島和則訳，藤原書店〕
Boyer, Dominic. 2005. *Spirit and System: Media, Intellectuals, and the Dialectic in Modern German Culture*. University of Chicago Press.
Braudel, Fernand. [1958]1980. *On History*. University of Chicago Press.
Brettell, Richard R. and Caroline B. Brettell. 1983. *Painters and Peasants in the Nineteenth Century*. New York: Rizzoli International Publications.
Brubaker, Rogers and Frederick Cooper. 2000. Beyond "Identity". *Theory and Society* 29: 1-47.
Burke, Edmund. [1757]1998. A Philosophical Enquiry into the Origin of Our Ideas of the Sublime and Beautiful. In *A Philosophical Enquiry into the Origin of Our Ideas of the Sublime and Beautiful and Other Pre-Revolutionary Writings*, pp. 49-199. London: Penguin Books.〔エドマンド・バーク，1999『崇高と美の観念の起原』中野好之訳，みすず書房〕
Burke, Kenneth. [1945]1969. *A Grammar of Motives*. University of California Press.〔ケネス・バーク，1982『動機の文法』森常治訳，晶文社〕
Burke, Peter. [1992]1999. *The Fabrication of Louis XIV*. New Haven: Yale University Press.〔ピーター・バーク，2004『ルイ14世――作られる太陽王』石井三記訳，名古屋大学出版会〕
Buruma, Ian. 2013. *Year Zero: A History of 1945*. London: Penguin.

Bynum, Caroline Walker. 2011. *Christian Materiality: An Essay on Religion in Late Medieval Europe*. New York: Zone Books.

Bytwerk, Randall L. 2004. *Bending Spines: The Propagandas of Nazi Germany and the German Democratic Republic*. Michigan State University Press.

———. 2007a. Nazi and East German Propaganda. http://www.calvin.edu/academic/cas/gpa/ Accessed on July 31, 2007.

———. 2007b. Nazi Era Posters: 1939-1945. http://www.bytwerk.com/gpa/posters2.htm.

Calder, Kent E. 1988. *Crisis and Compensation: Public Policy and Political Stability in Japan, 1949-1986*. Princeton, NJ: Princeton University Press.〔ケント・E・カルダー，1989『自民党長期政権の研究――危機と補助金』淑子カルダー訳，文藝春秋〕

Cassirer, Ernst. 1955. *The Philosophy of Symbolic Forms*. Vol. 2. New Haven, CT: Yale University Press.

Chabal, Patrick and Jean-Pascal Daloz. 2006. *Culture Troubles: Politics and the Interpretation of Meaning*. University of Chicago Press.

Chamberlain, Lesley. 2014. Sacrificing Beauty. *Times Literary Supplement*, April 18：14-15.

Chatterjee, Partha. 1993. *The Nation and Its Fragments*. Princeton, NJ: Princeton University Press.

Chevalier, Jean and Alain Gheerbrant. [1969]1996. *A Dictionary of Symbols I*. London: Penguin Books.〔ジャン・シュヴァリエ／アラン・ゲールブラン，1996『世界シンボル大事典』金光仁三郎ほか訳，大修館書店〕

Clendinnen, Inga. 2010. *The Cost of Courage in Aztec Society*. Cambridge, UK: Cambridge University Press.

Cook, Haruko Taya and Theodore Cook. 1992. *Japan at War: An Oral History*. New York: The New Press.

Cooper, J. C. 1978. *An Illustrated Encyclopedia of Traditional Symbols*. London: Thames and Hudson.

Cowen, Painton. 2005. *The Rose Window: Splendour and Symbol*. London: Thames and Hudson.

Cranston, Edwin A. 1993. *A Waka Anthology*. Vol. 1. Stanford University Press.

Crawford, Michael H. 1996. Coinage, Roman. *The Oxford Classical Dictionary*, 3rd ed. Simon Hornblower and Antony Spawforth eds. pp. 358-361, Oxford: Oxford University Press.

Davis, Natalie Zemon. [1965]1975. *Society and Culture in Early Modern France*. Stanford University Press.〔ナタリー・ゼーモン・デーヴィス，1987『愚者の王国 異端の都市――近代初期フランスの民衆文化』成瀬駒男ほか訳，平凡社〕

de Certeau, Michel. [1975]1988. *The Writing of History*. Columbia University

Press.〔ミシェル・ド・セルトー，1996『歴史のエクリチュール』(叢書ウニベルシタス)佐藤和生訳，法政大学出版局〕

———. [1984]1988. *The Practice of Everyday Life*. Berkeley: University of California Press.〔ミシェル・ド・セルトー，1987『日常的実践のポイエティーク』山田登世子訳，国文社〕

de Certeau, Michel and Régine Robin. 1976. Le Discours historique et le réel. *Dialectiques*, 14: 41–62.

de Heusch, Luc. 1985. *Sacrifice in Africa*. Indiana University Press.〔リュック・ド・ウーシュ，1998『アフリカの供犠』浜本満・浜本まり子訳，みすず書房〕

de Maistre, Joseph. [1870]1996. *Against Rousseau: "On the State of Nature" and "On The Sovereignty of the People."* Richard A. Lebrun trans. and ed. Montreal: McGill-Queen's University Press.

Derrida, Jacques. [1967]1976. *Of Grammatology*. Gayatri Chakravorty Spivak trans. Baltimore: Johns Hopkins University Press.〔ジャック・デリダ，1972『根源の彼方に——グラマトロジーについて』上・下巻，足立和浩訳，現代思潮社〕

———. [1967]1978. *Writing and Difference*. Alan Bass trans. London: Routledge & Kegan Paul.〔ジャック・デリダ，1977/1983『エクリチュールと差異』(叢書ウニベルシタス)上・下巻，若桑毅ほか訳，法政大学出版局〕

Descola, Philippe. 2010. *La Fabrique des images: visions du monde et formes de la représentation*. Paris: Somogy & musée du quai Branly.

Di Bella, Maria Pia. 2004. From Future to Past: A Duce's Trajectory. In *Death of the Father: An Anthropology of the End of Political Authority*. John Borneman ed. pp. 33–62. New York: Berghahn.

ディキンソン，フレドリック・R(Dickinson, Frederick R.). 2009『大正天皇』ミネルヴァ書房.

Dijksterhuis, E. J. [1950]1986. *The Mechanization of the World Picture: Pythagoras to Newton*. Princeton NJ: Princeton University Press.

Dore, Ronald P. [1958]1978. *Shinohata: A Portrait of a Japanese Village*. New York: Pantheon.

Duara, Prasenjit. 1995. *Rescuing History from the Nation*. University of Chicago Press.

Dumbach, Annette and Jud Newborn. 2006. *Sophie Scholl and the White Rose*. Oxford: One World.

Dumont, Louis. [1966]1970. *Homo Hierarchicus*. Chicago: University of Chicago Press.〔ルイ・デュモン，2001『ホモ・ヒエラルキクス——カースト体系とその意味』田中雅一・渡辺公三訳，みすず書房〕

Durán, Fray Diego. 1964. *The Aztecs: The History of Indies of New Spain*. London: Cassell.

Duus, Peter. 1988. Socialism, Liberalism, and Marxism, 1901-1931. In *The Cambridge History of Japan*. P. Duus ed. 6: 654-710. Cambridge: Cambridge University Press.
Duus, Peter and Daniel Okimoto. 1979. Fascism and the History of Prewar Japan: The Failure of a Concept. *Journal of Asian Studies*. 39(1): 65-76.
Eagleton, Terry. [1983]2001. *Literary Theory*. Mineapolis: University of Minnesota Press.
Earhart, David C. 2008. *Certain Victory: Images of World War II in Japanese Media*. New York: M. E. Sharp.
Ebersole, Gary L. 1989. *Ritual Poetry and the Politics of Death in Early Japan*. Princeton University Press.
蝦名賢造. 1977『海軍予備学生』図書出版社.
————. 1983『太平洋戦争に死す——海軍飛行予備将校の生と死』西田書店.
Ebon, Martin. 1987. *The Soviet Propaganda Machine*. New York: McGraw-Hill.
Eco, Umberto ed. 2005. *History of Beauty*. New York: Rizzoli.〔ウンベルト・エーコ編著，2005『美の歴史』植松靖夫監訳，川野美也子訳，東洋書林〕
Eisenstadt, S. N. 1996. *Japanese Civilization: A Comparative View*. University of Chicago Press.〔S・N・アイゼンシュタット．2004-2010『日本比較文明論的考察』全3巻，梅津順一ほか訳，岩波書店〕
Eksteins, Modris. 1989. *Rites of Spring*. New York: Doubleday.〔モードリス・エクスタインズ，2009『春の祭典——第一次世界大戦とモダン・エイジの誕生』新版，金利光訳，みすず書房〕
Elison, George. 1981. Hideyoshi, the bountiful minister. In *Warlords, Artists and Commoners: Japan in the Sixteenth Century*. G. Elison and B. L. Smith eds. Honolulu: University of Press of Hawaii. pp. 222-244.
Elliott, John H. 1985. Power and Propaganda in Spain of Philip IV. In *Rites of Power—Symbolism, Ritual and Politics since the Middle Ages*. Sean Wilentz ed. pp. 145-173. Philadelphia: University of Pennsylvania Press.
Empson, William. 1963. *Seven Types of Ambiguity*. 3rd ed. London: Chatto and Windus.〔ウィリアム・エンプソン，2006『曖昧の七つの型』上・下巻，岩崎宗治訳，岩波文庫〕
江村栄一校注. 1989『憲法構想』(日本近代思想大系第9巻)岩波書店.
榎本由喜雄. 1975「三大歌舞伎の成立」林嘉吉写真，郡司正勝監修『三大歌舞伎——菅原・千本櫻・忠臣藏』171-195頁. 毎日新聞社.
Erdheim, Mario. 1972. *Prestige und Kulturwandel: Eine Studie zum Verhältnis subjektiver und objektiver Faktoren des kulturellen Wandels zur Klassengesellschaft bei den Azteken*. Wiesbaden: Focus-Verlag.
Evans, Richard. 2005. *The Third Reich in Power, 1933-1939*. London: Penguin.
Falasca-Zamponi, Simonetta. 1997. *Fascist Spectacle*. University of California Press.

Feeley-Harnik, Gillian. 1985. Issues in Divine Kingship. *Annual Review of Anthropology*. 14: 273–313.

Fenton, James. 1998. Keats the Radical. Review of *John Keats and the Culture of Dissent* by Nicholas Roe. *The New York Review of Books*. 15(8): 39–41.

Fernandez, James. 1980. Reflections on Looking into Mirrors. *Semiotica*. 30(1/2): 27–39.

———. 1986. *Persuasions and Performances: The Play of Tropes in Culture*. Bloomington: Indiana University Press.

Field, Norma. 1987. *The Splendor of Longing in the Tale of Genji*. Princeton University Press. Reprinted by the University of Michigan Press. 2001.〔ノーマ・フィールド，2009『源氏物語，〈あこがれ〉の輝き』斎藤和明ほか訳，みすず書房〕

Flaubert, Gustave. 1884. *Madame Bovary*. Paris: G. Charpentier.

———. [1950]1968. *Madame Bovary*. English trans. New York: Penguin.

Flett, Keith. 2002. "May Day: Festival for the Workers." Issue. 263(May): 24–25.

Foucault, Michel. [1975]1995. *Discipline and Punish*. New York: Random House.〔ミシェル・フーコー，1977『監獄の誕生――監視と処罰』田村俶訳，新潮社〕

———. [1976]1990. *The History of Sexuality*. New York: Random House.〔ミシェル・フーコー，1986–1987『性の歴史』全3巻，渡辺守章・田村俶訳，新潮社〕

Frazer, James George. [1890, 1911–1915]1963. *The New Golden Bough: A Study in Magic and Religion*. 3rd ed. Part I. *The Magic Art and the Evolution of Kings*. Vol. I. London: Macmillan.〔J・G・フレイザー，2004『金枝篇――呪術と王の起源　上・下巻』(呪術と宗教の研究第1・2巻)神成利男訳，国書刊行会〕

Friedrich, Paul. 1979. *Language, Context, and the Imagination*. Stanford University Press.

藤井譲治．2011『天皇と天下人』講談社．

藤井松一．[1984]1996「紀元二千六百年奉祝典」『国史大辞典』第4巻，55–56頁，吉川弘文館．

藤岡通夫．1956『京都御所』彰国社．

Fujitani, Takashi. 1998. *Splendid Monarchy*. University of California Press.〔T・フジタニ，1994『天皇のページェント――近代日本の歴史民族誌から』(NHKブックス)米山リサ訳〕

福山敏男．[1985]1997「皇霊殿」『国史大辞典』第5巻，561頁，吉川弘文館．

Furet, François. [1988]1996. *The French Revolution 1770–1914*. Oxford: Blackwell.

古川久校訂・野々村戒三解説．[1953]1968『狂言集』上巻，朝日新聞社．

Gajek, Esther. 1990. Christmas under the Third Reich. *Anthropology Today*. 6(4):

3–9.
Geertz, Clifford. 1973. *The Interpretation of Cultures.* New York: Basic Books.〔C・ギアーツ，1987『文化の解釈学』全2巻，吉田禎吾ほか訳，岩波書店〕
———. [1977]1983. *Local Knowledge.* New York: Basic Books.〔クリフォード・ギアーツ，1999『ローカル・ノレッジ——解釈人類学論集』梶原景昭ほか訳，岩波書店〕
———. 1980. *Negara.* Princeton: Princeton, NJ: Princeton University Press.〔クリフォード・ギアツ，1990『ヌガラ——19世紀バリの劇場国家』小泉潤二訳，みすず書房〕
———. 1995. *After the Fact.* Cambridge, MA: Harvard University Press.
Gellner, Ernest. 1983. *Nations and Nationalism.* Ithaca, NY: Cornell University Press.〔アーネスト・ゲルナー，2000『民族とナショナリズム』加藤節監訳，岩波書店〕
Gentile, Emilio. 1996. *The Sacralization of Politics in Fascist Italy.* Cambrige, MA: Harvard University Press.
Geschiere, Peter. 2009. *The Perils of Belonging: Authochtony, Citizenship, and Exclusion in Africa and Europe.* University of Chicago Press.
Giddens, Anthony. 1979. *Central Problems in Social Theory: Action, Structure, and Contradiction in Social Analysis.* London: Macmillan.
Gluck, Carol. 1985. *Japan's Modern Myths.* Princeton University Press.
Goebbels, Joseph. 1973. The Führer Hitler as an Orator. In *The Propaganda of Adolf Hitler.* H. Göring et al. ed. pp. 27–34. English edition by J. R. Manning. Phoenix, AZ: O'Sullivan, Woodside, & Co.
Goodenough, Ward H. 1957. Cultural Anthropology and Linguistics. In *Report of the Seventh Annual Round Table Meeting on Linguistics and Language Study.* Georgetown University Monograph Series on Languages and Linguistics, No. 9. Paul R. Garvin ed. Washington, D. C.: 167–177.
Goodman, Nelson. [1968] 1976. *Languages of Art: An Approach to a Theory of Symbols.* Indianapolis: Hackett Publishing Co.
Goody, Jack. 1993. *The Culture of Flowers.* Cambridge: Cambridge University Press.
Gordon, Andrew. 1991. *Labor and Imperial Democracy in Prewar Japan.* University of California Press.
Göring, Hermann and 11 other ministers of the Third Reich. [1936]1973. *The Propaganda of Adolf Hitler.* Originally published in 1936 as *Adolf Hitler, Bilder aus dem Leben des Führers.* English edition by J. R. Manning. Phoenix, AZ: O'Sullivan, Woodside, & Co.
後藤茂樹．1975「東海道五拾三次」『浮世絵大系 14』別巻Ⅱ，集英社．
Graham, William A. 1983. Islam in the Mirror of Ritual. In *Islam's Understanding*

of Itself. R. G. Hovannisian and S. Vryonis Jr. eds. Gustave E. Grunebaum Undena Publications. pp. 53–71.

Griffin, Jasper. 2004. The Myth of the Olympics. *The New York Review of Books*, Oct. 21: 19–21.

Groys, Boris and Max Hollein eds. 2003. *Traumfabrik Kommunismus: Die visuelle Kultur der Stalinzeit*. Catalog of exhibition at Schirn Kunsthalle Frankfurt, Sept. 24, 2003–Jan. 4, 2004. Ostfildem: Hatje Cantz; Frankfurt: Schirn Kunsthalle Frankfurt.

郡司正勝ほか編．1970『名作歌舞伎全集』第19巻，東京創元新社．

Habermas, Jürgen. 1984. *The Theory of Communicative Action*. Boston: Beacon Press. I, II〔ユルゲン・ハーバーマス，1985–87『コミュニケイション的行為の理論』上・中・下巻，河上倫逸ほか訳，未来社〕

羽賀祥二．2002「天皇と巡幸」網野善彦ほか編『天皇と王権を考える』第10巻「王を巡る視線」135–159頁，岩波書店．

Hall, Edward T. [1966]1969. *The Hidden Dimension*. New York: Doubleday.

Hall, John A. ed. 1998. *The State of the Nation*. Cambridge: Cambridge University Press.

Handler, Richard. 1988. *Nationalism and the Politics of Culture in Quebec*. University of Wisconsin Press.

原武史．2002「「国体」の視覚化――大正・昭和初期における天皇制の再編」網野善彦ほか編『天皇と王権を考える』第10巻「王を巡る視線」111–134頁，岩波書店．

原田信男．1993『歴史のなかの米と肉――食物と天皇・差別』平凡社．

原田伴彦．1978a「部落の前史」部落解放研究所編『部落問題要説』16–23頁，大阪：解放出版社．

――――．1978b「近世封建社会と部落形成」部落解放研究所編『部落問題要説』24–33頁，大阪：解放出版社．

Harootunian, Harry. 1988. *Things Seen and Unseen: Discourse and Ideology in Tokugawa Nativism*. University of Chicago Press.

Hart-Davis, Duff. 1986. *Hitler's Games: The 1936 Olympics*. New York: Harper and Row.

春山武松．1953『日本中世絵画史』朝日新聞社．

Harvey, David. 1990. *The Condition of Postmodernity: An Enquiry into the Origins of Cultural Change*. London: Blackwell.

Hassig, Ross. 1988. *Aztec Warfare: Imperial Expansion and Political Control*. Norman: University of Oklahoma Press.

服部省吾．1991「神風特攻隊の攻撃」『歴史と旅』臨時増刊号50「太平洋戦史総覧」342–345頁．

林幹彌．[1986]1994「聖徳太子像」『国史大辞典』第7巻，577頁，吉川弘文館．

林弥栄．1982「近世栽培史」『日本自身』第23号，53-55頁．
林屋辰三郎，1981「中世芸能の社会的基盤」日本文学研究資料刊行会編『謡曲・狂言』201-209頁，有精堂出版．
Heller, Steven. 2008. *Iron Fists: Branding the 20th-Century Totalitarian States*. London: Phaidon Press.
Hicks, Michael. 2012. *The War of Roses*. New Haven, CT: Yale University Press.
Hobsbawm, Eric. 1984. *Worlds of Labour*. London: Weidenfeld and Nicolson.
———．[1990]1992. *Nations and Nationalism since 1780*. Cambridge University Press.〔E・J・ホブズボーム，2001『ナショナリズムの歴史と現在』浜林正夫ほか訳，大月書店〕
Hocart, A. M. [1927]1969. *Kingship*. Oxford University Press.〔A・M・ホカート，2012『王権』橋本和也訳，岩波文庫〕
———．[1936]1970. *Kings and Councillors: An Essay in the Comparative Anatomy of Human Society*. University of Chicago Press.
Hoffmann, Heinrich (Herausgeber). 1935. *Hitler baut Grossdeutschland: Im Triumph von Königsberg nach Wien*. Berlin: Zeitgeschichte-Verlag.
———．1938. *Hitler holt die Saar heim*. Geleitwort Gauleiter Josef Bürckel. Berlin: Zeitgeschichte-Verlag.
———．1939. *Ein Volk ehrt seinen Führer*, Der 20. April 1939 im Bild.
Horace (Quintus Horatius Flaccus). [23 B.C.E.]1999. *Odes and Epodes*. C. E. Benett trans. Loeb Classical Library. 33. Harvard University Press.〔ホラティウス，2001『ホラティウス全集』鈴木一郎訳，町田：玉川大学出版部〕
堀内敬三・井上武士編．[1958]1991『日本唱歌集』岩波書店．
Hornblower, Simon and Antony Spawforth eds. 1996. *The Oxford Classical Dictionary*. Oxford: Oxford University Press.
Horton, H. Mack. 2012. *Traversing the Frontier: The Man'yōshū Account of a Japanese Mission to Silla in 736-737*. Cambridge, MA: Harvard University Press.
Huang, Chih-huei. 2001. The *Yamatodamashi* of the Takasago Volunteers of Taiwan. In *Globalizing Japan*. H. Befu and S. Guichard-Anguis eds. pp. 222-250. London: Routledge.
Hubert, Henri and Marcel Mauss. [1898]1964. *Sacrifice: Its Nature and Function*. University of Chicago Press.〔マルセル・モース／アンリ・ユベール，1983『供犠』(叢書ウニベルシタス)小関藤一郎訳，法政大学出版局〕
Hyers, Conrad. 1973. *Zen and Comic Spirit*. Philadelphia: Westminster Press.
池田亀鑑編．1987『源氏物語事典：合本』東京堂出版．
今江弘道．1993「左近の桜 右近の橘」『日本史大事典』第3巻，614頁，平凡社．
稲田浩二・大島建彦編．1977『日本昔話事典』弘文堂．
稲田正次．1960『明治憲法成立史』上巻，有斐閣．

猪瀬直樹．1986『ミカドの肖像』小学館．
井上ひさし．1988「コメの話 5――アメリカのコメ」『DAYS JAPAN』第1巻5号，103頁．
井上清．1953『天皇制』東京大学出版会．
――――．1963『日本の歴史』上巻，岩波新書．
――――．1965『日本の歴史』中巻，岩波新書．
入江克己．1991『昭和スポーツ史論――明治神宮競技大会と国民精神総動員運動』不昧堂出版．
色川大吉．[1970]1997『明治の文化』岩波書店．
――――．1990『自由民権の地下水』岩波書店．
――――．1995. *The Age of Hirohito: In Search of Modern Japan*. Mikiso Hane and John K. Urda trans. New York: Free Press.〔色川大吉，1991『昭和史と天皇』岩波書店〕
石橋臥波．1914「民俗学の方面より観たる鏡」『人類学雑誌』第29巻6号，223-227頁．
石井良助．1961『続江戸時代漫筆――江戸の遊女その他』井上書房．
磯崎新．1995「イセ――始原のもどき」岩波書店編『伊勢神宮』石元泰博写真，磯崎新解説，稲垣栄三，岩波書店，7-31頁．
伊藤史朗．2011『松尾大社の神影』京都：松尾大社．
Jacobson, Richard. 1978. Absence, Authority, and the Text. *Gylph* 3: 137-147.
Jakobson, Roman and J. Lotz. 1949. Notes on the French Phonemic Pattern. *Word*. Vol. 5, No. 2 (August, 1949): 151-158.
Jakobson, Roman, C. Gunnar, M. Fant, and Morris Halle. 1967. *Preliminaries to Speech Analysis: The Distinctive Features and Their Correlates*. Cambridge, MA: MIT Press.
Jameson, Fredric. [1991]1993. *Postmodernism, or The Cultural Logic of Late Capitalism*. Durham, NC: Duke University Press.
――――．1992. *Signatures of the Visible*. London: Routledge.
Jauregui, Beatrice. 2010. Categories of Conflict and Coercion: The Blue in Green and the Other. In *Anthropology and Global Counterinsurgency*. J. D. Kelly, B. Jauregui, S. Mitchell and J. Walton eds. pp. 17-22. University of Chicago Press.
Jay, Martin. 1994. *Downcast Eyes: The Denigration of Vision in Twentieth-Century French Thought*. University of California Press.
順徳天皇．[1219-1222]1929「禁秘抄」『群書類従』第26巻，367-418頁．群書類従完成会．
景山春樹．1978『神像』法政大学出版局．
海後宗臣編．1964『国語』6『日本教科書大系』第9巻(近代編)，講談社．
加茂百樹・海軍大臣官房・陸軍大臣官房監修，1933-1935『靖国神社忠魂史』第1巻(1935)，第2巻(1934)，第3巻(1934)，第4巻(1935)，第5巻(1933)，靖国

神社社務所.
Kant, Immanuel. [1790]2000. *The Critique of Judgment.* Amherst, NY: Prometheus Books.〔カント，1964『判断力批判』上・下巻，篠田英雄訳，岩波文庫〕
———. [1793]2001. Second Book, Analytic of the Sublime. In *Basic Writings of Kant.* Allen W. Wood ed. pp. 306-308. New York: Random House.
Kantorowicz, Ernst H. [1957]1981. *The King's Two Bodies.* Princeton University Press.〔エルンスト・H・カントーロヴィチ，2003『王の二つの身体——中世政治神学研究』上・下巻，小林公訳，ちくま学芸文庫〕
神崎宣武．1989「物見遊山の民俗——盛り場への展開」『日本人と遊び(現代日本文化における伝統と変容 6)』守屋毅編，ドメス出版，76-91 頁.
———．1994「人々はなぜ山に遊んだか」『まほら』Ｉ：8-20 頁.
Kaplan, Martha. 2001. Blood on the Grass and Dogs Will Speak. In *Represented Comunities: Fiji and World Decolonialization.* John D. Kelly and Martha Kaplan. pp. 121-142. University of Chicago Press.
Kashiwagi Hiroshi. 2005. Design and War: Kimono as "Parlor Performance" propaganda. In *Wearing Propaganda: Textiles on the Home Front in Japan, Britain, and the United States, 1931-1945.* Jacqueline M. Atkins ed. New Haven: Yale University Press.
加太こうじ．1991「紙芝居」『大衆文化事典』石川弘義ほか編，156 頁，弘文堂.
河合隼雄．1982『中空構造 日本の深層』中央公論社.
河合良一・太田洋愛．1982「日本人の心のふるさと——桜」『日本自身』第 23 号，89-93 頁.
川村湊．1998『満州鉄道まぼろし旅行』ネスコ.
川崎房五郎．1967『江戸風物詩——史実にみる庶民生活』桃源社.
川副武胤．1978『古事記の世界』教育社.
Keay, Anna. 2008. *The Magnificent Monarch: Charles II and the Ceremonies of Power.* London: Continuum.
Keene, Donald. 2002. *Emperor of Japan: Meiji and His World 1852-1912.* Columbia University Press.〔ドナルド・キーン，2001『明治天皇』上・下巻，角地幸男訳，新潮社〕
Kelly, John D. 2010. Seeing Red: Mao Fetishism, Pax Americana, and the Moral Economy of War. In *Anthropology and Global Counterinsurgency.* J. D. Kelly, B. Jauregui, S. Mitchell and J.Walton eds. pp. 67-83. University of Chicago Press.
Kelly, John D. and Martha Kaplan. 2001. Nation and Decolonization. *Anthropological Theory.* 1(4): 419-437.
Kenez, Peter. 1985. *The Birth of the Propaganda State: Soviet Methods of Mass Mobilization.* 1917-1929. Cambridge University Press.

Kertzer, David I. 1988. *Ritual, Politics and Power.* Yale University Press.〔D・I・カーツァー，1989『儀式・政治・権力』小池和子訳，勁草書房〕
———. 1996. *Politics and Symbols: The Italian Communist Party and the Fall of Communism*, New Haven, CT: Yale University Press.
Killingray, David. 2010. *Fighting for Britain: African Soldiers in the Second World War.* Oxford: James Currey.
木之下正雄．1974『源氏物語用語索引』上・下巻，国書刊行会．
木坂順一郎．1996「大政翼賛会」『国史大辞典』第8巻，790-791頁，吉川弘文館．
Kitagawa, Joseph M. 1990. Some Reflections on Japanese Religion and Its Relationship to the Imperial System. *Japanese Journal of Religious Studies.* 17(2-3): 129-178.
Kobayashi, Tadashi(小林忠). 1993. Mitate-e in the Art of the Ukiyo-e Artist Suzuki Harunobu. In *The Floating World Revisited.* Donald Jenkins ed. pp. 85-91. Portland: OR: Portland Art Museum and University of Hawaii Press.
小林達雄．2008『縄文の思考』筑摩書房．
講談社編．1961『日本版画美術全集』第2巻，講談社．
———編．1997『日録20世紀 1942(昭和17年)』講談社．
小島憲之・新井栄蔵校注．1989『古今和歌集』岩波書店．
国立歴史民俗博物館編．1985『日本の歴史と文化——国立歴史民俗博物館展示案内』国立歴史民俗博物館．
Kolakowski, Leszek. 2006. *Main Currents of Marxism: The Founders, the Golden Age, the Breakdown.* P. S. Falla trans. New York: Norton.
小松和彦．2008『この人この世界 神になった日本人』日本放送出版協会．
Kornicki, Peter F. 1977. Nishiki no Ura: An Instance of Censorship and the Structure of Sharebon. *Monumenta Nipponica.* 32(2): 153-188.
Koshar, Rudy. 1998. *Germany's Transient Pasts: Preservation and National Memory in the Twentieth Century.* Chapel Hill, NC: University of North Carolina.
———. 2000. *From Monuments to Traces: Artifacts of German Memory, 1870-1990.* University of California Press.
小山弘志校注．1960『狂言集』上巻，岩波書店．
小柳輝一．1972『食べものと日本文化』評言社．
小沢浩．1987「民衆宗教の深層」『生活感覚と社会』(『日本の社会史』第8巻，朝尾直弘ほか編)296-332頁，岩波書店．
Krebs, Christopher B. 2011. *A Most Dangerous Book: Tacitus's "Germania" from the Roman Empire to the Third Reich.* New York: Norton.
Krivoguz, Igor. 1989. *The Second International 1889-1914.* Moscow: Progress Publishers.
Kubik, Jan. 1994. *The Power of Symbols against the Symbols of Power: The Rise of Solidarity and the Fall of State Socialism in Poland.* College Park: Pennsyl-

vania State University Press.
久保田淳. 1990「南殿の桜」『文学』1月号, 34-48頁.
窪田空穂《うつぼ》. [1960]1968『古今和歌集評釈』上巻, 東京堂出版.
熊倉功夫. 2007『小堀遠州茶友録』中央公論新社.
宮内庁編. [1933]1972『明治天皇紀』第7巻, 吉川弘文館, 宮内庁臨時帝室編集局.
Kuno, Susumu(久野暲). 1973. The Structure of the Japanese Language. Cambrdge: Cambridge University Press.
倉野憲司・武田祐吉校注. 1958『古事記 祝詞』岩波書店.
栗原廣太. 1953『人間明治天皇』駿河台書房.
黒田俊雄. 1972「中世の身分制と卑賤観念」部落問題研究所編『部落問題研究』第33号, 23-57頁.
黒板勝美・国史大系編修会編. 1965a『日本紀略 前篇』「国史大系」第10巻, 1-546頁, 吉川弘文館.
———編. 1965b『帝王編年紀』「国史大系」第12巻, 1-456頁, 吉川弘文館.
———編. 1965c『古事談』「国史大系」第18巻, 1-132頁, 吉川弘文館.
———編. 1966『続日本後紀』「国史大系」第3巻, 1-246頁, 吉川弘文館.
Kushner, Barak. 2006. The Thought War: Japanese Imperial Propaganda. Honolulu: University of Hawaii Press.
京都国立博物館編. 2012『王朝文化の華』NHK.
京都市編. 1975『古都の近代』『京都の歴史』第8巻, 京都:学芸書林.
———編. 1981『市街・生業』『史料 京都の歴史』第4巻, 平凡社.
Lacan, Jacques. [1966]1977. *Écrits: A Selection.* Alan Sheridan trans. New York: W. W. Norton.〔ジャック・ラカン, 1972-1981『エクリ』全3巻, 宮本忠雄ほか訳, 弘文堂〕
LaFleur, William R. 1983. *The Karma of Words: Buddhism and the Literary Arts in Medieval Japan.* Berkeley: University of California Press.
Lane, Christel. 1981. *The Rites of Rulers: Ritual in Industrial Society —The Soviet Case.* Cambridge University Press.
Latour, Bruno. 2002. What Is Iconoclash? Or Is There a World Beyond the Image Wars? In *Iconoclash.* Bruno Latour and Peter Weibel eds. pp. 1-41. Cambridge, MA: MIT Press.
Lauritzen, Frederick. 1988. Propaganda Art in the Postage Stamps of the Third Reich. *The Journal of Decorative and Propaganda Arts,* Vol. 10(Autumn, 1988): 62-79.
Leach, Edmund R. [1954]1965. *Political Systems of Highland Burma.* Boston: Beacon Press.〔エドモンド・R・リーチ, 1995『高地ビルマの政治体系』関本照夫訳, 弘文堂〕
———. [1966]2000. The Virgin Birth. In *Essential Edmund Leach.* S. Hugh-Jones and J. Laidlaw eds. pp. 102-119. New Haven: Yale University Press.〔エ

ドマンド・リーチ，2002「処女懐胎説」『神話としての創世記』江河徹訳，ちくま学芸文庫〕
———. 1976. *Culture and Communication: The Logic by which Symbols are Connected.* Cambridge, UK: Cambridge University Press.〔エドマンド・リーチ，1981『文化とコミュニケーション——構造人類学入門』青木保・宮坂敬造訳，紀伊國屋書店〕
Leibniz, G. W. 1989. *Philosophical Essays.* Edited and translated by Roger Ariew and Daniel Garber. Indianapolis & Cambridge: Hackett Publishing Co.
Leighton, Lauren G. 1985. Romanticism. In *Handbook of Russian Literature.* V. Terras ed. pp. 372-376. New Haven, CT: Yale University Press.
Lévi-Strauss, Claude. [1949]1969. *The Elementary Structures of Kinship.* Boston: Beacon Press.〔クロード・レヴィ＝ストロース，2000『親族の基本構造』福井和美訳，青弓社〕
Linz, Juan J. 2000. *Totalitarian and Authoritarian Regimes.* Boulder, CO: Lynne Rienner.〔ホアン・J・リンス，1995『全体主義体制と権威主義体制』睦月規子ほか訳，京都：法律文化社〕
Longinus. 1985. *On the Sublime.* J. A. Arieti and J. M. Crossett trans. New York: Edwin Mellen Press. /I, 46〔ロンギノス，1999『崇高について』小田実訳，名古屋：河合文化教育研究所(東京：河合出版[発売])〕
Lorris, Guillaume and Jean de Meun. 1982-1984. *Le Roman de la Rose.* 2nd ed. Paris: Libraire Honoré Champion.
Löwith, Karl. [1964]1991. *From Hegel to Nietzsche: The Revolution in Nineteenth Century Thought.* David E. Green trans. Columbia University Press.〔K・レヴィット，1952/1953『ヘーゲルからニーチェへ』全2巻，柴田治三郎訳，岩波書店〕
Lyotard, Jean-François. [1979]1989. *The Postmodern Condition: A Report on Knowledge.* University of Minnesota Press.〔ジャン＝フランソワ・リオタール，1986『ポスト・モダンの条件——知・社会・言語ゲーム』小林康夫訳，書肆風の薔薇(星雲社[発売])〕
Malia, Martin. 1999. *Russia under Western Eyes: From the Bronze Horseman to the Lenin Mausoleum.* Cambridge, MA: Harvard University Press.
Malinowski, Bronislaw. [1935]1965. *The Language of Magic and Gardening: Coral Gardens and Their Magic.* Vol. II. Indiana University Press.
Mallarmé, Stéphane. 1945. *Œuvres complètes.* Paris: Gallimard.
Marinetti, F. T. 1909. Le Futurisme. Paris: *Le Figaro.* Feburary 20, 1909.
丸山眞男．1946「超国家主義の論理と心理」『世界』1946年5月号，2-15頁．
———．1961『日本の思想』岩波書店．
Marx, Karl. [1867]1992. *Capital,* Vol. 1. Friedrich Engels eds. New York: International Publishers.〔マルクス，1969『資本論』1-3巻，エンゲルス編，向坂逸

郎訳，岩波文庫〕
Marx, Karl and Friedrich Engels. [1852]1989. Manifesto of the Communist Party. In *Basic Writings on Politics and Philosophy: Karl Marx and Friedrich Engels.* Lewis S. Feuer ed. Doubleday. pp. 1-41.〔マルクス／エンゲルス，1951『共産党宣言』大内兵衛・向坂逸郎訳，岩波文庫〕
松田誠．2007『高木兼寛の医学――東京慈恵会医科大学の源流』東京慈恵会医科大学．
松前健．1960『日本神話の新研究』桜楓社出版．
――――．1974『日本の神々』中央公論社．
松本新八郎．1981「狂言の面影」日本文学研究資料刊行会編『謡曲・狂言』190-200頁，有精堂出版．
松村武雄．1948『儀礼及び神話の研究』培風館．
――――．1954『日本神話の研究　第1巻序説篇』培風館．
松岡心平．1991『宴の身体――バサラから世阿弥へ』岩波書店．
Matt, Daniel C. [1990]1995. Ayin: The Concept of Nothingness in Jewish Mysticism. In *Essential Papers on Kabbalah.* L. Fine ed. pp. 67-108. New York University Press.
Mauss, Marcel. [1925]1966. *The Gift: Forms and Functions of Exchange in Archaic Societies.* London: Cohen and West.
――――．1938. Une catégorie de l'esprit humain: la notion de personne, celle de « moi ». *Journal of the Royal Anthropological Institute of Great Britain and Ireland.* 68: 263-281.〔M・モース，1976「人間精神の一つの範疇――人格の概念，《自我》の概念」『社会学と人類学』第2巻，有地亨ほか訳，弘文堂，73-120頁〕
Meyer, Birgit. 2008. Powerful Pictures: Popular Christian Aesthetics in Southern Ghana. *Journal of the American Academy of Religion.* 76(1): 82-110.
Meyer, Birgit and Dick Houtman. 2012. Introduction: Material Religion—How Things Matter. In *Things: Religion and the Question of Materiality.* pp. 1-23. New York: Fordham University Press.
南方熊楠．1971『南方熊楠全集』第1巻，平凡社．
南博．1967「社会心理学者の眼」『語りつぐ戦後史』第4回，111-119頁，思想の科学社．
Minear, Richard H. [1999]2001. *Dr. Seuss Goes to War: The World War II Editorial Cartoons of Theodor Seuss Geisel.* New York: The New Press.
Mintz, Sidney W. 1985. *Sweetness and Power: The Place of Sugar in Modern History.* New York: Viking.〔シドニー・W・ミンツ，1988『甘さと権力――砂糖が語る近代史』川北稔・和田光弘訳，平凡社〕
民俗学研究所編．1951『民俗学辞典』東京堂．
Mitani, Taichiro. 1988. The Establishment of Party Cabinets, 1898-1932. *The Cam-*

bridge History of Japan. Vol. 6. Peter Duus ed. Cambridge, UK: Cambridge University Press. pp. 55–96.
Mitchell, Sean T. 2010. Paranoid Styles of Nationalism after the Cold War: Notes from an Invasion of the Amazon. In *Anthropology and Global Counterinsurgency.* J.D. Kelly, B. Jauregui, S. Mitchell and J.Walton eds. pp. 89–103. University of Chicago Press.
三越株式会社編．2005『三越百貨店の記録』三越本店．
宮地正人．1988「宗教関係法令一覧」『宗教と国家』(日本近代思想大系第 5 巻)安丸良夫・宮地正人柱注，岩波書店，423–488 頁．
宮島新一．1994『肖像画』吉川弘文館．
———．1996『肖像画の視線』吉川弘文館．
宮家準．1985『修験道思想の研究』春秋社．
宮本常一．1981「日本人の主食」『東アジアの食の文化』(食の文化シンポジウム'81)，平凡社，93–117 頁．
宮田登．1972『近世の流行神』評論社．
———．1987『ヒメの民俗学』青土社．
———．1989「日本王権の民俗的基礎」『史境』第 18 号，25–30 頁．
———．1992『日和見——日本王権論の試み』平凡社選書．
———．1993『山と里の信仰史』吉川弘文館．
———．1994『白のフォークロア——原初的思考』平凡社ライブラリー．
水上勉．1982「老桜に春なき國」『日本自身』第 23 号，10–16 頁．
Moore, Sally Falk. 1986. *Social Facts and Fabrications: "Customary" Law on Kilimanjaro, 1880–1980.* Cambridge: Cambridge University Press.
———. 1987. Explaining the Present: Theoretical Dimensions in Processual Ethnography. *American Ethnologist.* 14: 727–736.
森田登代子．2006「近世民衆，天皇即位式拝見——遊楽としての即位儀礼見物」『日本研究』第 32 集，181–203 頁．
Morris, Ivan. 1964 [1979]. The World of the Shining Prince: Court Life in Ancient Japan. New York: Penguin Books.
Mosse, George L. 1975. *The Nationalization of the Masses: Political Symbolism and Mass Movements in Germany from the Napoleonic Wars through the Third Reich.* Ithaca: Cornell University Press.〔ジョージ・L・モッセ，1994『大衆の国民化——ナチズムに至る政治シンボルと大衆文化』佐藤卓己・佐藤八寿子訳，柏書房〕
———. 1987. *Masses and Man: Nationalist and Fascist Perceptions of Reality.* Detroit: Wayne State University Press.
———. 1990. *Fallen Soldiers.* Oxford University Press.〔ジョージ・L・モッセ，2002『英霊——創られた世界大戦の記憶』宮武実知子訳，柏書房〕
本居宣長．[1790]1968『本居宣長全集』第 1 巻，大野晋・大久保正編集校訂，筑摩

書房.
村上専精ほか編. 1970『明治維新神仏分離史料』第2巻, 名著出版.
村上重良. 1977『天皇の祭祀』岩波書店.
Naef, Silvia. 1996. *A la recherche d'une modernité Arabe: L'évolution des arts plastiques en Egypte, au Liban et en Irak.* Geneva: Editions Slatkine.
———. 2004. *Y a-t-il une « question de l'image » en Islam?* Paris: Téraèdre.
長尾龍一. [1987]1995「大日本帝国憲法」『国史大辞典』第8巻, 840-844頁, 吉川弘文館.
内藤陽介. 2004『切手と戦争——もうひとつの昭和戦史』新潮社.
中村ヒロシ. 1982「桜の語源」『日本自身』第23号, 59-61頁.
中村禎里. 1984『日本人の動物観——変身譚の歴史』海鳴社.
中西進. 1995『花のかたち——日本人と桜 古典』角川書店.
中山太郎. 1976「水鏡天神」『日本民俗学』第1巻, 181-188頁, 大和書房.
難波功士. 1998『「撃ちてし止まむ」——太平洋戦争と広告の技術者たち』講談社.
Napier, A. David. 1992. *Foreign Bodies: Performance, Art, and Symbolic Anthropology.* Berkeley: University of California Press.
楢崎宗重監修. 1981「歌麿」『肉筆浮世絵』第6巻, 集英社.
National Park Service, U.S. Department of the Interior. 2009(April 3). Cherry Blossom Festival: History of the Cherry Trees, www.nps.gov/cherry/ National Parks Service, U.S. Department of the Interior. 2009(April 3).
夏目漱石. [1907]1984「坑夫」『漱石全集』第3巻, 岩波書店.
Needham, Rodney. 1972. *Belief, Language, and Experience.* Chicago: University of Chicago Press.
Newby, Howard. 1979. *Green and Pleasant Land?* London: Hutchinson.
日本放送協会編. 1988『日本の美——桜』NHK出版.
日本貨幣商協同組合. 1967『日本貨幣カタログ』日本貨幣商協同組合.
日本食糧協会. 1977「戦前における歴代内閣の米穀・食糧行政1」.
日本浮世絵協会編. 1968『江戸名所』山田書院.
日本郵便切手商協同組合カタログ編集委員会編. 2003『日本切手カタログ』日本郵便切手商協同組合.
西田幾多郎. [1940]2004「日本文化の問題」『西田幾多郎全集』第9巻, 岩波書店.
———. 1965a『西田幾多郎全集』第4巻, 岩波書店.
———. 1965b『西田幾多郎全集』第6巻, 岩波書店.
西山松之助. 1985『花と日本文化』『西山松之助著作集』第8巻, 吉川弘文館.
西沢爽. 1990『日本近代歌謡史』下巻, 桜楓社.
Nitobe, Inazo. [1899]1912. *Bushido: The Soul of Japan.* Philadelphia: Leeds and Biddle. 18th ed. Tokyo: Teibi Publishing.
———. [1933]1969「武士道と商人道」『新渡戸稲造全集』第6巻, 324-336頁, 教文館.

丹生谷哲一．1993『日本中世の身分と社会』塙書房．
能田多代子．1943『村の女性』三國書房．
野口道彦．1976「中世の庶民生活と被差別民の動向」部落解放研究所編『部落問題概説』86–99 頁，大阪：解放出版社．
野口武彦，1982「移ろう花」『日本自身』第 23 号，77–80 頁．
野々村戒三・安藤常次郎編．1974『狂言集成』能楽書院．
Normile, Dennis. 1997. Yangtze Seen as Earliest Rice Site. *Science*. 275: 309.
Nova, Alessandro. 2011. *The Book of the Wind: The Representation of the Invisible*. Montreal, CA: McGill-Queen's University Press.
Noyes, James. 2013. *The Politics of Iconoclasm*. London: I. B. Tauris.
大場秀章．1995「セイヨウミザクラ」『植物の世界』第 52 号，朝日新聞東京本社．
大林太良．1973『稲作の神話』弘文堂．
大林太良ほか編．1983『山民と海人』小学館．
大橋義春．1957『維新以降日本紙幣大系図鑑』万国貨幣研究会．
Ohnuki-Tierney, Emiko. 1964. *The Detroit Chinese: A Study of Socio-Cultural Changes in the Detroit Chinese Community from 1872 through 1963*. Manuscript bound and housed at Detroit Public Library and UCLA Library.
———. 1974. *The Ainu of the Northwest Coast of Southern Sakhalin*. New York: Holt, Rinehart and Winston.
———. 1981a. *Illness and Healing among the Sakhalin Ainu: A Symbolic Interpretation*. Cambridge: Cambridge University Press.
———. 1981b. Phases in Human Perception/Conception/Symbolization Process: Cognitive Anthropology and Symbolic Classification. *American Ethnologist*. 8(3): 451-467.
———（大貫恵美子）．1985『日本人の病気観——象徴人類学的考察』岩波書店．
———. 1987. *The Monkey as Mirror: Symbolic Transformations in Japanese History and Ritual*. Princeton, NJ: Princeton University Press.
———. ed. 1990a. Culture Through Time: Anthropological Approaches. Stanford: Stanford University Press.
———. 1990b. Monkey as Metaphor? Transformation of a Polytropic Symbol in Japanese Culture. *Man*. (N.S.) 25: 399–416.
———. 1991a. Embedding and Transforming Polytrope: The Monkey as Self in Japanese Culture. In *Beyond Metaphor: Trope Theory in Anthropology*. J. W. Fernandez ed. pp. 159–189. Stanford: Stanford University Press.
———. 1991b. The Emperor of Japan as Deity (Kami): An Anthropology of the Imperial System in Historical Perspective. *Ethnology*. 33(3). 1–17.
———. 1993a. *Rice as Self: Japanese Identities Through Time*. Princeton, NJ: Princeton University Press.
———. 1993b. Nature, pureté et soi primodial: La nature japonaise dans une

perspective comparative. *Géographie et Cultures*. 7: 75–92.
———. 1993c. Presence of Absence: Zero Signifier and Zero Meanings. *Semiotica*. 96(3/4): 301–308.
———. 1994a. The Power of Absence: Zero Signifier and Their Transgressions. *L'Homme* 130(April June), 34(2): 59–76.
———. 1994b. Brain Death and Organ Transplantation: Cultural Bases of Medical Technology. *Current Anthropology*. 35(3): 233–254.
———(大貫恵美子). 1995a『日本文化と猿』平凡社.
———(大貫恵美子). 1995b『コメの人類学——日本人の自己認識』岩波書店.
———. 1995. Structure, Event and Historical Metaphor: Rice and Identities in Japanese History. *Journal of Royal Anthropological Institute*. 30(2) (June, 1995): 1–27.
———. 1997. The Reduction of Personhood to Brain and Rationality? Japanese Contestation of Medical High Technology. In *Western Medicine as Contested Knowledge*. A. Cunningham and B. Andrews eds. Manchester University Press. pp. 212–240.
———. 1998. A Conceptual Model for the Historical Relationship between the Self, and the Internal and External Others: The Agrarian Japanese, the Ainu, and the Special Status People. In *Making Majorities*. D. Gladney ed. Stanford: Stanford University Press. pp. 31–51(text), 287–294(notes), 309–313(references).
———. 2001. Historicization of the Cultural Concept. *History and Anthropology*. 12(3): 213–254.
———. 2002. *Kamikaze, Cherry Blossoms, and Nationalisms: The Militarization of Aesthetics in Japanese History*. Chicago: University of Chicago Press.
———(大貫恵美子). 2002「大嘗祭と王権」網野善彦ほか編『天皇と王権を考える』第5巻「王権と儀礼」41–67頁, 岩波書店.
———(大貫恵美子). 2003『ねじ曲げられた桜——美意識と軍国主義』岩波書店.
———. 2005. Japanese Monarchy in Historical and Comparative Perspective. In *The Character of Kingship*. Declan Quigley ed. Oxford: Berg Publishers. pp. 209–232.
———(大貫恵美子). 2006『学徒兵の精神誌』岩波書店.
———. 2006. Against "Hybridity": Culture as Historical Process. In *Dismantling the East-West Dichotomy: Views from Japanese Anthropology*, Joy Hendry and Dixon Wong eds. pp. 11–16. London: Routledge.
岡田米夫. [1985]1997「皇霊祭」『国史大辞典』第5巻, 561頁, 吉川弘文館.
大蔵省印刷局記念館編. 1997『お雇い外国人エドアルド・キヨッソーネ没後100年展』大蔵省印刷局記念館.
澤瀉《おもだか》久孝. [1961]1983『萬葉集注釋』第8巻, 中央公論社.

———. [1967]1984『萬葉集注釋』第 18 巻，中央公論社.
大森とく子. [1984]1996「キンダー」『国史大辞典』第 4 巻，621 頁，吉川弘文館.
小野佐和子. 1992『江戸の花見』築地書館.
小野武雄編著. 1983『遊女と廓の図誌——江戸時代風俗図誌』展望社.
Ooms, Herman. 1985. *Tokugawa Ideology*. Princeton University Press.〔ヘルマン・オームス，1990『徳川イデオロギー』黒住真ほか訳，ぺりかん社〕
Orbaugh, Sharalyn. 2005. *Kamishibai* as Entertainment and Propaganda. *Transactions of the Asiatic Society of Japan*. Fourth Series, Vol. 19: 21–58.
———. 2007. *Japanese Fiction of the Allied Occupation: Vision, Embodiment, Identity*. Brill's Japanese Studies Library. Vol. 26. Leiden & Boston: Brill.
折口信夫. [1918]1982「愛護若」『折口信夫全集』第 2 巻，310–335 頁，中央公論社.
———. [1924]1982「信太妻の話」『折口信夫全集』第 2 巻，267–309 頁，中央公論社.
———. [1924]1983「呪言の展開」『折口信夫全集』第 1 巻，76–93 頁，中央公論社.
———. [1927]1983「呪言から呪詞へ」『折口信夫全集』第 1 巻，124–167 頁，中央公論社.
———. [1928]1975「大嘗祭の本義」『折口信夫全集』第 3 巻，174–240 頁，中央公論社.
———. [1928]1982「花の話」『折口信夫全集』第 2 巻，467–493 頁，中央公論社.
———. [1932]1976「万葉集講義」『折口信夫全集』第 9 巻，106–305 頁，中央公論社.
———. [1937]1976「国語と民俗学」『折口信夫全集』第 19 巻，127–188 頁，中央公論社.
———. [1943]1976「言霊信仰」『折口信夫全集』第 20 巻，245–252 頁，中央公論社 .
大島清. 1981『食糧と農業を考える』岩波書店.
大島建彦ほか編. 1971『日本を知る事典』社会思想社.
太田博太郎. 1979『南都七大寺の歴史と年表』岩波書店.
太田臨一郎. 1980『日本の軍服』国書刊行会.
大塚信一. 2013『顔を考える』集英社.
Ouwehand, Cornelius. 1964. *Namazu-e and Their Themes: An Interpretive Approach to Some Aspects of Japanese Folk Religions*. Leiden: E. J. Brill.〔コルネリウス・アウエハント，2013『鯰絵』小松和彦ほか訳，岩波文庫〕
Ozouf, Mona. [1976]1994. *Festivals and the French Revolution*. Cambridge, Mass.: Harvard University Press.〔モナ・オズーフ，1988『革命祭典——フランス革命における祭りと祭典行列』立川孝一訳，岩波書店〕

Payne, Stanley. [1980]1987. *Fascism: Comparison and Definition.* Madison: University of Wisconsin Press.

———. 1995. *A History of Fascism, 1914-1945.* Madison: University of Wisconsin Press.

———. 2005. On the Heuristic Value of the Concept of Political Religion and Its Application. *Totalitarian Movements and Political Religions.* 6(2): 163-174.

Pecheur, Julie. 2002/2003. French Citizenship. *Correspondence: An International Review of Culture and Society.* 10: 7-9.

Philippi, Donald L. trans. 1969. *Kojiki.* Princeton University Press; University of Tokyo Press.

Piłsudski, Bronisław. [1914]1915. Na medvedž'em prazdnik ajnov o. Sachalina. *Žhivaia Starina*〔На медвежьем празднике айнов о. Сахалина. *Живая старина*〕Vol. 23. Nos. 1-2. pp. 67-162.〔ピウスツキ，和田完訳「サハリン・アイヌの熊祭」和田完編著『サハリン・アイヌの熊祭——ピウスツキの論文を中心に』第一書房，1999年，3-45頁．この邦訳は同論文の著者自身によるドイツ語簡略版にもとづく〕

Plamper, Jan. 2001. *The Stalin Cult in the Visual Arts: 1929-1953.* Berkeley: University of California Press.

Plato. [1935]2000. *Republic, Book 6-10.* Paul Shorey trans. Loeb Classical Library 276. Cambridge, MA: Harvard University Press.〔プラトン，2008『国家』改版，上・下巻，藤沢令夫訳，岩波文庫〕

Pollack, David. 1986. *The Fracture of Meaning: Japan's Synthesis of China from the Eighth through the Eighteenth Centuries.* Princeton University Press.

Ponsonby-Fane, R. A. B. 1956. *Kyoto.* Ponsonby Memorial Society.

Potter, Pamela. 2006. What Is "Nazi Music"? *The Musical Quarterly.* 88: 428-455.

Price, Simon. 1987. From Noble Funerals to Divine Cult: the Consecration of Roman Emperors. In *Rituals of Royality: Power and Ceremonial in Traditional Societies.* David Cannadine and Simon Price eds. pp. 56-105. Cambridge, UK: Cambridge University Press.

Proctor, Robert N. 1999. *The Nazi War on Cancer.* Princeton, NJ: Princeton University Press.〔ロバート・N・プロクター，2003『健康帝国ナチス』宮崎尊訳，草思社〕

Putzar, Edward D. 1963. The Tale of Monkey Genji, *Sarugenji-zoshi. Monumenta Nipponica.* No. 1-4: 286-312.

Quinn, Malcolm. 1994. *The Swastika: Constructing the Symbol.* London: Routledge.

Radzinsky[Radzinskii], Edvard. 1996. *Stalin: The First On-Depth Biography Based on Explosive New Documents from Russia's Secret Archives.* H. T. Willetts trans. New York: Doubleday.

Ray, Benjamin C. 1991. *Myth, Ritual, and Kingship in Buganda.* Oxford University

Press.

Rosenthal, Rachel. 2005. Visual Fiction: The Development of the Secular Icon in Stalinist Poster Art. *Zhe*. 1(Spring): 1-13.

Roth, Joseph. 1999. El roble de Goethe en Buchenwald. *Revista de Occidente*. No. 212, pp. 129-131.

Roubaud, Jacques. 1970. *Mono no aware: Le Sentiment des choses: cent quarante-trois poèmes empruntés au japonais*. Paris: Gallimard.

Roudinesco, Elisabeth. [1993] 1997. *Jacques Lacan*. New York: Columbia University Press.〔エリザベト・ルディネスコ，2001『ジャック・ラカン伝』藤野邦夫訳，河出書房新社〕

Rousseau, Jean-Jacques. [1762, 1755] 1967. *The Social Contract and Discourse on the Origin of Inequality*. New York: Simon and Schuster.〔ルソー，1954『社会契約論』桑原武夫・前川貞次郎訳，岩波文庫／1957『人間不平等起原論』改版，本田喜代治・平岡昇訳，岩波文庫〕

Rubin, Jay. 1984. *Injurious to Public Morals*. University of Washington Press.〔ジェイ・ルービン，2011『風俗壊乱――明治国家と文芸の検閲』今井泰子ほか訳，横浜：世織書房〕

Ruiz, T. F. 1985. Unsacred Monarchy. In *Rites of Power: Symbolism, Ritual and Politics since the Middle Ages*. S. Wilentz ed. pp. 109-144. Philadelphia: University of Pennsylvania Press.

Ruoff, Kenneth J. 2001. *The People's Emperor: Democracy and the Japanese Monarchy, 1945-1995*. Cambridge, MA: Harvard University Press.〔ケネス・ルオフ，2009『国民の天皇――戦後日本の民主主義と天皇制』木村剛久・福島睦男訳，岩波現代文庫〕

———. 2010. *Imperial Japan at Its Zenith: The Wartime Celebration of the Empire's 2,600th Anniversary*. Ithaca, NY: Cornell University Press.〔ケネス・ルオフ，2010『紀元二千六百年――消費と観光のナショナリズム』木村剛久訳，朝日新聞出版〕

佐伯恵達．1988『廃仏毀釈百年――虐げられた仏たち』宮崎：鉱脈社．

Sahlins, Marshall. [1972] 1974. *Stone Age Economics*. Chicago: Aldine.

———. 1976. *Culture and Practical Reason*. University of Chicago Press.〔マーシャル・サーリンズ，1987『人類学と文化記号論――文化と実践理性』(叢書ウニベルシタス)山内昶訳，法政大学出版局〕

———. 1985. *Islands of History*. University of Chicago Press.〔マーシャル・サーリンズ，1993『歴史の島々』(叢書ウニベルシタス)山本真鳥訳，法政大学出版局〕

西郷信綱．1967『古事記の世界』岩波新書．

斎藤正二．1977『花の思想史』ぎょうせい．

———．1979『植物と日本文化』八坂書房．

――――. 1982「ふたたび世界の桜へ」『日本自身』第 23 号，25-30 頁.
坂口安吾，[1947]2008『桜の森の満開の下 白痴 他十二篇』岩波文庫.
坂本正仁．1995「桜会」『国史大辞典』第 6 巻，323 頁，吉川弘文館.
坂本太郎ほか校注．1965『日本書記』下巻，岩波書店.
――――校注．1967『日本書紀』上巻，岩波書店.
桜井満．1974『花の民俗学』雄山閣.
櫻井徳太郎編著．1976『山岳宗教と民間信仰の研究』名著出版.
佐野藤右衛門著・塩野米松聞き書き．1998『桜のいのち庭のこころ』草思社.
Sansom, George B. 1961. *A History of Japan 1334-1615*. Stanford: Stanford University Press.
佐々木高明．1971『稲作以前』(NHK ブックス)日本放送出版協会.
――――. 1985「稲と日本人――稲作文化と非稲作文化の間」，大塚初重・森浩一編『登呂遺跡と弥生文化――いま問い直す倭人の社会』36-62 頁，小学館.
――――. 1991『日本史誕生』集英社.
――――. 2009『日本文化の多様性――稲作以前を再考する』小学館.
佐々木克．1984「天皇像の形成過程」飛鳥井雅道編『国民文化の形成』183-238 頁，筑摩書房.
――――. 2001「「御真影」をめぐる物語」『人文科学研究のフロンティア』58-59 頁.
佐竹昭広，[1967]1970『下剋上の文学』筑摩書房.
佐竹昭広ほか編．1999『万葉集』第 1 巻，岩波書店.
佐藤秀夫．[1985]1997「御真影」『国史大辞典』第 5 巻，794 頁，吉川弘文館.
佐藤卓己．1998『現代メディア史』岩波書店.
――――. 2002『『キング』の時代――国民大衆雑誌の公共性』岩波書店.
――――. 2004『言論統制――情報官・鈴木庫三と教育の国防国家』中公新書.
佐藤要人編．1973『川柳吉原風俗絵図』至文堂.
里見岸雄．1971『天皇法の研究』錦正社.
Schama, Simon. 1996. *Landscape and Memory*. New York: Vintage Books.〔サイモン・シャーマ，2005『風景と記憶』高山宏・栂正行訳，河出書房新社〕
Scholl, Inge. [1970]1983. *The White Rose: Munich 1942-1943*. Middletown, CT: Wesleyan University Press.〔インゲ・ショル，1964『白バラは散らず――ドイツの良心ショル兄妹』改訳版，内垣啓一訳，未来社〕
Schwartz, Benjamin. 1993. Culture, Modernity, and Nationalism: Further Reflections. *Deadalus*. 122(3)207-226.
関晃．1986「女帝」『国史大辞典』第 7 巻，712-713 頁，吉川弘文館.
扇子忠．2009『錦絵が語る天皇の姿』遊子館.
Service, Robert. 2007. *Comrades!: A World History of Communism*. Cambridge, MA: Harvard University Press.
Seward, Barbara. 1960. *The Symbolic Rose*. Columbia University Press.

Shillony, Ben-Ami. 1981. *Politics and Culture in Wartime Japan*. Oxford: Clarendon Press.〔ベン・アミー・シロニー，1991『Wartime Japan――ユダヤ人天皇学者が見た独裁なき権力の日本的構造』古葉秀訳，五月書房〕
———. 2005. *Enigma of the Emperors: Sacred Subservience in Japanese History*. Kent, UK: Global Oriental.
島薗進．2010『国家神道と日本人』岩波書店．
下垣内博．1988『続・お米と文化』大阪：全大阪消費者団体連絡会．
下中彌三郎編．1941『神道大辞典』第2巻，平凡社．
志村有弘訳．1980『古事談――中世説話の源流』(現代語訳)教育社．
真保亨編．1982『やまと絵の四季――平安・鎌倉の花鳥』「花鳥画の世界」第1巻．学習研究社．
白幡洋三郎．2000『花見と桜』PHP研究所．
———．2012『京都の古寺 庭を読み解く』京都：淡交社．
Silver, Larry. 2008. *Marketing Maximillian: Visual Ideology of a Holy Roman Emperor*. Princeton, NJ: Princeton University Press.
Simmel, Georg. [1907]1950. *The Sociology of Georg Simmel*. New York: The Free Press.
Smith, Henry D. II and Amy G. Porter. [1986]1988. *Hiroshige: One Hundred Famous Views of Edo*. New York: George Braziller.〔ヘンリー・スミス，1995『広重名所江戸百景』(歌川広重画)，生活史研究所監訳，岩波書店〕
Smith, Paul A. 1989. *On Political War*. Washington, D.C.: National Defense University Press.
Smith, Robert J. and Ella L. Wiswell. 1982. *The Women of Suye Mura*. University of Chicago Press.
Smith, W. Robertson. [1889]1972. *The Religion of the Semites*. New York: Schocken Books.〔W・R・スミス，1941，1943『セム族の宗教』前・後編，永橋卓介訳，岩波文庫〕
園部三郎．[1962]1980『日本民衆歌謡史考』朝日新聞社．
園部三郎・山住正己．[1962]1969『日本の子どもの歌』岩波書店．
Stalinka, Digital Library of Staliniana. University of Pittsburgh. http://images.library.pitt.edu/cgi-bin/i/image/image-idx?sid. Accessed on July 14, 2007.
Steiner, George. 1992. *After Babel: Aspects of Language and Translation*. Oxford: Oxford University Press.
Steinsaltz, Adin. 2006. *The Thirteen Petalled Rose: A Discourse on the Essence of Jewish Existence and Belief*. New York: Basic Books.
Stokes, Rose Pastor. 1919. Bread and Roses. *The Communist*. November 8: 4.
Strötegen, Stefan. 2008. "I Compose the Party Rally...": The Role of Music in Leni Riefenstahl's Triumph of the Will. *Music and Politics*. 2(1): 1-14.

杉浦明平．1965『戦国乱世の文学』岩波書店．
周防猿まわしの会事務局編．1978『周防の猿まわし』山口県光市：周防猿まわしの会．
鈴木昌．［1987］1995「戦艦」『国史大辞典』第8巻，389-392頁，吉川弘文館．
鈴木正崇．1991『山と神と人——山岳信仰と修験道の世界』京都：淡交社．
鈴木正幸．1993『皇室制度』岩波書店．
たばこと塩の博物館編．1985『日本のたばこデザイン』たばこ産業弘済会．
高橋正衛．1969『昭和の軍閥』中公新書．
高木博志．1999「桜とナショナリズム——日清戦争以後のソメイヨシノの植樹」西川長夫・渡辺公三編『世紀転換期の国際秩序と国民文化の形成』1-15頁，柏書房．
Takaki, Kanehiko. 1888. Report on the second experimental feeding of dogs in the medical school of Imperial Navy. *Sei-I-Kwai Medical Journal.* 7: 46-57; 109-127.
———. 1905. Experiments on dogs during 'kak'ke investigation.' *Sei-I-Kwai Medical Journal.* XXIV, No. 12: 149-154.
高木きよ子．1979『桜百首——万葉・古今・新古今・山家集』短歌新聞社．
高崎正秀．1956「「ひな」の国(承前)」『国学院雑誌』第56巻5号，4-26頁．
竹内オサム．1994「のらくろ」石川弘義ほか編『大衆文化事典』602頁，弘文堂．
多木浩二．1988『天皇の肖像』岩波新書．
滝川政次郎．1971『吉原の四季——清元「北州千歳寿」考証』青蛙房．
Tambiah, S. J. 1976. *World Conqueror and World Renouncer.* Camgridge: Cambridge University Press.
———. 1981. A Performative Approach to Ritual (Radcliff-Brown Lecture, 1979), *Proceedings of the British Academy.* 65: 113-169.
———. 1990. *Magic, Science, Religion and the Scope of Rationality.* Cambridge: Cambridge University Press.〔スタンレー・J・タンバイア，1996『呪術・科学・宗教——人類学における「普遍」と「相対」』多和田裕司訳，京都：思文閣出版〕
———. 1996a. *Leveling Crowds.* Berkeley and Los Angeles: University of California Press.
———. 1996b. The Nation-State in Crisis and the Rise of Ethnonationalism. In *The Politics of Difference.* E. N. Wilmsen and P. McAllister eds. pp. 124-143. University of Chicago Press.
———. 2000. Transnational Movements, Diaspora, and Multiple Modernities. *Daedalus.* 129(1): 163-194.
Tanaka, Stephan. 1993. *Japan's Orient: Rendering Pasts into History.* Los Angeles: University of California Press.
谷崎潤一郎．［1933］1959「陰翳礼讃」『谷崎潤一郎全集』第22巻，2-41頁，中央

公論社.
Tannen, Deborah and Muriel Saville-Troike eds. 1985. *Perspectives on Silence*. Norwood, NJ: Ablex Publishing Corporation.
Taussig, Michael. 1993. *Mimesis and Alterity: A Particular History of the Senses*. New York: Routledge.
Terras, Victor 1985. Naródnost'. In *Handbook of Russian Literature*. Victor Terras ed. p. 293. New Haven, CT: Yale University Press.
Thomas, Keith. 1971. *Religion and the Decline of Magic*. New York: Charles Scribner's Sons.〔キース・トマス，1993『宗教と魔術の衰退』(叢書ウニベルシタス)上・下巻，荒木正純訳，法政大学出版局〕
Tierney, Kenji. n. d. *Wrestling with Tradition*. Book manuscript in preparation.
戸板康二．1969「解説 鑑山故郷の錦絵」利倉幸一ほか編『名作歌舞伎全集』第13巻，東京創元新社.
戸板康二文，吉田千秋写真．1981『写真歌舞伎歳時記 春夏』講談社.
戸板康二ほか編．1968『名作歌舞伎全集』第2巻，東京創元新社.
統計研究会食糧管理史研究委員会編．1969『食糧管理史総論』全3巻，食糧庁(食糧管理史編集室).
東京都江戸東京博物館・日本放送出版協会編．1993『江戸東京博物館総合案内』江戸東京博物館.
鳥海靖．1988「天皇機関説問題」『国史大辞典』第9巻，1004-1006頁，吉川弘文館.
利倉幸一ほか編．1969『名作歌舞伎全集』第13巻，東京創元新社.
Tribe, Laurence H. 2008. *The Invisible Constitution*. New York: Oxford University Press.
坪井洋文．1982『稲を選んだ日本人——民俗的思考の世界』未来社.
坪内逍遥(雄蔵)．1900『国語読本』高等小学校用巻一，冨山房.
坪内祐三．1999『靖国神社』新潮社.
筑波常治．1969『米食・肉食の文明』日本放送出版協会.
津村正恭．[1917]1970『譚海』国書刊行会.
Tumarkin, Nina. 1997. *Lenin Lives!: The Lenin Cult in Soviet Russia*. Cambridge, MA: Harvard University Press.
Tupitsyn, Margarita. 1966. *Soviet Photograph, 1924-1937*. New Haven, CT: Yale University Press.
Turner, Victor W. 1967. *The Forest of Symbols: Aspects of Ndembu Ritual*. Ithaca: Cornell University Press.
———. 1969. *The Ritual Process*. Chicago: Aldine.〔ヴィクター・W・ターナー，1976『儀礼の過程』富倉光雄訳，思索社〕
———. 1975. Symbolic Studies. *Annual Review of Anthropology*. 4: 145-161.
上田一雄．1976a「部落の分布と人口」部落解放研究所編『部落問題概説』3-10頁，

大阪：解放出版社.
———. 1976b「近世封建社会と身分制」部落解放研究所編『部落問題概説』100-118 頁，大阪：解放出版社.
上田正昭. 1971『女帝――古代日本の光と影』講談社現代新書.
梅津次郎. 1978「天狗草紙について」『新修日本絵巻物全集』梅津次郎編集担当，第 27 巻，3-14 頁，角川書店.
Valeri, Valerio. 1985. *Kingship and Sacrifice*. University of Chicago Press.
van Gennep, Arnold. [1909]1961. *The Rites of Passage*. University of Chicago Press.
Vansina, Jan. 1978. *The Children of Woot: A History of the Kuba Peoples*. University of Wisconsin Press.
Vlastos, Stephen. 1986. *Peasant Protests and Uprisings in Tokugawa Japan*. Berkeley: University of California Press.
和歌森太郎. 1975『花と日本人』草月出版.
Warren, Nathan B. 1876. *The Holidays: Christmas, Easter, and Whitsuntide; Together with the May-Day, Midsummer and the Harvest-Home Festivals*. 3rd ed. Troy, NY: H. B. Nims and Co.
渡部忠世. 1989「日本人と稲作文化」『日刊アーガマ』第 103 号，81-91 頁.
渡辺保. 1989『歌舞伎――過剰なる記号の森』新曜社.
和辻哲郎. 1947『倫理学』上巻，岩波書店.
Weber, Max. [1930]1992. *The Protestant Ethic and the Sprit of Capitalism*. Talcott Parsons trans. London: Routledge.〔マックス・ヴェーバー，1989『プロテスタンティズムの倫理と資本主義の精神』大塚久雄訳，岩波文庫〕
———. 1947. *The Theory of Social and Economic Organization*. New York: Free Press.
Wedeen, Lisa. 1999. *Ambiguities of Domination: Politics, Rhetoric, and Symbols in Contemporary Syria*. University of Chicago Press.
Weinberg, Steven. 2009. *Lake Views: This World and the Universe*. Harvard University Press.
Welch, Colin. 2007. Stamps of the Nazi Era. http://www.fvdes.com/stamp/naziweb/frame_f.hjm/ accessed on September 22, 2007.
Werblowsky, R. J. Zwi. 1985. What's in a Name: Reflections on God, Gods, and the Divine. *Japanese Journal of Religious Studies*. 12(1): 3-16.
Wheeler, J. M. 1932. *Paganism in Christian Festival*. London: Pioneer Press.
White, Stephen. 1988. *The Bolshevik Poster*. New Haven, CT: Yale University Press.
Williams, Brackette F. 1989. A Class Act: Anthropology and the Race to Nation across Ethnic Terrain. *Annual Review of Anthropology*. 18: 401-444.

Williams, Raymond. 1973. *The Country and the City*. Oxford University Press.〔レイモンド・ウィリアムズ，1985『田舎と都会』山本和平ほか訳，晶文社〕

Wilson, Andrew. 2005. *Ukraine's Orange Revolution*. New Haven, CT: Yale University Press.

Wolf, Eric R. 1999. *Envisioning Power*. Berkeley and Los Angeles: University of California Press.

山田宗睦．1977『花の文化史』読売新聞社．

———．1982「櫻史疑」『日本自身』第23号，32-38頁．

山田孝雄．[1941]1990『櫻史』山田忠雄校訳，講談社．

山岸徳平校注．1958『源氏物語』第1巻(日本古典文学大系第14巻)岩波書店．

———校注．1962『源氏物語』第4巻(日本古典文学大系第17巻)岩波書店．

Yamaguchi, Iwao. 1987. Maintaining Japan's Self-Sufficiency in Rice. *Journal of Trade and Industry*. 6(2): 40-42.

山口修．1993「郵便切手」『国史大辞典』第14巻，285頁，吉川弘文館．

山本幸司．2002「序論」網野善彦ほか編『天皇と王権を考える』第10巻「王を巡る視線」1-15頁，岩波書店．

山中恒．1989『ボクラ少国民と戦争応援歌』朝日文庫．

山折哲雄．1990a「隠された天皇霊継承のドラマ――「大嘗祭」の文化比較」『月刊アサヒ』1990年2月号，80-85頁．

———．1990b『死の民俗学』岩波書店．

山住正己．1970『教科書』岩波書店．

柳田國男．[1920]1982「猿廻しの話」『定本柳田國男集』第27巻，336-340頁，筑摩書房．

———．[1930]1982「しだれ桜の問題」『定本柳田國男集』第22巻，213-219頁，筑摩書房．

———．[1931]1982「食物の個人自由」『定本柳田國男集』第24巻，160-186頁，筑摩書房．

———．[1940]1982「米の力」『定本柳田國男集』第14巻，240-258頁，筑摩書房．

———．[1947]1982a「信濃桜の話」『定本柳田國男集』第22巻，220-227頁，筑摩書房．

———．[1947]1982b「山王の猿」『定本柳田國男集』第11巻，333-340頁，筑摩書房．

———．[1955]1982「みさき神考」『定本柳田國男集』第30巻，158-168頁，筑摩書房．

靖国神社．1983，1984『靖国神社百年史』上巻(1983)・下巻(1984)，靖国神社．

吉田千秋写真，服部幸雄監修．1991『歌舞伎いろは絵草紙』講談社．

Young, Crawford. 1994. *The African Colonial State in Comparative Perspective*. New Haven, CT: Yale University Press.

———. 2012. *The Postcolonial State in Africa: Fifty Years of Independence, 1960–2010*. Madison: University of Wisconsin Press.
由井正臣ほか校注. 1989『軍隊 兵士』(日本近代思想大系第4巻)岩波書店.
世阿弥元清. 1935a「櫻川」『解註謡曲全集』第3巻, 野上豊一郎編, 323–340頁, 中央公論社.
———. 1935b「三山」『解註謡曲全集』第3巻, 野上豊一郎編, 309–322頁, 中央公論社.
Zimmermann, Otto and Eugen Osswald. 1935. *Westermanns Gross-Berliner Fibel* (Westermann's primer for greater Berlin). Berlin: G. Westermann.

大貫恵美子
神戸市生まれ．津田塾大学卒業．1968年，ウィスコンシン大学人類学博士号取得．現在ウィスコンシン大学ウィリアム F. ヴァイラス研究専任教授．アメリカ学士院正会員．2014年，La médaille du Collège de France 受賞．日本語の主な著書に，『日本人の病気観――象徴人類学的考察』『コメの人類学――日本人の自己認識』『ねじ曲げられた桜――美意識と軍国主義』『学徒兵の精神誌――「与えられた死」と「生」の探求』(以上，岩波書店)，『日本文化と猿』(平凡社)などがある．

人殺しの花
――政治空間における象徴的コミュニケーションの不透明性

2020年1月28日　第1刷発行

著　者　大貫《おおぬき》恵《え》美《み》子《こ》

発行者　岡本　厚

発行所　株式会社　岩波書店
〒101-8002　東京都千代田区一ツ橋 2-5-5
電話案内　03-5210-4000
https://www.iwanami.co.jp/

印刷・精興社　製本・牧製本

© Emiko Ohnuki-Tierney 2020
ISBN 978-4-00-024542-5　Printed in Japan

学徒兵の精神誌
—「与えられた死」と「生」の探求—
大貫恵美子
四六判三六〇頁
本体二五〇〇円

［岩波オンデマンドブックス］
ねじ曲げられた桜
—美意識と軍国主義—
大貫恵美子
四六判六二二頁
本体九〇〇〇円

近代天皇制と古都
高木博志
四六判三四二頁
本体三三〇〇円

［シリーズ日本の中の世界史］
「連動」する世界史
—一九世紀世界の中の日本—
南塚信吾
四六判二六八頁
本体二四〇〇円

平成の天皇制とは何か
—制度と個人のはざまで—
吉田裕
瀬畑源
河西秀哉 編
四六判二八六頁
本体二〇〇〇円

岩波書店刊
定価は表示価格に消費税が加算されます
2020年1月現在